炒股其实并不难

聂方红　著

地震出版社
Seismological Press

图书在版编目（CIP）数据

炒股其实并不难/聂方红著．—北京：地震出版社，2015.6
ISBN 978-7-5028-4598-8

Ⅰ.①炒… Ⅱ.①聂… Ⅲ.①股票投资—基本知识
Ⅳ.①F830.91

中国版本图书馆 CIP 数据核字（2015）第 059716 号

地震版 XM3387

炒股其实并不难
聂方红 著
责任编辑：薛广盈 吴桂洪
责任校对：凌 樱

出版发行：地震出版社
北京市海淀区民族大学南路 9 号　　邮编：100081
发行部：68423031 68467993　　传真：88421706
门市部：68467991　　传真：68467991
总编室：68462709 68423029　　传真：68455221
证券图书事业部：68426052 68470332
http：//www.dzpress.com.cn
E-mail：zqbj68426052@163.com
经销：全国各地新华书店
印刷：廊坊市华北石油华星印务有限公司

版（印）次：2015 年 6 月第一版 2015 年 6 月第一次印刷
开本：787×1092 1/16
字数：207 千字
印张：12.25
书号：ISBN 978-7-5028-4598-8/F（5291）
定价：35.00 元

目　录

第一章　带刺的玫瑰：告诉你一个真实的股市

每个散户进入股市，首先面临的问题，就是要搞清楚股市是什么东西。因为要想在股市里挣钱，能够驾驭股市，就必须熟悉股市，了解股市，掌握它的一些基本特性。不然，只信他人，盲目入市，最后肯定是被股市吞噬。

那么，股市究竟是什么东西呢？简单地说，股市就是股票买卖交易的场所，再书面化一点应该说是证券买卖交易的场所。因为，这里除了交易股票之外，还有各种债券、基金、权证以及其他衍生产品（如 ETF 交易型开放式指数基金、股指期货等）。由于这里面有不少东西的交易有门槛，如国债逆回购，上海交易所起点门槛就是 10 万元。股指期货、融资融券对资金与信用股票的市值要求就更高了，为了分析方便，本书主要围绕股票交易进行。

一、股市对于不同对象的作用是不同的

很多散户一直没有意识到，总是喜欢一厢情愿把股市各方的利益捆在一起，最终导致误判。

首先，股市对国家而言，它是资本市场的重要组成部分，是资源配置的重要渠道。在改革转型时期，股市还是国有企业改革实行战略性调整、治理结构调整的重要工具。换句话说，国有资本希望退出某个领域，股市可以为它提供变现的渠道，把股票卖了去换钱。另一方面，如果是想支持某企业发展壮大，就支持它发行股票，直接在股市融资。

其次，股市对企业而言，是融资圈钱的重要场所。在我国诚信体系不健全，企业家信托责任不到位，法律维权成本高的情况下，企业热衷于证券市

场直接融资。一个根本的原因就是，募集资金到了企业的手里，如何投、投哪里、分不分红，全由企业说了算。而且募到的资金永远没有还本付息的压力，几乎是一场免费的盛宴。这也是我们的股市造假盛行、铁公鸡普遍、内幕交易肆虐的根本原因。对广大散户而言，更是选股难的重要原因。股市里鱼龙混杂，今天的“优等生”说不定明天就会发现原来是“烂仔”。

再次，股市对老板而言，是制造财富的工具，也可以说是造富的工具。企业老板创业，留下的基本多是一大堆机器、厂房、土地、产品、销售渠道等物质财富。不仅如何评估比较困难，而且要退出变现更为困难，只有进入股市这个资本市场，把那些东西全部折成可以流通的股票，才可以用货币来衡量。其实，真正吸引老板们把公司拿到股市上市不只是资产货币化，更大的好处在于一级市场溢价发行的增值与二级市场炒作带来的财富膨胀。因为在股改过程中，老板们的实物及资产不仅是一元折成一股，还可能在评估中操作增值，原来账面上的一元可能升值变成二元或者更多，折合股份也就更多，这是老板们的第一个造富过程，即通过评估增值发财。到发行阶段，老板们又可以做高业绩预测，提升发行市盈率。也就是把自己的公司说得天花乱坠，提高发行价增加公司的资本公积，进而提高净资产，提升公司的估值。直白一点说，老板们改制时是一元折一股，现在发行上市，他可以包装让公司发行价达10元甚至100元一股卖给普通投资者。比如深圳中小板市场的海普瑞（002399），它的发行价是148元，散户们每股买进的发行价就比公司老板多了147元，这种溢价发行多募集的钱是平均分摊到每股上面的，构成每股净资产。显然，是老板们的股票分摊了新股东的贡献，他们无形中发财增值了，这是老板们的第二个造富过程。发行完了就到交易所上市，于是就进入老板们造富的第三个过程，如果公司股票挂牌交易的价格高于发行价，老板们的财富数字也会跟着水涨船高，这也就是很多公司配合庄家对自己股票进行炒作的原因，尤其是这些老板们持有的股票可以解禁流通的时候，股份的炒作暴涨可以为他们带来实实在在白花花的银子。大家不要以为，老板们造富就只有前面这三次机会，其实公司上市后，他们还可以通过大量的担保和关联交易以及增发，在自己私人公司与上市公司之间进行不断的不平等买卖，把好资产低价买走，把差资产高价卖给上市公司，不断倒腾掏空上市公司，肥了老板们自己。

最后，股市对广大投资者来说是什么呢？它是价值发现的工具。也就是通过股票市场股票价格的变化和信息公告的分析，去寻找市场中低估值有发展前途的公司进行投资，既分享他们高成长的成果，又分享他们价值回归带来的增值。在我国股市，大部分上市公司都是“铁公鸡”，分红不多，加上发行价格偏高，股票每年分红的股息率都不高，大多数公司的分红比例大大低于同期银行定期存款利率，所以在股市靠投资分红赚钱基本不靠谱。既然分红赚钱比较难，对投资者来说，剩下的唯一出路就只能是低买高卖、赚价差了。但赚差价也有它的难处，一是如何发现股票价格被低估了比较难。没有固定不变的参照系，更没有精确的模型、公式可用。二是如何判断公司的业绩会不会改善比较难。常言说，买的没有卖的精，谁也不知道上市公司做不做假、做不做局。三是如何预知股票上涨的时点比较难。有些股票虽然判断最后会涨上来，但什么时候涨不知道，买早了难得熬。四是买点卖点不好把握。谁也不敢保证“高抛低吸”不变成“高吸低抛”。这些难题的化解只能在市场中去解决，需要投资者根据基本面大势、个股信息和技术走势综合判断，这就是选股的功夫。只有自己学会选股，做到价值发现，才能够真正在股市中立于不败之地。

此外，股市对交易所、券商、中介机构等来说，都是业务之源，衣食父母。总之，股市是靠金钱来运作的，是做“钱”生意的地方。生钱的主要来源是投资者的投入、企业财富的创造增值，没有其他任何来源。股市运行是有成本的，国家税收、交易所、证券公司的人工成本、维护成本等各种交易佣金费用都来源于此，还有各类中介机构也要从上市公司利润中拿走一部分。输血的渠道不多，吸血的路子很多，这就决定了股市绝不是一个遍地黄金的地方。

二、晴雨表不是操作表

很多普通投资者进入股市都听说过一句话，那就是“股市是国民经济的晴雨表”。并以此作为股市进出的操作标准，殊不知这样做的结果却是错多对少。比如说，很多人都知道，上证指数是 2000 年 7 月首次上升到 2000 点，但到 2013 年 6 月上证综合指数反而下破 2000 点，最低到了 1849.65 点，十三年指数回到原点，谁敢说中国经济十三年后会今不如昔？我们的股市与经济为什么差距会这么大呢？按理说，经济与股市就如人带着小狗散步，虽然小狗可能一会儿跑在前头，一会儿落在后面，跟着人的方向走也不会离人太远。我们的股市却长期与经济背离，让凭经济指标进行投资的股市参与者屡屡受挫，以至于许多人都认为“现在炒股还在谈基本面就已经输在起跑线上了”。

其实，股市与经济背离，不仅在中国，在世界各国都是常态。如巴菲特在2001年就分析过1964—1999年美国股市的情况，他把这期间的美国股市分成两个17年。前17年，美国GDP上涨了377%，但股市的涨幅为零；后17年（1982—1999年），美国的GDP仅上涨177%，但股市竟上涨了10倍。如果我们再把考察期扩张到整个20世纪，这100年肯定是美国的世纪，在这100年中，除了1929—1933年的世界经济危机以及两次世界大战外，美国经济是持续向上增长的，但美国股市并非像经济那样持续增长，而是反复剧烈波动。我国股市更是如此，从股市开市1990年至今，我们的GDP从1.8万亿增加到近60万亿（均为当年价），换算成美元就是从3638亿美元增长到近10万亿美元，经济增长倍数都在二十多倍（不变价）。我们的股市上证指数从放开时冲到1000多点，到2013年底2000多点，仅仅只增加了2倍多，最高时也不过6倍，远远落后于实体经济的发展，而且多个年头从指数上看，一直位列世界上表现最差的股市行业。如果过分迷信宏观经济数据，完全依靠宏观指标来进行操作，肯定会亏损累累，这也是大多数经济学家炒股不见得比普通投资者水平高的重要原因。

客观地说，影响股市涨跌的原因非常多，宏观基本面仅仅是影响因素之一，国外有研究机构曾对过去50年美国股市与宏观经济的关系特别做了一次研究，发现二者之间的相关系数只有0.305，这个比率说明相关系数只有30%，已经不是很显著了。于是人们对相关的地方又进行深入研究发现，宏观经济与股市表现并不是简单的正相关关系。一般而言，经济大势不好，股市肯定难得大涨，但经济形势好的时候，股市也不一定不跌，更不一定会大涨。因此，历史经验告诉我们，股市是国民经济晴雨表的判断，仅仅只是经济学家理论上的理想，实际生活可能并不是这回事，不能简单把宏观经济指标的起伏当作进出股市的操作信号。

中国股市相对发达资本主义国家的成熟市场而言，还是个新兴市场，影响股市涨跌的因素还有很多，即便在宏观经济形势走好的情况下，下述因素对股指走向还有非常大的影响。

1. **政策。**中国股市一直有“政策市”著称。很多时候，政府和主管部门是涨也怕、跌也怕，稍微涨多点、涨猛点，领导们就开始担心与操心，超过一定的承受期限，就会动用税收（印花税、红利税调整）、供给（暂停或放开新股发行）、窗口指导及舆论引导等进行调控，导致市场的人为扭曲变形。

2. **供求关系。**长期以来，由于国家过于关注股市的融资功能而忽视了投资功能，新股的发行一直是中国股市诟病最多的问题。不仅是因为我们的发行量大，几十年发行的数量相当于发达国家股市几百年的量，而且发行质量差，由于额度控制，许多时候股市成为帮助企业脱困的手段。从地方政府、中介机构、承销券商到企业都把目光盯在发行上市圈更多的钱上面，包装上市成为普遍现象，不管企业发展有没有需要，募集资金有没有好的投向，先把钱圈回来再说。再就是发行不规范，新股发行方式不能体现公平原则，对普通散户和广大投资者不利，也不能反映市场情况。其结果是，我们的股市在新发与增发的重重压力下不断沉沦。市场的路子越来越窄。这方面大家可以去看看新东方（000725）上市以来募集资金与分红之比就可以知道，这种只有投入没有产出的股市已经成为某些地方政府、上市公司的“抽水机”，长此下去，再多的水也有抽干的时候。

3. **新产品的不断推出。**由于现有股市存量资金有限，证券市场推出的产品越多对股市的影响就越大。我们的主板市场还没有做好，中小板、创业板、三板、沪港通一个接一个，基金、权证、股指期货一轮接一轮，管理层似乎追求的也是数量扩张与形象工程。抽血的渠道千千万，输血、造血的问题却鲜有人关心，而且很多衍生新产品的门槛要求高、技术难度大、操作压力大，一般散户根本无法染指，最后慢慢变成消灭散户的工具。

4. **指数本身设计的问题。**如大家熟悉的上证指数，它的计算权数为总股本，而诸如中国石油、中国石化、工农中建四大商业银行的总股本非常大，实际流通量相对没有总股本的权重大，在开放股指期货的市场里，这些少数权重大的股票已经成为机构、庄家操控指数和对冲赢利的工具。如 2013 年 8 月 16 日上午 11 时 05 分至 17 分，因为光大证券乌龙指拉动包括两桶油和银行在内的 71 家权重瞬间触及涨停，拉升上证指数涨了百余点。仅仅一家机构，花了 72 亿就把股市闹了个底朝天。因此，个人一直认为，作为小散，除非这些权重股有巨大利好或者形成了明显的长期趋势，平时最好不要碰这些股票。

5. **机构、主力的投资心理与炒作取向。**引导股市涨跌趋势的一般是潜伏期间的“大鳄”。他们的炒作兴趣、心理判断与动向对股指牵引很大，如果他们集中力量准备做大盘蓝筹股，重点炒作金融、建材、钢铁、能源等板块，股指波动幅度就会很大。如果他们把精力投入到新兴产业，放在创业板、中小板上面，指数就会随波逐流，半死不活。这也是很多人挣了指数不赚钱，亏了指数赚大钱的根本原因。

三、说起来容易，做成功很难

我们前面说过，股市挣钱主要靠赚价差，也就是低买高卖。宛如过去商品市场的商贩，靠价格发现，把商品从低价的地方、低价的时段买下来，送到价高的地方、留到价高的时候卖出去。初看起来，低买高卖谁都会，但哪只股票处于低位、高位，每只股票什么时候算低位、高位，几乎谁也判断不准。因为，影响股价的因素太多了，千万不要简单以为业绩好、股价就高就涨，业绩差、股价就低就跌。也不要以为出利好就一定涨，现利空就一定跌。显然，炒股第一难就难在选股与选时上。

散户炒股因为用的是自己的钱，盈亏完全由自己负责，赚了好办，亏了就可能影响家庭与个人生活，甚至影响夫妻关系，倘若借了亲戚朋友的钱，还会背负沉重的还债压力，一旦失手，还可能造成兄弟、朋友反目。所以散户炒股的心理压力比较大，尤其是那些职业炒股的散户。因为牵涉到个人的直接利益，人性的弱点也会在股市中暴露无遗。比如贪婪，该收手时不收手，在股市里坐电梯，涨上去价高时期还想再高，一旦跌下来又后悔当初没走，还希望涨回从前。比如恐惧，大盘处于低位区间，刚刚下跌时不敢止损，跌得面目全非了才醒悟过来，又担心还会大跌，常常把肉搁在地板上(即卖到低价区)，或者套了好几年，一只股票突然基本面发生变化涨起来了，刚刚解套就赶紧跑，常常把主升浪丢掉了。很多散户到股市，买什么看别人的，自己分析半天发现一只好股票，别人两三句话就怀疑自己的结论，下了半天决心到下单“临门一脚”时又犹豫了，经常因此错过很多好的机遇。相反，有些散户特别自恋，明明市场走势证明判断、选择是错误的，还在抱幻想，千方百计给自己找理由，认为自己的股票迟早会走独立行情，眼睁睁看着股票下跌，银子变水就是死不认错。还有的散户想买股票怕跌，想卖股票怕涨，患得患失无所适从，偶尔下个决心，又是赌徒心态，将所有的鸡蛋放在一个篮子里，企图侥幸赢一把能翻本获利，却不知道股市不是赌场，按赌博方式买股只会“十赌九输”。所以，散户在股市没有一个好的心态可能难得成功。同时，不同的心理作用又使整个股市更加捉摸不透，没有简单的规律可循。

股票难做还在于信息不对称。一般散户不仅没有金钱、也没有时间、还没有慧眼能对每个上市公司的运行情况、趋势进行知根知底准确的调查。一方面，市场情况千变万化，技术革命日新月异，大部分竞争性行业的股票很难有一个持续稳定的增长预期，反而常常是“黑天鹅”事件频发，业绩变脸迅速。另一方面，上市公司、控股股东、中介机构常常为了自身的利益，隐瞒、掩盖、拖延公布敏感信息，有时，个别上市公司还可能配合炒作机构、庄家通过公布利空打压股价，以利于庄家吸筹，公布利好哄抬股价，帮助庄家拉升出局。因此，很多时候，散户都处于弱势的被动、被骗地位。

许多人都以为，在股市中投资买卖，你赚的就是我亏的，总体上应该是个“零和游戏”，只要自己水平高、判断准，就可以常常成为赢家，就算失手输了，概率也是一半对一半。事实上，说股票市场是个零和市场，完全只是理论上的抽象，它排除了许多相关因素的影响。在现实生活中，在一定时间内，对于特殊投资者、单独的股票，它既可能是零和市场，也可能是正和市场，还可能是负和市场。假如股价波动区间很少，不足以抵清交易成本，再怎么交易都是负和市场，也就是说在股价波动区间有限的情况下，做股票亏的机会大；同时，如果是一个趋势不断下跌的市场或者个股股价不断下跌的阶段，做得越多亏得就越多。如果股价波动区间很大，且在一个箱体内反复运作，那么箱顶价格买入、箱底价格卖出亏损的数量就与箱底价格买入箱顶价格卖出挣钱的数量一致，可谓零和游戏。如果股市趋势不断上涨或者个股股价单边上涨，那么总体买入都能挣钱，就相当于正和游戏。如果一个上市公司因经营不善而破产退市，那么对投资者而言，就不是什么零和、负和游戏，而类似赌博中的“血本无归”。当然如果把一、二级市场联系起来，把企业盈利亏损联系起来，把政府税收、券商佣金和利息损失等交易成本与机会成本都算进来，投资者在股市上亏损的资金就是其他各方赚取的资金。

显然，单就股票二级市场本身而言，是买卖双方在比判断力、比心理承受力、比资金实力。许多散户在股市中常常是股票没买时一涨再涨，一旦买进就不涨甚至下跌，有些股票抱了大半年不涨，你刚把它抛掉准备换别的股票它就涨得“一骑绝尘”，似乎市场总在与自己做对，经常处在不停地后悔、不停地犯错误之中。很多人是在各个挣钱的牛市入的市，第一次挣了钱就觉得股市并没有那么复杂，觉得做起来很容易，一旦到了熊市，“裸奔”的命运就暴露无遗，一下子打趴了起不来。股市许多东西都是事后诸葛亮，当时并不能判得准，有些股票涨了还涨，可以涨得你心惊肉跳受不了；有些股票跌了还跌，跌得你变得彻底绝望还不停息。回头再看，许多人会感叹：“如果当时不走，可以多赚好多钱”、“如果当时早点止损，可能少亏好多钱”，等等。可股市没有如果，只有结果。只要你没有完全退出股市，没有把股票抛光，保证金取走，把账户取消，你都可能重新陷入盈亏不定的怪圈之中，你也有机会“一夜暴富”，还有可能“一贫如洗”。在这个不规范的市场博弈中，普通投资者尤其是小散户，常常处于食物链的末端，没有一定的定力、知识、功夫和个性，很难在股市获得成功，这也是在股市中10个散户，可能7个亏损2个持平1个赚钱的原因。

四、股市的钱赚不完，股市的钱亏得完

许多人在股市，总担心错过机会、错过行情，一天到晚盯着盘面，天天追涨杀跌，生怕“过了这个村就没有那家店”。其实，股市的机会几乎天天都有，过去只有做多才能赚钱，现在有股指期货、融资融券，理论上无论涨跌都有人赚钱。

作为普通投资者，不要企望抓住股市中所有的机会，因为你既没有那么大的实力，也没有那么大的本事。相反，如果你能在一年中抓住一、两次大的机会做对了，收益也是可观的。在股市里，永远不缺机会，缺的是资金，特别是当机会来临的时候，你手里还有充裕的资金，这是任何投资者成功的基石，也是股市崇尚“现金为王”的主要原因。

事实上，股市的机会无限，股市的钱是挣不完的。我们看股市，除了极度暴跌的日子外，几乎每天都有个股奔涨停板，假设哪位先生有这个本事，每天都能抓住涨停的个股，我们忽略掉上午涨停卖出，马上买进下午收市又涨停这样的机遇，也暂时不计交易成本，假定以散户大多不会少的1万元入市为本金，倘若每天能抓住涨停板，1万元是如何发展壮大的呢?

本金1万元，第一天1.1万，第二天1.21万，第三天1.33万，第四天1.46万，第五天1.61万，第六天1.77万，第七天1.95万，第八天2.15万，第九天2.37万，第十天2.61万……显然，不到8天本金就翻了一倍。如果我们考虑其间有交易成本，有资金不能完全买成股票，为了计算的方便，按10天翻一倍来推算，我们看看推算的结果：

起点1万

10天2倍2万元

20天4倍4万元

30天8倍8万元

40天16倍16万元

50天32倍32万元

60天64倍64万元

70天128倍128万元

80天256倍256万元

90天512倍512万元

100天1024倍1024万元

110天2048倍2048万元

120天4096倍4096万元

130天8192倍8192万元

140天16384倍16384万元

150天32768倍32768万元

160天65536倍65536万元

170天131072倍131072万元

180天262144倍262144万元

190天524288倍524288万元

200天1048576倍1048576万元

210 天 2097152 倍 2097152 万元

220 天 4194304 倍 4194304 万元

230 天 8388608 倍 8388608 万元

240 天 16777216 倍 16777216 万元

……

270 天 134217728 倍 134217728 万元

300 天 1073741824 倍 1073741824 万元

……

按上述理论推算，本金 10 天翻一倍，1 万元入市，70 个交易日可成百万富翁，100 个交易日可成千万富翁；130 多个交易日可成亿万富翁；160 多个交易日财产过 10 亿；200 个交易日财富过百亿；230 多个交易日财产过千亿；270 个交易日过万亿；300 个交易日财产超过 10 万亿……一年下来，富可敌国，全世界都没有这样的财富增长速度，全世界也没有这样的股市高手。所以，股市的钱是赚不完的，机会永远在，就看你有没有本事抓住。

另一方面，股市的钱是亏得完的。第一，股市有交易成本。我们按大部分券商对普通散户的成本来计算，股票交易佣金即手续费一般是 3‰，印花税卖出时单边收取是 1‰。有的还有过户费，通信费什么的，这样完成一个买卖来回交易就会有超过 8‰的费用，接近于 1%，这就意味着，如果你每次买股票都是平买平卖，买进价与卖出价一样，一年下来也可以把你的资金全部吃掉。有人曾经计算出，我们的股市操作 88 次没有获利，本金将全部输掉。第二，股票有退市风险、公司有破产风险。投资的钱可能完全打水漂，沪深市场一批退市的股票就是教训。第三，买错股票买错时点引发套牢或巨幅亏损的情况。比如如果有人 2007 年 10 月在 300 元买进 600150 中国船舶，几年下来一路阴跌，到 2013 年只有十几元的价格了，也就是当年 300 万资金，5 年以后亏得只剩下十几万了，亏损幅度惊人（没考虑除权，考虑除权也亏了 90%），一只股票就亏了这么多，如果手气不好碰到几次这样的机会，原有老本很快就可能亏光了。第四，股市赚钱相对慢些，亏钱相对快些。无论有没有涨跌停板制度，涨跌都以上一天收盘价为基数，上涨是股价由低往上涨，基数相对在低位，下跌是由高向下掉，基数相对在高位。比如一只股票从 10 元跌到 5 元只跌 50%，而要从 5 元涨到 10 元要涨 100%，这就是为什么股票深套解套难的原因，如果你套在高位，有些股票可能永远也难以解套了。比如在1997年5月以66元买进600839四川长虹的股民，十多年后一直都没有解套的希望。第五，中国股市的特点是熊长牛短。涨的时间快而短，跌的时间长而久，使得大部分股民套牢的机会多、做错的机会多、亏损的机会多。比如2007年4月上市的601600中国铝业，从上市开盘遇到牛市一路上涨到最高位60.60元只花了半年，而从创出60.60的历史高位后一路下跌到现在就有五、六年，股价最低跌到近3元，只有最高价的5%，如果在顶部区域买入的股民要想解套估计很难很难。

五、股市的魅力在于测不准，没有永远的专家

很多散户朋友对股市不熟悉，对个股不了解，容易被所谓的专家、高手、内幕人士所影响，天天看电视的证券节目，阅读证券投资报刊，浏览证券网站，跟踪投资人博客，把投资的希望寄托在别人身上。全球股市的发展历史证明，股市的魅力就在于你永远也测不准。因为市场是千变万化的，影响投资者买卖行为的因素也千变万化、千奇百怪，任何一个人都无法准确预知某种股票的未来趋势，更不可能次次、时时、每个股票都能看准。所以，在世界股市发展的数百年来，完全看透股市、测准股市的人一直没有出现，尽管多少年来有许多人都孜孜以求想实现这个梦想。

股市难测的原因很多，一是信息不对称，无法辨真伪，无法知道影响的方向，更无法计算出影响的程度数量。现在的股市因为互联网技术的普及，每天都充斥海量的信息，有上市公司的公告，有内部传闻，有券商和股评人士的研究预测，有庄家故意散布的虚假谣言，还有普通散户为自己购买股票拟定的期望素材……这里面真假难辨，影响时间有长有短，影响程度有大有小，影响方向有涨有跌，仁者见仁，智者见智，有人看着是利好，有人认为是利空，于是，有些人就赶紧卖，有些人就抓紧买，最后买卖能量均衡点在什么地方谁也不知道。二是心理难捉摸。对许多投资者而言，买卖什么股票，什么时候买卖完全是一种心理行为，比如有些人买股票喜欢低价，有些人喜欢股票名字好听，有些人喜欢股票代码吉利，有些人因为中了小彩就觉得买股票肯定挣钱，有些人因为打牌、打麻将手气不顺就觉得股票也该卖掉等等；对股市信息、趋势的判断也完全是心理活动，外人无法用公式、模型

进行计量，这些大量缺乏理由、原因的无厘头买卖就构成了股市每天的交易结果。三是突发事件与“黑天鹅”事件的影响无法预知。现在是全球经济时代，世界经济一体化使得国家经济任何地方、任何环节出现问题都可能波及股市，加上现在实体经济与虚拟经济的融合力度越来越大，即使是实体上市公司欣欣向荣，也可能因为企业在虚拟经济市场上出现失误而赔上整个企业。加上我国的资本市场还处在新兴加转轨阶段，政策多变且不确定、市场多变且不确定、企业治理结构多变且不稳定必然会给证券市场带来不稳定。加上质量问题、环境问题、安全问题、管理层违纪违法问题等许多“黑天鹅”事件可能突降上市公司，最终导致股价不断改变运行趋势。四是机构与庄家的行为无法猜透。很多个股的走势完全是由入驻庄家和机构决定的，而机构、庄家对股价的做盘又受宏观经济环境、外部市场环境、股市大势、自身实力、炒作战略、目标、主管与操盘手性格等多重因素的影响，普通投资者根本无法对他们的行为作出判断。

为了论证股市没有专家，20个世纪六、七十年代美国纽约华尔街就有个“猴子（大猩猩）扔飞镖选股票”的实验，猴子通过扔飞镖扎中几只股票作买入标的，在同一时间内由知名的证券分析师选出相同数量的股票作买入标的，经过一段时间后，人们惊奇地发现，相同资金投入的两个组合中，猴子选中的股票组合的收益还要高过分析师们选中的股票组合。这个实验告诉人们，那些掌握最充分信息的股票市场经纪人与分析师在市场上选股的成绩，并不一定就比其他人强，这里也包括任何一个普通投资者散户。当然，这个实验并非说证券市场分析师的选股水平就肯定比猴子差，这里有个时间概念，不同组合的股票在不同时间其收益水平是不同的，关键在于找对与市场热点趋势相一致的股票，这就是难点所在，当每个人都认识到个股热点所在的时候，可能热点已经开始转换了。

前面说了专家与常人在选股水平上没有什么区别，有人肯定会说，既然没有区别，我听他的也不会错到哪里去啊！刚好自己还可以省事、懒得去分析呢。但是，且慢，对中国的股市分析师、股评家，广大散户一定要牢记以下几点：①中国的股市分析师属于“不会游泳的人在教人游泳”或者叫“不游泳的人教别人游泳”。有关法律法规规定执业证券分析师不能炒股，不炒股的人去分析股市能相信吗？很多时候理论与实践完全是两码事，股市就是如此，事后诸葛亮根本没有价值。②不要太相信股评的道理也很简单：股评家们如果真知道股市挣钱的秘密，真能看准上涨的股票，他干吗还要去靠要嘴皮子、笔杆子挣钱，按我们前面分析的，只要抓住几个涨停的股票，收益高得不得了，根本用不着告诉别人啊。③过去股市分析师做股评经常推荐股票，事后证明诸如赵少云、雷立军等那些有名的所谓推荐股票的“股神”都发现有庄家坐盘和利益输送的痕迹，跟风买进的股民苦不堪言。事实上，当时很多股评家都是给散户“带笼子”，自己叫人先买了（或亲戚朋友），然后给大家推荐，让大家来抬轿子，先前买的人就获利出局了。你如果跟他们买股票你说亏不亏？现在监管部门针对上述情况出台规定禁止在相关证券节目里面推荐个股，只能讲概念板块，而一个概念、板块少的有几十只股票，多的几百只股票，你知道哪只会涨呢？讲了等于没讲，听他们推荐也没用。④作为专家云集的基金公司、券商自营盘、阳光私募有些业绩差强人意，在系统性风险状况下，即在大盘整体不如意的情况下有些业绩还跑输大盘，也就是大盘下跌时，亏得比指数跌幅大，大盘上涨时，挣的比股指涨幅小。从这些分析，大家可以想到，在股市里没有永远的专家，只有赢家与输家。

股市出不了专家，还有一个原因，就是股市里的经验与教训是经常换位的，这次的成功经验，下次有可能成为失败的教训了，而下次以为是失败的教训，又可能成为再下一次成功的技巧。比如，这次买只股票，涨20%你很满足就落袋为安抛了，结果它还继续涨翻了一倍。由此，你可能后悔，总结出教训抛早了。到下次遇到股票涨了20%，想起上次抛早了，抱着，结果可能不仅没再上涨，反而下跌亏了20%还多，结果说明不抛又是错误的，你又可能后悔抛晚了……人在股市，反正做错的时候多，做对的时候少，捂股捂钱都不好把握，如果你能做对的时候多、次数多，你就是专家、行家，发财了呢！但是股市历史无情地告诉我们，至今还没有出现几个专家、行家呢！股市永远都是遗憾的买卖。如果不是碰巧，哪个人都不可能卖在最高点、买到最低点的。

此外，股市里充满了各种技术分析、成功秘诀，什么波浪理论、江恩法则、道氏理论、黄金分割律、相反理论、扇形原理、缺口理论、K线理论、均线分析、形态理念、长线是金、短线是银以及各种K线组合、技术指标分析等等，它们都是过去的市场、偶然的个例的运行规律和操作总结，类似博彩游戏，你可以根据已有结果总结很多条规律，但对未来的投注毫无价值。这些理论，技术分析最多是你研究股市、选择股票的辅助工具，千万不能当作自己制胜的法宝，要知道这些理论发明人、秘诀写作人都不是股市投资的最大成功者，他们自己可能都无法运用那些理论、方法去挣钱，这也正是股市的魔力所在，有学问与无学问、懂技术与不懂技术，每天开市时都在同一起跑线上。所以盲目去学太多的技术分析，看盘方法特别是盲目相信技术、秘诀毫无必要，真正的方法技术全在股市自己的实践中，靠自己去悟。

第二章　为什么受伤的总是我：散户的弱点

当今中国股市，散户是人数最多、交易量最大、亏损幅度最高的群体。据中国证券登记结算公司2014年10月份月报公布的数据，当月末沪深两市开户账户177648418户，其中自然人账户为176961334户，占账户总数的99.61%以上。在自然人账户中，月末持有流通股市值在100万以下的沪深两地股民人数占股民总人数的97.65%，其中市值1万元以下的27.41%，1万至10万的47.97%，10万至50万的19.14%，50万至100万的3.13%。这说明就是股市比较活跃的2014年10月，2/3的股民都是持股市值在10万元以下的小散户，中国股市散户市场的特征非常明显。另外据深圳证券交易所2007—2012年统计，个人投资者在年交易总额中的交易比重一直占85%以上，当然在行情不好时亏损比例也是中小散户亏损比例最高，投资市值在10万元以下的收益最低。

一、散户的先天弱势

前面说过，股市是一个买卖双方互相博弈的场所，买者预期股票会涨，卖者判断股票会跌，在各种因素的共同作用下，哪方的力量强大就朝哪方的预期方向发展。可散户并没有结成联盟，一盘散沙的战斗总让他们输多赢少，“受伤”的原因之一在于散户与机构、大户、庄家比较起来存在先天的弱势。

（一）资金规模小没有影响力

资金是股市运行的血液，决定着股市的生死与涨跌。股票等资本市场，做的是金钱生意，是一个靠票子堆起来的地方，资金的流进流出不仅直接影响着大盘的起落，还推动着个股的涨跌。显然，大盘也好，个股也好，行情是由资金来决定的，资金充足，就有行情，资金枯竭，就没有机会。同样，资金量越大，筹集资金的能力越强，在股市的影响力也就越明显。通过历史数据研究甚至可以发现，指数波动的方向与大投资者的买卖行为保持一致，中小投资者扮演的更多属跟风者的角色。

我们先来看大资金的优势：**首先是分摊降低了交易成本。**股票买卖有成本，大资金由于成交量大，与券商的议价能力强，当我们很多散户的交易佣金为 3‰的时候，机构大户们已经降到 5‱甚至更低，有的包月、包年核定一个数额，多的退回或不收。加上大资金购买的股份多，每股份摊的成本就少，一只股票散户可能要涨一毛钱进出才能保本，大资金也许只要五分钱就可以盈利，这样当你还在盈亏平衡点的时候，大资金就可能赚钱走人了。这就是为什么类似农业银行、中国银行这些低价大盘股每天成交波动区间就在两三分钱之间还总能维持的原因，一些大资金就在买卖盘之间做 T+0 游戏，你买的话就买我的抛盘卖一，你抛的话就抛给我的接盘买一，恰恰就是这么一进一出的一分钱差价、大资金可能还有三到五厘的盈利空间。

其次是集中出击可以影响大盘决定个股。比如国家队的资金为了完成护盘的任务，集中力量拉升“两桶油”（中石化、中石油）和“两行”（工商银行、中国银行）的股价就可以起到“四两拨千斤”的效果。对于创业板、中小板以及主板的小盘股，大资金可以单独或者抱团进行炒作拉抬或者打压股价。比如一只总股本 1 亿股、流通盘 5000 万的股票，股价从 10 元拉升到 20 元理论上需要 5 个亿的资金，如果大资金自己或者联合控制流通盘到了 50%，坐庄资金可减少到 2.5 亿，加上跟风盘，实际可能只需 1 个多亿资金就够了。

再次是对冲工具多、筹资能力强可以应对各种意外风险保持主动。大资金可以通过股票抵押、融资融券、股指期货等在股市内进行套期保值、风险对冲，在股市外筹集更多资金补仓、摊低成本或者流动操作降低成本。

最后是大资金还可以凭实力与人脉获得优质上市公司低价增发的机会。

一般上市公司的增发对象都有资金门槛的要求，只有资金实力强的大资金才能获得上市公司向少数特定对象定向增发的机会，而一般增发价格肯定低于二级市场的价格，这里的价差就可能是利润空间，加上增发产生效益增加上涨预期还可能有更大机会。

与大资金相比较，广大散户在股市里面因为资金量小、分散、没有实力，必然造成议价能力弱、交易成本高；一次性买卖多、补仓都没钱、纠错机会少；门槛限制多、对冲工具少、主动性差；资金量极低，对大盘个股单独影响细微，散户几万元、几十万元在股市基本上掀不起涟漪。

（二）信息渠道窄没有预见力

信息是股价运行的基础，是股票价格波动的最直接原因，股价的某种运行趋势实际上反映着与股票相关的某种特定信息。这是因为，在证券市场中，信息是影响投资者心理和行为的重要因素，每个投资者会依据自身所掌握的信息决定是否进场交易，决定买卖行为，进而影响股票市场的价格波动。但是，在证券市场上，特别在法制不健全、约束不规范、管理不到位的中国股市，不同投资者对信息的拥有量、掌握的时间早晚、真实性的判断等很多方面是非对称的。也就是说，这个市场上有关股票的信息，有的人知道很多，知道得早，知道得具体，有的人却不知道或者知道得晚甚至知道的也是人家放出的假信息。

在整个证券市场的运行过程中，大资金对信息的关注度明显高于散户。因为散户一般用的是闲散资金投入，虽然关注收益，但炒股不是生活的主要来源，他们大多带有“博彩”的特点，买进去，买对了，挣一把就走；买错了，套住了，就地卧倒，不管了，慢慢等解套去，一般不会太关注信息。大资金则不同，他们要算机会成本、资金成本，有业绩压力，信息对他们太重要了，他们必须关注、研究、分析、预测与股市、个股相关的，包括宏观面、行业面、市场面、技术面、个股自身的一切信息，力求尽可能早地预见到相关信息对股市、个股运行走向的影响及程度，及时超前做出投资买卖决策，以规避风险、保证资金安全、争取最大限度盈利。

大资金由于实力雄厚，获取信息的能力也相对普通散户投资者强得多。首先，大资金对券商而言是大客户，券商必然会把提升对大资金的服务水平当作吸引留住客户的首选。而在资金市场中，独家信息服务又是重中之重，所以，券商会倾全力为各类大资金提供信息。其次，很多大资金不是单个人的资金，有可能是包括机构、单位、企业在内的众多投资者共同出资形成的，出于自身资金安全和利益的考虑，共同出资人可能会积极收取影响证券市场和个股的各类蛛丝马迹的信息，供操盘者考虑。再次，大资金本身可能有自己的专业团队收集、了解、甄别各类公开或私下流传的信息，为自己的操作提供参考。最后，大资金一般拥有广泛的人脉关系，他们的信息渠道广泛而且及时。这一切都为大资金在证券市场培育“先知先觉”的能力提供了方便。

与大资金相反，散户不仅不太关注信息，而且了解收集信息的能力差、渠道窄、时间还晚。他们除了每天看报、上网、看电视新闻、了解交易所的公告之外，基本就只有靠朋友、熟人、同事提供信息了。这些信息常常是模棱两可、似是而非、无法求证甚至过时的陈旧信息，有的还不能排除大资金、庄家为了出货需要故意向市场散布的、意在引诱散户接盘上当的信息。有时，个别散户偶然能够事先得到相关影响证券市场或个股行情的信息，也可能会因为对信息的不敏感而错失良机，这一切都让散户在证券市场中处于“后知后觉”的挨宰地位。

（三）研究力量弱没有发现力

股市投资的实质就是价值发现，在个股低估值的时候买进，在价格高估的时候卖出。显然，对个股进行估值研究分析非常重要。

然而，在证券市场投资买卖的过程中，大多数散户常常是凭感觉行事，买什么、不买什么、什么时候买、什么时候卖、完全不是理性分析的结果，更多的是受他人和情绪的影响。事实上，大多数散户甚至搞不清什么是股票的估值，也不知道怎么去分析估值。实在要说的话，他们可能就会简单地把高价股当高估值股票，把低价股当低估值股票。

机构、大户则不一样，他们买一只股票之前会进行长期、细致、全面的跟踪、比较研究，会从宏观经济形势到行业趋势，从大盘走势到个股质地进行认真深入的研究。买股票必须有理由，要么估值偏低，要不概念独特；要么业绩有确定性增长，要不成长空间巨大；要么有并购重组预期，要不有高送转机会……他们会组织经济专家、财务专家、行业分析师、金融专家等各方面人才从多角度进行分析；还会派人到上市公司进行现场调查；还可能通过各种办法对上市公司的销售采购渠道尤其是大客户进行调研，最后通过详尽的调研比较，从不同行业中找出价值低估、成长稳定、发展空间巨大的领头羊公司作为备选投资标的，然后再根据市场趋势与炒作特点来进行最终投资决策。因此，在股市的炒作过程中，大资金、机构、庄家因为其研究能力强，且舍得在研究方面投入财力、精力，一般都能引领股市投资方向、投资热点，没有他们参与的股票，基本很难有大的行情，只能与大盘一起随波逐流。

（四）交易跑道挤没有超越力

股市的交易规则是价格优先、时间优先。显然，在同一价格条件下，无论买卖，谁的跑道快，谁就更有机会成交。很多散户对此没有什么感觉，他们大多因为资金数额小，交易机会不多，对交易价格高一点、低一点也就无所谓。事实上，在行情清淡时还没关系，一旦有行情，当你想买买不着，想抛抛不掉的时候，那才真正可以体味出时间就是金钱、速度就是金钱以及银子变成水的痛苦。在股市早期尚未开通网上交易、电话交易时，大家都必须到证券公司的柜台进行人工委托下单，那个时候大户室的大资金就有个特权，可以优先下单，不仅可以免除排队等候之苦，还可以及时把握股市瞬息万变的机会，而许多散户在排队过程中，股价甚至可能已经经过了一个过山车般的上下大幅变动了，造成时间与股价“错位”，没有递单进窗口还好，一旦递进去了，可能发现不想卖掉的却被抛掉了，不想买进的又硬塞进了你的账单，只能急得跺脚。

那么，现代电子信息技术发达了，散户与大资金在申购交易跑道方面的差异问题是不是完全解决或者不存在了呢？答案是否定的！在网络信息技术高度发达的美国，2012 年 9 月美国证券交易委员会还对纽约证券交易所罚款 500 万美元，以惩罚他们给某些机构提供股票报价和其他数据的时间要略早于向社会公众提供信息的时间。由于证券市场是“快鱼吃慢鱼”，一些券商为了吸引大机构（如各类投资基金）、大资金的入驻，在交易平台方面可能实行个性化定制，如提供比散户更好、更稳定的交易软件；提供更快捷、丰富的市场信息揭示，普通散户一般只能看到买卖盘各五档的行情显示，机构大户则可以看到各十档甚至更多，还可以看委托队列及委托瞬间变化的状况；对少数特大资金（机构）还可能提供直接与两大交易所交易主机相连接的专用交易线路，这就可以确保行情来的时候不出现堵单现象；再加上特殊的重点维护等，从而使得大机构、大资金在交易条件方面比普通散户更有优势。一旦有大的行情，他们就可以超越大多数散户走到前头。如2014年下半年新股发行改革后，由于新股一般是低价发行，中签与早期买到新股的投资者都有稳赚不赔的机会，可多次成交回报发现，新股上市首日与后面几日，能买到的不是机构就是一些特殊交易席位，散户怎么早排队都没有成交的机会。

（五）资金属性不同没有超脱力

很多证券市场教科书都认为，炒股成功的秘诀在于克服人性的弱点，能够细心买股、耐心持股、狠心卖股，说白了就是要有好的心态。但这些教科书都忘记了，绝大部分散户炒股都是用自己的钱，即使不完全是自己的钱，也是亲戚朋友的钱，或者用自己的财产、信誉抵押借贷来的钱，散户要对其盈亏负完全责任。而投资基金、券商自营等大资金则不一样，这些操盘手运营的资金是他人的资金，做好了自己会有奖赏，做差了只要不是刻意的，基本生活还是有保障，而且还有不少基金管理费是保底的，最坏的结果无非是辞职走人。显然，拿别人的钱炒股比拿自己的钱炒股压力就不一样，心态也会不一样，散户出问题也就是出在这个上面。

与机构、大资金相比，散户炒股其一是心中无数，没有定力。太想发财的心态，使得散户对股市、个股有一点波动就心神不宁，尤其是小套一下就心慌意乱，对原来研究分析的判断产生怀疑。明明知道有风险、在高位还经不起利益诱惑进行操作，不守纪律，常常买卖两边同时出错，特别是看别人股票赚钱就心理发慌、心猿意马，总希望把市场的机会全部抓住，结果是什么机会都抓不住。其二是速富心理没有耐力。买了好股票也守不住，挣了一点儿小钱就被股市的震荡吓倒，熊市套牢几个月几年都拿得住，牛市几天都熬不了。明明知道到了熊市，也收不住手，总以为自己可以抢个反弹多挣几个钱。正是因为这种没有耐力，该赚的大段利润错过了，该留着到转势时的资金机会被套住了。其三是患得患失没有魄力。股市千变万化，也永远是个充满遗憾与后悔的地方，加上牛市中也有熊股，熊市中也有牛股，一只股票什么时候开始涨（跌）、涨（跌）多少、涨（跌）多久，谁也搞不清、搞不准，这必然会造成人们在进行买卖决策时产生困惑与疑虑，担心自己买进的股票会跌、卖出的股票会涨，进而总希望自己有好运气能卖个最高点，买个最低点，最终会产生犹豫心态，该买的时候因为一两分钱的差距而没买到，该抛出的时候为了多贪几分钱而没卖出去，止盈止亏都出现问题，大好的机会在犹豫彷徨中流走了。

通过上述分析，我们可以发现，在证券市场中，散户的资金小，对市场没有影响力，一旦失误，改正的压力都很大；散户对信息的了解渠道少、敏感度低，与大资金相比处于滞后状态；散户的研究时间少、能力弱，价值发现的水平不高；散户话语权低，不受券商重视，服务也不到位，是市场的弱势角色；散户玩的是自己的血汗钱，对盈亏很在乎，对涨跌太纠结。这一切都酿成了散户在证券市场中的生存艰难，赚钱不易。

散户要克服上述先天不足，提高在证券市场的生存能力，就只能“跟”：跟着市场趋势走；跟着市场热点走；跟着大资金机构、庄家走。只能“早”：看准的股票早埋伏，不去计较一、两分钱差价，感觉有问题、不对头就早下车、不犹豫。只能“等”：等待市场上确定性机会出现，看不懂、看不准的时候就休息，就等待，不能随便冲动，宁愿错过，尽可能不要做错，特别不要犯伤元气的大错。只能“稳”：选择市场与个股都处于相对低位时进场，只会输时间不输空间更不输钱，看准了买就买到，跑就跑脱，别为几分钱去计较、去后悔。

二、散户的操作陷阱

炒股是个技术活，买什么股票？什么时候买？赚多少卖？做错了怎么办？亏多少必须止损？什么时候持股？什么时候持币？什么时候休息？都直接决定你的投资效果。有人相信勤劳致富，股市操作次数多并不一定就赚钱多，有些股票比如 000538 云南白药、600519 贵州茅台、000002 深万科，从上市到现在，你抱着不动，赚的钱可能更多。以 2013 年 8 月 5 日的收盘价计算，沪深股市有 13 只 A 股复权涨了 100 多倍，而且全部是 1997 年以前上市的老股票，它们是 000002 万科、000651 格力电器、600795 国电电力、000538 云南白药、600660 福耀玻璃、600654 飞乐股份、000503 海虹控股、000671 阳光城、600881 亚泰集团、600887 伊利股份、600804 鹏博士、

600886国投电力、600879航天电子。最牛股东自然人刘元生从1991年1月29日万科A正式登陆深交所起，就扎根深万科，22年无论涨跌，不为所动，当初投入万科400万元，到2014年7月29日收盘价计算，其市值已超过13亿元，增值300倍以上。有些人相信运气，完全凭股票的名字和代码买股，股市也有运气，有人买了股票就涨，抛了股票就跌。但有时股市与博彩一样，好运气并不总是伴随你，每一次操作，都会有风险与机遇，如何回避风险抓住机遇，可能功夫在操作之外。散户为什么亏得多、出问题多，除了上述分析的先天弱势之外，在操作中还存在十大问题。

（一）无证驾驶，盲目入市

很多散户入市的时候，股票是什么、股票价格由哪些因素决定、大盘指数的构成、影响大盘与个股的涨跌因素有哪些都不知道。遇着牛市、底部买进股票，属于运气好的，可能一进去就挣钱；遇着熊市，顶部买进股票，属于运气不好的，一进去就被套住了。他们很多是赚钱时稀里糊涂，亏钱时也迷迷糊糊，不知道原因。这种连赚钱是怎么赚的、亏钱是为什么亏的都搞不明白就入市炒股，其后果是可以想象的。网上有句名言，在股市中，成功的投资者会用80％的时间学习研究，用20％的时间实际操作。失败的投资者会用80％的时间实盘操作，而用20％的时间后悔。

显然，在股市中要想成功，就应该多学习和研究，入市之前，起码先把股市一些基本的理论、道理、套路搞清楚，至少会简单看盘、分析K线、趋势线，学会分析个股的一些基本财务指标，而不是盲目杀入股市亏钱交学费。做股票也与其他行业一样，必须具备一些基本知识和基础技能，有如你要开车，起码要了解交通规则，了解车况、路况，学会驾驶技术才能开车上路，不然，不仅对他人是风险、对自己也是祸害，出事惹祸是必然的。世界上还有很多职业都必须事先学习、熟悉相关基础知识和基础程序，才可能避免盲目的风险，特别是失败。

散户盲目入市，一是放大了风险。原本可以避免的错误没有避免，比如在投资之前了解一下大势是牛市、熊市还是震荡市，可以决定是买入、卖出还是休息。了解分析投资股票现在的价格估值是高估、低估还是合理估值，了解上市公司未来的成长趋势就可以决定是买还是卖。学会简单的技术分析，可以知道个股现在技术指标处于高位还是低位，如果是高位可以等待回调再买，进而减少回调带来的损失等。二是踏错了节奏。想都不想就进场，很可能是该卖的时候你买了，该买的时候你卖了，造成的损失越来越大。三是搞坏了心态。盲目追涨杀跌，可能引发每次投资都失败，从而影响到下一次投资心态，导致一步走错步步走错。

（二）见风是雨，没有主见

散户买什么股票，大多不是自己研究得来的，全是听别人推荐的。有的是报刊电视股评推荐；有的是网上论坛股吧推荐的；有的是朋友、亲戚、同事推荐的；有的甚至是神秘消息推荐的，别人买什么自己就买什么，别人说哪一票就重视关注哪一票，听风就是雨。如果有什么人在证券行业工作的话就更加相信他及他们身边人的推荐。尤其如果这些推荐与自己关注的股票相一致，就会越看越喜欢，越说越觉得有道理就会涨，原来还犹豫不决，现在有旁人一说，脑袋一热就进去了。

正是上述散户在股市里缺乏主见，容易跟风从众，造成了散户亏得多，庄家多成功！为什么？因为散户股票买卖这种靠他人推荐、容易受外界信息诱导的行为恰恰给坐庄资金提供了方便。事实上，任何散户从外界得到的那些信息、别人推荐的那些股票，大多是不可靠的。这种不可靠体现在以下几个方面：一是人家推荐有“目的性”。我买了股票告诉你，就是希望你来给我抬轿子，传播、听信的人越多，自己成功的机会就越大。过去股评“黑嘴”大多属这一类。当年东方趋势的赵笑云、广东科德的雷立军、北京首放的汪建中，还有“中国第一博”之称的股市“带头大哥 777”王秀杰等最后出事也出在这个上面。他们是怎么弄的呢？一般是星期二、星期三选好目标股先建仓，周四向公司高级会员推荐买入，周五向初级会员推荐买入，并在周五、周六发表推荐该股的文章描绘值得投资的理由，普通股民（散户）周末看到荐股文章，回头就去对该股进行技术分析，一看周四、周五开始有启动迹象，觉得确实有道理是那么回事，下周一大家一跟风股票就可以轻松拉到涨停，有些了解信息更晚的投资者在周二、周三可能继续跟风，这样最先建仓的庄家不仅可以用三天时间出清离场，而且还可以挣得盆满钵满，又可以进入下一轮运作，既屡创红色星期一，还可以得到“股神”称谓。证监会在查处北京首放汪建中时已发现他非法盈利超过 1.25 亿，多么可观的收益啊，散户就是这样被“套”进去了。二是就算真实的信息也有“时滞性”。

一般信息传到散户这里已经慢了好几拍了，第一批、二批知道信息的人买了可能还能挣点钱，到大多数散户知道的时候进去可能刚好给人家站岗。三是没有认真研究的信息可能出现“误判性”。有些信息最后可能证实是真的，但事前是利好还是利空，谁也没有把握，有些看似利好对股价可能是利空，因为前面可能涨多了，利好出来庄家刚好可以利用它兑现利润，有些看似是利空可能是利好，利空出尽就可以增加确定性，一些庄家刚好利用它拉升建仓。笔者 2008 年 1 月底的时候就听信了一位股市朋友说 000720（当时叫鲁能泰山）有资产注入重大重组题材，一看走势似乎也印证了有题材支撑，于是也盲目跟风，在 11 元附近试探性买了一点，谁知买进后就跌倒 8.19 元，后来停牌等重大事项公布，2 月下旬公布了收购股权的重大事项，与传闻信息一致，股价复牌只拉了两个涨停就不行了。好在当时看到交易排行榜，第一个涨停卖出上榜的有两家机构席位，第二个涨停卖出第一位的是机构席位，于是毫不犹豫在第三天拉高时割肉出局，至今该股股价还没有到过我的卖出价。尽管亏得不多，但从那以后我再也不听传闻或消息操作了。四是人们对信息的判断可能形成“逆行为”。在庄家与散户的博弈中，庄家可能利用散户对利好期望高，对利空压力大的心理进行逆向操作，用利好出货，在利空时进场，使得散户无法判断，在犹豫中错过机会。

总之，炒股也不能“不劳而获”，有耕耘才能有收获，真正要期望在股市获得成功，就必须有自己的独立研究，形成自己独特的操作风格，而不是人云亦云随大流。不然，在这个“少数人挣钱的游戏中”，输的肯定是你。

（三）朝三暮四，频繁买卖

许多散户总想一夜暴富，天天不歇气，频繁换股、追涨杀跌，买进股票两天不涨就烦得不得了，就想换，结果是“一卖就涨，一买就跌”，换来换去还不如守着原来的股票不动好。有研究发现，深圳市场 2009—2012 年，个人投资者年资金周转率分别为 8.99、7.21、6.35、6.9，而同期机构投资者年资金周转率分别为 3.83、1.61、1.41 和 1.42，2012 年个人投资者平均持股期限仅为 39.1 天，远低于机构的 190.3 天。频繁交易影响投资回报，带来许多问题，其中最突出的在下述三个方面。

一是增加了交易成本支出。很多人常常忽视交易成本的影响，美国金融学家分析过频繁交易可能导致散户收益率降低。举个例子，如果一个投资者的年资金周转率为30倍，即一年资金买卖30次，平均每个月交易不到3次，如果以交易金额的3‰来计算所有费用，该投资者全年的交易费用就达到资产规模的9%，也就是说，投资者至少要取得年收益9%以上才不至于出现亏损，9%的年收益率已经相当于许多成熟资本市场的平均收益水平了，许多上市公司的净资产收益率都低于这个水平。如果每月交易5次（含买卖一起），则需要年收益率达到18%以上才不发生亏损，我们这里还是考虑了交易量大的券商给予投资者在佣金费率上打折了的，如果严格按大部分券商原来对散户的费率、加上印花税过户费什么的，实际可能还要高。单从交易成本的角度就可以发现，频繁交易是魔鬼，超短交易的大部分都不可能挣钱。

二是增加了犯错误的风险。证券投资是一项输赢不对称的博弈。前面说过，股市上涨是从低位涨到高位，下跌是从高位跌到低位，基数完全不同，5元的股票涨到10元，要涨100%，但10元的股票跌到5元，则只需跌50%。换句话说，不考虑复利因素，10万块钱，5个跌停就变成了5万块钱了，但5万块钱要变成10万，则需要10个涨停（实际运行有复利因素，涨跌停次数略小），输一笔要赢两笔才能补回来。这种不对称的输赢给频繁交易的投资者带来了巨大的犯错风险。假定每一笔买卖的盈亏概率相等，即做10笔买卖，挣钱的有5笔，亏钱的也有5笔，由于输一笔必须要赢两笔才能补回，结果你还是要净亏掉两笔半，以此类推，做100笔，净赔掉的就可能有25笔，买卖次数较多，错的就越多，赔的钱也越多。所以，巴菲特曾讲过“钱在这里从活跃的投资者流向有耐心的投资者。许多‘精力旺盛’的有进取心的投资人，财富渐渐消失。”

三是费神费力搞坏了心态。频繁交易要求十分关注盘面的细节变化，不仅要关注大盘，还要关注市场热点，更要关注个股动向，从而使得投资者在交易时间内几乎将精力与时间全用在了这些细节变化上，人累心累，伤神费力还不一定有效果。再就操作本身而言，过多关注细节会干扰投资人对大局与趋势的判断。比如，在市场趋弱时，你侥幸做成一单挣了钱，你可能自信满满再做一单又一单，把弱势市场当作了强势市场去做；相反，在强势市场，你因为没有耐心做错了一单，亏了钱，你可能垂头丧气、情绪不好把强势市场当成弱势市场去做，其结果犯错失误的几率就会越来越高。

其实，股市机会多多，任何人都不能抓住所有的机会，而且越想多抓住机会，结果可能是一个也抓不住，还不如认真研究，每年抓住一两次机会做成功就行了。必须克服频繁买卖的交易习惯，做到犹豫不决时不轻易下单；没有看准，没有把握的时候不轻易下单；没有足够的市场空间和股价成长空间不轻易下单。

（四）贪心不足，到处撒网

许多散户，本来投入股市的钱就不多，还迷信不把所有鸡蛋放在一个篮子里，想分散投资，几万块钱买几十只股票，这里几百股，那里几百股，希望“东方不亮西方亮”。尤其可怕的是，购买的一大堆股票并非自己研究得来，而是谁推荐的都买一点；有的是预测某个行业、板块、概念可能会成为热点，自己又不知道谁会成为龙头，于是就把自认为最有可能活跃几只股每样买一点点……这样一大堆股票，杂乱无章，有时还结构单一，有的板块同时好几只，即使是好不容易碰到一只“黑马”，也赚不到几个钱。

其实，投资是集中好还是分散好，首先是对大资金来说的，小资金根本就不存在这个问题。其次，它是对非系统风险而言的，是为了避免过于集中少数个股一旦出现“黑天鹅”等意外事件造成损失过于集中，它对大盘的系统性风险或者说趋势性风险防御作用有限。最后它对投资组合的技术含量要求高，是要通过系统科学研究，寻找代表不同行业、板块、热点的不同个股进行最优组合，以期获得最佳效益。显然，大多数散户的分散投资即“到处撒网”并不属于上述范畴，它恰恰是散户对股市不了解，不熟悉条件下的一种“碰运气”式的广种薄收行为。另外，究竟是分散组合投资效果好，还是相对集中投资效果好，理论与实践都没有令人信服的定论，但在实践上，成功投资的效果恰恰来源于把握住了少数几只个股，几次机会全力出击上面。巴菲特、索罗斯等成功的投资大师大多是专注投资在自己看中的少数股票上面。

散户本金不多、股票不少。第一个问题是增加了投资成本。证券市场的交易费用有个最低值，比如证券交易的佣金最低收取标准是 5 元，即不足 5 元的按照 5 元收取，超过的散户一般是按 3‰收取。大家就可以算算账，你买股票的市值低于 1700 元就不合算了，如果券商给你优惠只有 2‰或 1‰，那你买入股票市值越低越吃亏。由此还带来第二个问题加大了个股投资压力。假设你有 5000 块钱买了 5 只股票，平均每只股票投资 1000 元，假设买进股价分别是 1 元、2 元、4 元、5 元、10 元，购买的股数分别为 1000 股、

500股、250股、200股、100股，考虑到不能买零股，4元股价的也只能买200股，把多余的钱买2元的股票，那么2元股价的股票就可以买600股。这里单就交易佣金一项，买卖来回每笔都需花10元钱，分摊到股票上，1元的股票必须要涨一分钱，2元的股票要涨一分六厘钱，4元、5元的股票要涨二分五厘钱，10元的股票要涨1毛钱才能应付基本的交易成本。如果我们集中投入一只股票上，即使按3‰的佣金费率，总佣金买卖来回也只有30元，比分散购买节约20元钱，如投到1元股价的股票上可买5000股，那么它只需涨六厘钱就可以应付成本；如果全部买10元的股票可买500股，每股只需涨6分钱就可以应付成本，如果考虑过户费等其他费用，集中投资明显比分散投资对股价摊薄成本的压力要小。同样的资金、同样的股票，涨一分钱有人赚钱、有人亏钱的道理也在于此。第三个问题是无法专注管理这些股票。股票太多，需要关注的对象也多，由于每只股票的数量不大，很可能对它们的涨跌都无所谓、不在乎，涨一两元一股也挣不了多少，亏一两元一股也赔不了多少，久而久之形成了对市场的麻木，每天手中的股票都可能有的涨，有的跌，使自己看不清大势，看不清大局。第四个问题是逻辑出发点有问题。之所以买很多股票，目的是希望加大赌中的概率，押中以后干什么呢？有散户说，这样可以天天有收获，于是形成“见好就收”的投资逻辑，即哪只股票挣钱，涨得快就卖哪只股票，抛掉涨的，留下不涨的，结果形成了强势股被淘汰、弱势反而留下来的“劣存优汰”的错误操作思路。按这种思路炒股成效肯定有问题。

（五）不知休息，天天满仓

在股市中，大部分散户的资金不够融资融券的门槛，也就无法实现卖空挣钱，他们就只有买股票做多“华山一条道”。既然只有做多才可能有挣钱盈利的机会，许多散户就害怕踏空，看不得账上有钱，好不容易卖了股票回来点钱就总是忍不住买股票，一年到头账户上从没空过股票，殊不知这恰恰是不少散户亏钱的最大原因。

很多人天天满仓是怕踏空，担心第二天股市的机会溜走。前面说过股市从来不缺大机会、好机会，关键是机会来了你还有没有钱。如果天天满仓，手中的钱全部变成股票，万一有看准的机会来了，要么你没钱只能干瞪眼，要么割肉卖掉手里的股票来换股，但市场千变万化，谁能保证你卖掉的股票一定不涨，买入的股票肯定就涨呢？

天天满仓在操作逻辑上也存在问题，你既然刚刚卖掉股票怎么又马上买进股票呢？如果卖掉股票是预期市场将会下跌，既然预测市场下跌，大多数股票都是跟随大趋势走，你重新买入的股票同样也有可能下跌，那么你这个买入行为就是逆市场而动，显然是有问题的。有人会说，我卖掉股票是为了换股，卖掉涨高了的，买入还没有怎么涨的。这无非有两种可能：一种是市场处在牛市，但牛市大家普涨的情况下，涨幅的差距可能是质地、概念、热点的差距，你换的结果很可能从热点、热门股、质地好的股票换到冷门股、质地差的股票，一旦遇到市场转势，跌的幅度会比原来更快。另一种可能是处在震荡市或熊市，那强势股更难捕捉，谁能保证你换掉的股票一定会比原来的走得好、涨得快？

满仓操作有个理论前提，就是确信当前的股市处于牛市，因为只有牛市抱股挣钱才是大概率事件。但任何一个国家的股市都不可能一路上涨不停的，有涨有跌有波动是股市的常态，绝大多数个股也是如此，它们有自己的成长周期。因此，合理的操作思路应该是牛市捂股满仓；熊市捂钱空仓；振荡市半仓操作，进退有度。空仓虽然赚不到钱，至少不会亏本，满仓是机会与风险并存，天天满仓就可能机会与风险相抵，弄不好还会风险大于机会。散户必须牢记，在股市中，会买的是徒弟，会卖的是师父，会空仓的是师爷。

（六）没有刹车，不愿止损

散户们炒股，经常遇到的难题是套牢，股票一买进就下跌，由于决定买入某只股票起初是信心满满的，以为跌一下会涨上去，大多数人在刚下跌的阶段都很无所谓，不重视，但由于股票是涨得慢跌得快，涨跌的起始基点不同，一旦当你意识到股票进入下跌通道转势时，可能已经跌了百分之二、三十了，这时，因为亏损量很大，大部分散户都会选择就地躺下，抱着股票不动，等待牛市或将来有机会解套；少部分散户还可能越跌越买、不断补仓、摊低成本。很少有散户在购买股票的时候就设置止损点，万一买到后下跌多少就坚决认赔出局，以保存资金实力。

在股市中炒股不设止损点，不愿止损，就如驾驶一辆没有刹车的汽车，或者说一个不会踩刹车的驾驶员驾车在路上行车，任何人都可以想象出最终的后果肯定是车毁人亡。因为买了股票，明知道买错了、亏了，还不愿意止损割肉，其结果必然是让小亏变大亏，让大亏变成长期套牢，有的甚至可能遇到买的股票退市而血本无归。在熊市中“忍不住买股票、舍不得卖股票”是散户大亏损的根本原因。

股市变幻莫测，犯错失误在所难免，这里面找不到常胜将军，即使是索罗斯之类的顶尖高手，失手也是常有的事。面对失误和犯错，正确的做法应该是承认错误、及时改正，防止让小失误变成大错误。要尽可能避免在一次投资中大伤元气，即所谓“留得青山在，不怕没柴烧”。及时止损是在投资出现明显错误时限定亏损幅度、保存实力的不二法门。如果明确发现股市大势转向熊市或自己购买的个股转向下跌趋势，止损越早越主动。首先可以减少机会成本。散户资金有限，股市机会无限，如果长期在一只股票上套住了，再好的机会也没有了。相反，如果在股票没有深套时及时止损，一旦遇到好的热点，看准了新的机会就可以把原来割肉的损失赚回来。其次可以减少亏损幅度。有人说我手里的股票很有潜力，后市看好，不割肉没关系，将来也可能解套。但是且慢，就是好股票，在趋势向下时，及时止损也能降低损失，止损虽不能挣钱但可以赚股票，解套也容易得多。比如某只股票你在10元价格的时候买了1万股，买入后就开始下跌，你设定亏5%为止损点，于是在9.5元卖出股票，原来10万元资金就变为9.5万元，亏了5000元，由于市场处于熊市，该股一路下跌，你虽看好它但不知道底在何处，假设它跌倒4元开始反转，这个4元是不可能买到，你不敢也不应该买，除非市场好转，假设现在该股从4元回升到5元，你可以确定该股由熊转牛，从5元果断入场重新买入，这时你9.5万元资金可以买1.9万股。同样的钱，因为及时止损现在买回来时，你可以多买9000股，等于挣了9000股，那么现在解套也就更容易了，只需涨5%多一点就可以了。也就是说，股价只需涨到5.26或5.27就可以解套，如果我们不割肉止损，股价要涨一倍才能解套呢；在股市中找涨10%的股票容易，要找到涨100%的股票，那大多只能靠运气了。如果股价真能涨回到10元，不计交易成本，依靠止损交易，那你就可以挣9万元，接近翻倍呢！由此可见及时止损对熊市中的散户是多么重要。再次是可以减少时间成本。有些股票虽然可以最终解套，但大多数散户就如网上爆红的“解套哥”网络日记所言，“哥的炒股史也就是解套史”，散户常年陷在“买入－被套－等待死守－解套－卖出－再买入－再被套”这种“被套一解套一被套”的恶性循环之中，时间消耗了，钱基本没挣着。

关于止损的重要性，专业人士有个“鳄鱼法则”很能说明问题，假定一只鳄鱼咬住你的脚，如果你用手去试图挣脱你的脚，鳄鱼便会同时咬住你的脚与手。你愈挣扎，就被咬住得越多。所以万一鳄鱼咬住你的脚，你唯一的机会就是牺牲一只脚。联系到股市，就是当你发现自己的交易背离了市场方向，必须立即止损，不得有任何延误，不得存在任何侥幸。这是炒股人必须培养的一种重要投资理念、操作计划和策略。至于止损点的设立与方法，很多股市书上都有说明，这里必须强调的是一个“准”字，一旦确定是大盘走熊，个股破位走下降通道，一定要毫不犹豫进行止损。

（七）胆小如鼠，不敢赢利

很多散户买的股票套住了心态很好，不理它、不看它、不管它，一付“死猪不怕开水烫”的样子，有些甚至可以忍受一只股票亏得只剩零头，忍受连绵下跌好几年。但如果这只股票涨了，特别是到了自己解套的当口，他们就会心神不宁、患得患失、心态不稳，生怕好不容易熬到的解套机会丢了，到手的利润退回去，煮熟的鸭子飞了。于是很多人在大牛股的起涨初期或者拉升前的振荡期，就匆匆忙忙卖出股票，把筹码还给庄家，这也是散户买过大牛股的很多，真正挣钱的不多的根本原因。散户大多变成庄家管理筹码的忠实管家，下跌亏损的时候，他们拿着筹码默默无闻地扛着，忍受着经济与精神的压力与折磨，好不容易守得云开雾散的时候，好不容易等到盛宴开张的时候，他们大多提前退席了。散户亏得起、赚不到，能亏不敢赢，主要原因有四：一是套久了、套怕了，一旦有解套出局机会，会奋不顾身抓紧出逃。二是风险与损失厌恶心理作怪。在股票套牢时，散户不卖股票不止损，事实上他们是在账面亏损与实际亏损之间作选择，由于账面亏损还存在解套的盼头，只要不卖出去，就不能说做这只股票一定是亏了，而割肉卖出则不然，它让账面理论损失变成实实在在的资金损失，散户的损失厌恶心理使他们宁愿选择死守。但当一只股票处于赢利上涨状态，散户面临的是账面赢利与实际赢利的选择，由于账面赢利会随股价大幅波动，一旦下跌，就可能变为纸上富贵空欢喜一场，这时散户就会在冒丧失全部利润的风险，去争取更大的收获与不冒风险得到较小的收获之间进行选择，由于人们有风险厌恶与损害厌恶心理，这时候可能很多人就会选择“多得不如少得，少得不如现得”，尽快落袋为安。三是对大势与个股缺乏有效的研判。大多数散户对自己所买的股票缺乏研究，就是幸运碰到涨的牛股也搞不清涨的原因和可能涨的幅度，更不能结合大盘与热点进行综合研判，常常是走一步看一步，凭感觉行事，既没赢利目标，也无止损计划，所以也就挣不到大钱。四是操作方式有问题。不少散户炒股有个坏习惯：尽可能多买几只股票，希望东方不亮西方亮，总能碰上几只牛股，但稍有风吹草动、大盘震荡，他们不是卖掉弱势股，而是抛掉强势股，先把下蛋的鸡杀了，结果是好股票只扯了根小毛，大部分利润没赚到，眼睁睁看到卖出的股票大涨特涨。

如果散户能赚钱的牛股不敢抱，不赚足相当的利润，只是赚点小钱，而亏的股票又容易亏大钱，总体上怎么会不亏钱呢？因此，入市炒股，必须要有一定的赢利目标和操作纪律，一旦碰到手中的股票走上升通道变成牛股，或者遇到牛市与市场趋势反弹，只要没达到设定的目标价（比如赚30%－50%，整数价位），或者股价不出现顶部破位走势、或者大牛转熊走坏，都可以坚持持股不动，不断享受股价走上升主浪带来的赢利。

（八）没有自信，犹豫不决

股市里的机会多、陷阱也多，涨跌变化快，热点切换快，每位投资者都是“不识庐山真面目，只缘身在此山中”。由于散户缺乏对大势的准确研判，难以对个股进行深入对比研究，加上决定个股行情的因素复杂，其对买入的个股市场走势也就没有把握，再算上周围其他投资者的行为诱导和各种不同观点的影响，买了怕套，卖了怕涨，换股怕错，便成为许多散户的心理常态。他们有时研究半天、分析半天，想好了、决定了，结果到了临出手时又患得患失、变卦或不守纪律。表现在操作上，就是决定买某只股票时，临时又低填几分钱，想便宜点买，结果可能就因此没买上；觉得手中某只股票可能不行了，要下跌，必须马上出手，结果因为抱幻想，鬼使神差多填几分钱去抛，结果很可能因此没卖掉；看好另外一只股票，想把手头的股票换过去，临时又担心换错了，那个纠结啊，真叫人痛苦。有的人更可笑，总希望自己能抄到底，逃到顶，于是就等啊等，等得看中的股票越涨越高，手中的股票越跌越深。一年到头都在犹豫后悔中过日子。

很多人都开过车，开车最怕的是什么？犹豫不决，不仅影响自己，还影响他人，容易出事故。炒股也是如此，犹豫不决，第一会容易丧失机会。股市千变万化，你稍有迟疑，就可能让挣钱与减亏的机会失之交臂。第二会容易搞坏心态。因为犹豫导致几次错误之后，很可能促使投资者产生盲目、武断心理，导致不该出手的时候出手了，结果还是错上加错。第三容易引发亏损。大量生活实例证明，犹豫不决都不可能取得最佳行为效果，更多的是不利影响。股市犹豫，可能让该赚的钱没赚着，该不亏或少亏的股票亏大了。

在股市，我们永远只能抓到部分机会，只能挣一段钱。任何时候、任何个股都是机遇与风险并存，你能做的就是通过自己独立的研究分析，减少误判，减少风险，不出现大盘指数和个股价格在高位时该慎不慎；在大盘下跌个股浅套时该了不了；在大盘调整期个股盘整没有方向时该等不等；在实施操作时为一两分钱该狠不狠。确保买就买到，卖就卖掉，换就换成。

（九）简单重复，定式思维

股市是个千变万化的市场，散户要想在股市生存，在股市成为赢家，就必须以万变应万变，而不能以不变应万变。很多散户在股市操作不会根据市场变化，顺势而为，而是教条面对市场，被一些定式思维所限，影响操作绩效。比如有些人喜低怕高，患有恐高症。其实股票价格体现了股票的质地，股价低有低的原因，股价高有高的理由，它们的差别在于感觉，1 元的股票涨跌 10％只涨跌 0.1 元，100 元的股票涨跌 10％要涨跌 10 元，1 元的股票涨到 2 元翻倍不显形，100 元的股票翻倍要涨到 200 元，很显形。大家可以去看看，过去股市高价的贵州茅台、片仔癀、长春高新、云南白药 4 只百元股哪只不是长线牛股，买过这些股票的人大多赚多赔少；而价格垫底的 2 元以下的股票大多是盘大、绩差、行业传统夕阳的钢铁企业；买过这些股票的人大多亏多赢少。还有“刻舟求剑”型，总认为股价与股指是完全相连在一起的，以为自己在股指 3000 点套住的股票只要等到涨回 3000 点就会解套。殊不知有些人 6000 点买的股票 3000 点还赚钱，有些人 2000 点买的股票 3000 点还亏钱。我有个朋友自从高价买入 600609 金杯汽车以后，包括 2007 年在内，无论股指怎么涨都没解套过。还比如有人看到一只股票涨跌超过 50％就认为可能不会再涨再跌了，不知道地板价下面还有地狱，地狱还有 18 层，18 层下面可能还在扩建。也不理解股票创新高之后还有更高。比如当年 5—6 元钱买过 600150 沪东重机（现中国船舶）的人可能做梦也不会想到该股最高会涨到 300 元，但在 200—300 元区间买入该股的人谁会想到手中的股票会跌到十几元呢！有很多散户在高位买入股票就一直死守着等待大盘上涨、等待他的股票涨回买入价解套呢！

股市定式思维之所以会错，就在于散户不会结合宏观基本面、大盘趋势、个股走势、信息时滞、市场热点以及行业形势、企业来势去综合分析，只看一点一面，一叶障目，不见全局，让别人成功的经验变为自己失败的教训，不知道股市的经验与教训转换很容易也很快。股市在很大程度上是适者生存的市场，散户要想在这个市场立足，并能与庄家、机构共舞，从他们身上“拔毛挖肉”，就必须按庄家机构的思维去寻找投资机会、改变操盘方法，而不能按自己感兴趣、熟悉的或者过去成功的路子去做，因为你喜欢的、看好的，机构庄家、其他散户不喜欢、不看好就没用。相反，你不喜欢、不看好，大家都喜欢、看好的，那就有戏。

（十）知错不改，原地踏步

很多散户炒了几年股，亏了不少钱，慢慢地也知道自己的问题所在，但就是不花时间去总结，去改进，去提高，尤其是每到具体操作的关键时刻，还是照样管不住自己控制不住自己，同样的错误一犯再犯，同样的学费交了又交，入市多年，与新股民没有什么差别，总是没有提高，与其这样，还不如赶快认赔出局，转账销户，远离股市。

第三章 "花开堪折直须折"，学会选时，做趋势投资者

大家进入股市，目的无非就是赚钱。股市与别的行当不同，一是资金门槛低。只要能够买得起 100 股就可以参与，不像别的生意本金、初始投入要求大。还不需要场地、装修、铺底资金什么的。二是技术壁垒低。知识、学历、专业都不是赚钱的优势条件，不像商品市场，隔行如隔山。三是交易结果的不确定性大。与一般商品交易"买的没有卖的精"不同，股市买卖双方是经常换位的，买是为了卖，卖又是为了买，但买卖能否赚钱事先难以准确预测，任何分析工具、分析方法最多只能增加一点成功的概率，减少一点明显失误，而无法百分之百避免出错与失误。四是股市永远都是遗憾的市场。不是抛早了就是抛晚了，不是买高了就是买早了，买卖都有遗憾。五是股市还有一定的娱乐功能。歪打正着、做梦发财的故事层出不穷……股市测不准的特征告诉我们，在股市中不要幻想做"股神"，希望能够猜透、看透甚至驾驭股市。许多股市大鳄最后出事也是出在这个上面。作为散户，只能适应股市，跟着市场走，顺势而为，才会有更多的成功。适应市场，首先就是学会选时，找准合适的时机下手，提高成功率。俗话说，识时务者为俊杰，浩浩大势，顺之者昌，逆之者亡，股市也是如此。要做到顺势而为，选时胜于选股。前面说过，股市操作说起来简单，就是四个字"低吸高抛"。但做起来很难，因为股价高低都是相对的，大多数时候你是无法判断准确的，一旦能够确认股价高低的时候，最佳操作时机已经错过了。所以，我始终认为"抄底逃顶"仅仅属于理论上的幻想，可遇而不可求，更不可能分析到，人们能把握的只能是在一段时间内的价格相对区间，是属于高位区还是低位区。最终进入买卖操作的出手时机必须结合宏观大势、行业来势、大盘趋势、个股走势四个方面一起来判定。

一、“识时务者为俊杰”，宏观大势要看清

做任何事情都需要一个好的环境，炒股也是如此。进入股市，有两句话必须要牢记，第一句是“看大势挣大钱”；第二句是“炒股一定要听党的话，跟党走”。前者反映基本面，后者体现政策面，只有把两者结合起来分析，才能够把握好股市发展的大势。

先看宏观基本面。炒股的人必须对入市期间的国际国内大势有个基本的判断，它既包括经济形势，也要关注政治形势与社会稳定态势。一般情况下，政治、社会动荡与军事冲突容易观察与把握，重点还是分析经济形势，包括两个方面。

（一）国际经济形势如何？

随着改革开放的不断深化，世界经济一体化的迅猛发展，中国经济的外向度越来越高。这就决定了国际经济形势的变化必然会影响到国内经济的发展，从而影响到股市。举两个最为典型的例子，一是2008年美国次贷危机引发的股市大跌，沪指从6100多点跌到1600多点。二是1997年的亚洲金融危机，沪指从1500多点跌到近1000点。显然，在全球出现经济、金融危机面前，股灾难以避免，我国股市也跟跌，而且跌幅巨大。这个时候你还迷迷糊糊去买股票，无异于银子变水，送钱给他人。

分析国际经济形势的方法有很多、指标复杂，那是专业人士的业务，普通散户没有必要花过多心思在这上面。而且你就是想分析也因为缺乏资料、数据无从下手，最好的办法也是最简单的办法是看三个三。

一是看美国、欧洲、日本三大经济体的发展趋势。他们经济稳定增长有力、股市稳定，世界经济形势就乱不到哪里去，对中国经济的影响也不会坏到哪里去。因为中国经济进出口比重最大的在这几个国家。

二是看石油、美元、大宗商品三大行情的走势。如果它们的走势坚挺，说明国际经济需求旺盛，美国等主要经济体增长有力；如果它们走势疲软，说明经济有问题。这里面有个BDI指数可以作为先行指标来参考。BDI是波罗的海航运价格指数，它高意味着运价高，运力紧张，进一步说就是贸易繁

忙，经济处于高度景气阶段。BDI从2003年的3000多点上涨到2008年上半年的1.1万多点就是最好的说明。当然，BDI指数下跌，我们就要高度警惕，尤其是连续下跌，意味着经济有问题。

三是看国际股市、汇市、期货市场三个市场的波动情况。如果波动大，涨跌振荡激烈，特别是出现超过3%甚至5%以上的变化，连续大幅同向变化，就说明国际经济形势出现了问题。这个时候，就应该赶快出来观望，"君子不立危墙之下"。

个人把握国际经济形势的信息并不复杂，只需做个有心人，及时关注中央电视台的新闻联播，中央二台的经济信息节目，及时浏览诸如东方财富网等财经网站的信息，根据需要了解一下国际股市、汇市、大宗商品的行情（这方面东方财富通经典版软件基本上都可以查到，一个软件就可以全部将国内外各类行情实时变化情况了解得非常清楚）即可。

（二）国内经济发展状况怎样?

这是判断股市宏观运行环境的基础。只有通过分析国内经济形势、走势，才能判断出经济的运行周期区间，及时把握在复苏、繁荣时期大胆操作，注意在衰退、萧条阶段减少作为或者谨慎作为。由于股市走势反映投资者对未来经济发展趋势的预期，它一般先于经济发展周期本身的变化，也就是说相对于经济周期的谷底、扩张、波峰和衰退四个阶段而言，它会在经济进入谷底后率先走出低谷，也会在经济爬到波峰之前率先走到高位，精明的投资者必须有能力大致判断出经济由扩张转向衰退时的转折点和由衰退转向扩张的转折点，即能够在繁荣时发现危机和苗头，或者在萧条时看到危机的因素，进而快人一步、先人一着进行投资布局，做空、做多，增加赢利，减少亏损。

既然经济形势好，发展环境好，企业经营状况才会好，企业经营业绩才会好，上市公司的股票价格也才会有上扬的基础，那么，有哪些指标能够帮助我们分析判断经济形势呢？个人觉得有五个方面。

一是核心指标与先行指标。反映经济形势状况的指标有很多，大家只需把握几个核心指标与先行指标就可以了。核心指标反映的是现在的状况，先行指标反映的是未来的趋势走势。

在我国分析经济形势的核心指标，**首先是GDP的增速。**一般而言，高于12%被视为经济过热，低于7%被认为经济不景气。当然，随着经济基数的不断壮大，GDP增速放慢放缓是符合经济规律的新常态，说不定有一天GDP增速大于10%也会视为过热，低于6%也属正常。

其次是物价指数也就是通货膨胀指数。主要包括消费者价格指数CPI、生产者价格指数PPI。这个指数的判定标准，发达成熟的市场经济国家与转型时期的新兴经济体国家标准不一样。在我们国家，多数学者认为，通胀率超过4%或5%就应该高度警惕了，当然太低了也会出现问题，大家把通胀率2%～5%视为可以容忍的区间。也就是说，如果通胀率高于或低于这个区间就意味着经济出现过热或过冷。投资者尤其要关注PPI的变化。如果PPI过低，肯定说明经济本身出现了问题。

第三个指标是固定资产投资的增长率。由于我国经济增长三驾马车中，投资拉动长期占主导地位，而且投资对周期性行业影响巨大，固定资产投资增长率的变化一直被当作判断国民经济是否景气的最主要的指标。1978年以来的实证研究发现，固定资产投资与GDP的增长之间呈现出高度的正相关。因此，如果固定资产投资增速高，经济发展速度就快，与投资相关的生产资料产业也肯定繁荣。当然，这个指标并非越高越好，过高的投资增长会导致经济过热、通货膨胀，最终也会给经济带来巨大的风险。

第四个指标是进出口总值特别是出口交货值的增长情况。随着我国经济外向度的不断提高，出口对经济的影响力也越来越大。如果外贸出口情况不理想，特别是出现低增长或者负增长，也会严重影响国家尤其是东部沿海地区和出口型企业的发展。

第五个指标是财政税收及城乡居民的收入增长情况。这是反映经济运行质量的一个重要指标。一般而言，经济效益好，企业赢利多，税收与居民收入的增长都会快，经济也就相对繁荣。

此外还有货币供应量的增速（M2）与失业率指标等。由于这些指标或者结构复杂或者统计准确率不高，一般投资者不易判断，就不再分析。

我们分析宏观经济形势，关键是要判断宏观经济的未来趋势，这样，一些与经济发展相关的先行指标就值得高度重视了。宏观经济的先行指标，就是指那些在时间上能提前反映经济趋势的一些指标。这方面，西方的学者研究得多且细，我们国家学术界这些年也开始了大量的研究。现在的问题就在于一些基础数据、信息缺乏，导致指标不准或者指向不明。但总体上看，作为大众投资者，有些指标还是很有参考意义的。

首先我们要高度关注作为经济最重要的领先指标、也是综合指标的采购经理指数（PMI）。这是国际通行的反映制造业、服务业经济变化趋势的一个重要指标，它的最大特点是实时反映企业产品或服务的新订单、新出口订单、库存变化、价格变化、产量变化、雇员变化、供应商配送时间变化等主要商业活动的情况，而且指标权重把订单摆在最大，生产量、雇员、配送、存货变化情况依次降低权重，能够最直观反映企业经营状况。我们国家的PMI由中国物流与采购联合会和国家统计局联合发布，分制造业采购经理指数与非制造业采购经理指数。PMI指数以50为荣枯分水线，一般而言，如果PMI大于50%，表示经济上升，反之则转向下降。PMI如果略大于50，说明经济在缓慢前进，略小于50说明缓慢走向衰退。如果有些同志担心我们官方的统计数据不准确，还可以参考由汇丰银行与英国研究公司Markit集团共同编制、发布的汇丰中国采购经理指数（汇丰PMI），综合两者的数字可以做出判断。

事实上，除了PMI这个综合性先行指标之外，有不少单个经济指标也能提前反映经济的运行情况。比如反映经济消耗的能源、运输指标是增长还是下降，这里可以观察用电量、发电量指标，物流增长指标，运输价格指数等。还有体现企业用工就业水平的指标，如果出现大量的招工潮、民工荒，农民工流动潮以及企业加班时间多的情况，就说明经济较好。相反如果大学生都就业困难，考研究生、考公务员人数暴增，农民工出现回乡潮、失业潮就意味着经济进入寒冬。还如固定资产投资项目新开工数、房地产新开盘数、新登记注册与开业的企业数等体现经济发展新增长的指标，它们的增幅越大，预示着后面的经济增长潜力逾大，经济形势也就越好。也包括反映资金市场宽紧程度的指标如隔夜拆借利率，国债回购利率和财政增长难易的企业交税情况指标等。甚至还可以从酒店、娱乐业的繁荣状况、社会治安状况、高档奢侈品的销售状况等很多细微指标变化中看出一些经济未来趋势的端倪。

二是绝对指标与相对指标。分析经济形势，既要看绝对指标，更要看相对指标，特别要通过连续不同时期月份指标的比较找出经济运行的未来趋势是向好？徘徊？还是转坏？这才是我们分析的重点。看绝对指标，我们只能判断当期经济的静态区间，如前面核心指标与领先指标中说过的经济荣枯线；过热、过冷点；容忍警戒线等。看相对指标，我们才能知道这个月与上个月、今年比去年的变化情况，而且通过连续观察，分析几个月的数据，经过分析同比与环比数据，就可以发现经济的运行变化趋势。这里的同比一般是与去年同期比，环比一般是这个月与上个月去比。比如核心指标 GDP 增幅，假定这个月的 GDP 增幅是 7.8%（同比），我们无法判定经济是向好还是向坏。如果我们连续来看，发现上个月的增幅是 7.6%，上上个月是 7.3%，再上一个月是 7.2%，那么，我们就可以判断经济在向好的方向发展。如果相反，以前几个月的增幅都比这个月高，而且越往前越高，就说明经济形势趋向不景气。当然也可能连续几个月都在增长 7%与 8%之间徘徊，时高时低，那就说明经济处在徘徊阶段没有做出方向性选择。向好、向坏都容易做出决策，徘徊阶段就无法判定走向，那就只能暂时观望。再如经济领先指标 PMI 这个月是 48.1，静态显示经济在荣枯线以下，经济情况不妙，但如果往后几个月 PMI 能够高于 48.1，比如 49，甚至超过 50，那就意味着经济转好，在走出低迷。作为投资者就必须高度重视这一经济走出底部、低谷的信号。相反，如果这个月 PMI 指数是 51.3，静态显示经济处于荣枯线以上，在扩张繁荣阶段，但如果前面几个月的 PMI 指数都比 51.3 高，比如是 52、54 甚至 55 等，尤其是越往前越高的话，就意味着经济形势正在走向严峻，投资者必须高度重视这一经济转向萎缩的信号，及时调整投资决策。因此，普通投资者一定要熟悉一些简单分析判断经济形势的指标与方法，结合专业媒体、专家的分析、及时做出自己的判断，并决定自己的投资策略。经济形势转好时加仓或满仓；经济形势转坏时减仓或空仓；经济形势徘徊没有方向时半仓或者空仓观望。

三是统计数据与直观感受。有些投资者可能会说，自己的经济学知识有限，对统计数据更不敏感，平时又没有时间去关注那些枯燥的数字，更不会分析，怎么把握经济形势？其实，这也没有关系，大的趋势常常要通过小的事情表现出来。记得改革开放初期有个老领导常去农村调查，他很少听地方领导的工作汇报，但哪个地方工作好，哪个地方工作一般他都看得非常准，身边的工作人员好奇，就刨根问底问他是怎么了解的。他说其实非常简单，一个地方工作好不好，经济发展水平高不高，人民生活好不好，只需深入农家看饭堂（吃得好不好）、看屋场（住得好不好）、看衣裳（穿得好不好）、看面庞（身体与精神好不好）就可以了。我们普通投资者也可以学习这位老领导，从日常生活中去观察分析形势，从自身体验和周边亲朋好友的感知中去判断经济形势。例如，看宏观经济形势，经济学家关注的是投资、消费、出口、效益、就业等数据，我们普通人则可以从生活现象去感知，投资，你可以看工作、生活地方的工地多不多、忙不忙，报纸电视媒体上项目开工的新闻多不多，有些人甚至可以天天去钢材、水泥市场看热闹程度（人气指标）、价格的变动趋势。消费，可以看大小商场、酒店、尤其是高档娱乐场所是冷清还是火爆；是新开张营业的多还是关门歇业的多；是招人加薪的多还是减人减薪的多。出口，有机会的可以去看广交会的人气旺不旺，来的老外多不多；没条件的可以去看海关、商检工作人员工作忙不忙，出口企业生产负荷满不满；还可以了解亲戚朋友中从事海外运输业务的海员休假时间多不多、精神状态好不好。生产，可以看高速公路上的货车多不多，工厂门口来拖货的外地车多不多，要不要等；水、电、油、汽是否紧张；各类劳务公司的业务忙不忙，农民亲戚中打工的是不是辛苦，收入高不高；企业加班加点多不多等；年终奖高不高等。包括我们对一些行业和具体企业的产品情况也可以通过市场调查进行实际感知，如房地产行业景不景气，我们可以通过去房交会现场观摩，看房的人多不多，成交量大不大，成交价是不是往上，或者去参加房地产公司新楼盘开盘等去感知。巴菲特当年投资可口可乐就是发现大家日常生活都喝这个，商店走得最好的饮料产品也是它。如果官方、媒体公布的数据与你的生活感知不一致，甚至背道而驰的时候，你就要小心了。在这个方面，我建议投资者宁愿相信客观生活现实，相信自己的直觉，也不要被一时光鲜的数据所蒙蔽。

再看宏观政策面。毛主席曾经说过："政策和策略是党的生命，各级领导同志务必充分注意，万万不可出现粗心大意。"股市亦然。虽然经济有其自身的运行规律，但经济周期经常被国际、国内政治尤其是政策的变化所影响甚至改变。所以，把握宏观大势必须密切关注宏观政策。由于资本市场对政策的高度敏感，"炒股要听党的话"也就成了不二选择。政策是面向未来的，是对未来的规划、引导与要求，政策的变化就是信号，它不仅对宏观、对行业、对企业而且对股市都有直接的影响，在股市中绝对不能忽视政策的变化，必须紧跟政策的变动而调整操作策略与投资布局。

影响股市的政策很多，几乎所有影响经济发展与运行的直接、间接政策都包括在内，普通投资者没有必要一个一个都弄清，只需密切关注那些对股市运行影响相对较大的一些政策即可。这包括：

一是货币政策。它是通过调节流通中的货币数量、融资成本、难易来影响企业和个人的经济与金融行为，从而影响经济、影响股市。事实上，货币政策直接影响的就是股市的买方力量，也就是需求能力。钱多买股票的才会多，这就是普通投资者常常听专家们说的流动性问题。流动性充裕就是流通中的钱充沛，流动性紧张就是流通中的货币紧张，也就是缺钱。我们知道，股市是靠钱（货币）来推动的，钱多，流动性充沛，股市就可能涨；钱少，资金紧张，股市少了资金支持，再涨也不可能高到哪里去。例如 2007 年美国爆发金融危机以后，美联储从 2008 年 11 月起实施四轮量化宽松的货币政策，通过降低利率、补充流动性（就是注入货币）、购买长期国债、收购房利美与房地美的抵押贷款等措施释放货币流动性，让经济慢慢走出泥潭，避免了通货紧缩预期的恶化，最终不仅让美国经济慢慢恢复活力，而且让美国股市三大指数从 2009 年 3 月起开始进入连续的大牛市，并在 2013 年迭创历史新高（图 3—1、3—2）。同时，宽松的货币政策还导致美元贬值，以美元计价的国际大宗商品如黄金、石油、有色金属产品价格大涨，进而影响相关产品股价的大幅波动。一般而言，宽松的货币政策有利于股市，紧缩的货币政策不利于股市，稳健的货币政策比较中性，要参照其他因素判断。判断货币政策是否宽松，主要是通过信贷政策、利率政策和外汇政策来分析，重点关注存款准备率、银行贴现率和公开市场操作方向三大政策工具的变化。一般而言，信贷条件宽松、利率水平低、存款准备率低、贴现率高、公开市场业务为货币净投放、外汇结算方便快捷，就可以理解为货币政策宽松，反之则稳健或紧缩，投资者可由此判断对股市的影响。

二是财税政策。也可以称为财政政策，它是国家或地方政府通过调节税率、减免税条件；扩大或减少直接投资、转移支付、补贴、发债；调节国民收入分配等措施来影响企业经营成本、盈利水平、个人收入支出预期以及证券交易成本等行为举措。它有内涵广、手段多、操作空间大、作用直接等特点。就股市而言，普通投资者至少要注意财税政策三大方面。①与股市直接相关的，如交易印花税的变化，它影响交易成本，调控股市；还有资本利得税，就是炒股赚的钱征不征税以及股票分红的红利税即股息税率的变化等。②必须关注财政政策是扩张还是紧缩的，如是扩张的财政政策，扩大投资、刺激消费可以启动内需，带来相关行业的一时繁荣，这就给股市提供了相应

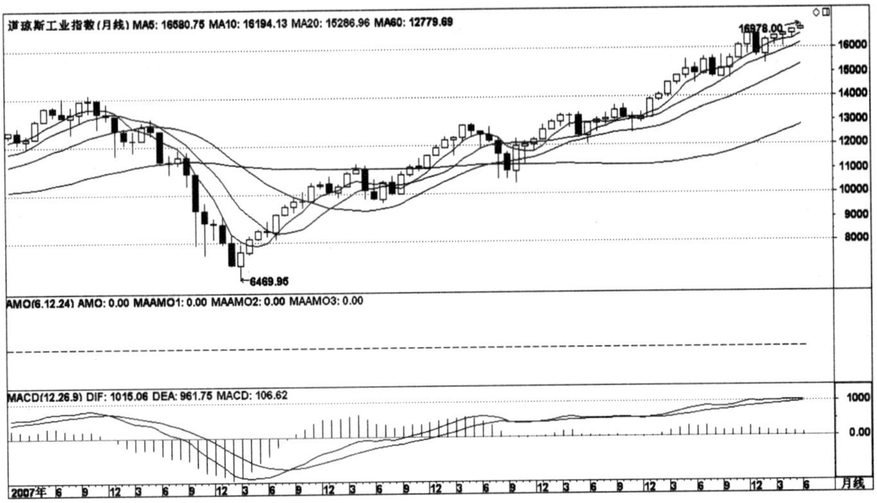

图 3—1　道琼斯指数工业平均指数 2007—2014 年月线图

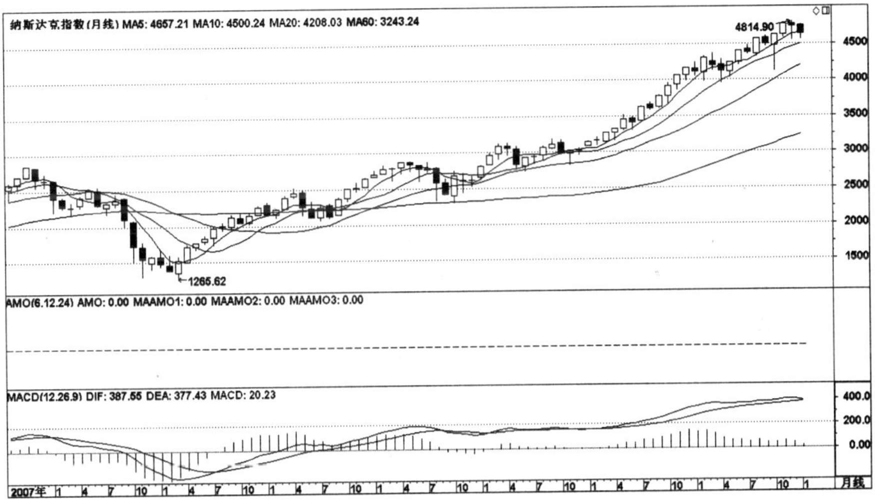

图 3—2　纳斯达克综合指数 2007—2014 年月线图

的机会。如国家 2008 年世界金融危机后出台的 4 万亿投资刺激政策带来的建材、建筑、装饰相关行业的复苏以及家电下乡等刺激政策给部分家电企业带来的机会。③财政管理政策宽与严的变化。如国家严格控制"三公"经费的支出，对高档餐饮、食品饮料、宾馆旅游等一些行业部分涉及高档消费、奢侈品消费企业的影响，如茅台、五粮液、湘鄂情等企业 2013 年的股价走势差强人意。当然，所有财政、税收政策的变化都会涉及上市公司，涉及投资者的行为偏好，这就需要大家认真研究政策了。

三是产业政策与区域发展政策。它是国家或者地方政府为实现一定的经济与社会发展目标而对部分产业或者区域采取特殊的支持或限制政策与措施，进而通过资源的配置、支持促进一些新兴产业的发展，支持一些特殊的地方发展，限制一些过剩或夕阳产业的发展。这些政策一般都是通过“振兴规划”“中长期发展规划”“指导目录”“发展纲要”“决定”“通知”“复函”之类的文件来体现。产业政策与区域政策对相关产业与地方的上市公司影响很大，普通投资者必须跟着政策方向走，不然就会出问题。如 2010 年开始的房地产调控，后几年房地产股票大部分都走熊，而 2012 年国家出台支持文化创意产业，2013 年文化传媒产业股票就出了一波大行情。国家批准在上海设自贸区，以外高桥（600648）、上海物贸（600822）为代表的自贸概念很多走出翻倍行情。股市常出现的炒地图也是因为政策变化。

四是股市自身的一些政策。它是直接调节股市供求关系、交易成本、交易环境，约束规范上市公司、中介机构、投资者参与各方行为等诸方面措施的总称。直接影响大的有新股发行的政策与节奏，印花税、佣金率的变化，分红政策的变化，股权分置改革政策，优先股发行政策，再融资政策，信息披露政策，融资融券政策，股指期货政策，交割方式调整（T＋0 或 T＋1）等。间接影响的也有宏观面上的中小投资者保护措施、长期资金入市的政策、上市公司与中介机构规范管理的措施、监管机构的监管处罚力度、监管机构信息披露方式等。从对股价运行影响的角度来看，凡是能增加投资者信心、降低交易成本、抑制股票过度供给、有效吸引资金入市增加投资确定性、活跃市场交易等方面的措施都属于利好政策，它能推动股价特别是股指上涨，有利于扩大股市投资。反之就属于利空，必须谨慎或缩减投资，降低仓位或空仓观望。由于中国资本市场尚不成熟，证券市场的法规制度尚不完善，特别是中小投资者的话语权还比较弱，股市政策市的特征还比较明显。但从长期来看，从发展的趋向而言，政策市的特征应该逐步淡化。

五是舆论氛围与导向。舆论往往是政策的先导，有些政策在出台之前，会先有舆论造势，比如房地产调控，环境治理、过剩产能的控制等。股市本身更处在经济舆论的中心点，炒股的投资者必须关心。尤其在证券市场发展转型期、管理层怕涨不怕跌，怕大幅振荡不怕沉闷的时候，一定要注意舆论，特别是党报党刊如《人民日报》《新华社》，中央电视台等主流媒体的声音与态度，一旦党报、党刊等中央主流媒体发话了，肯定代表高层对某些问题的一些看法。有些甚至可能就是高层与职能部门的直接授意。这个时候一定不能逆意而行，不当回事，到时吃了亏还怪别人没提醒。当然，从证券市场规范发展的角度而言，这样影响股市运行的声音应该越少越好。

二、莫把夕阳当朝阳，行业来势要认清

经济学告诉我们，每个行业、产业都有自己的生命周期，都要经历一个由成长、繁荣到衰退的发展演变过程。一般而言，行业的生命周期大致分为四个阶段，即初创阶段、成长阶段、成熟阶段和衰退阶段。我们炒股分析行业走势，就是要重点寻找处于成长期阶段的股票，挖掘股市未来的热点。也就是说，我们在选股票的时候，一定要到那些反映时代、社会与生活需求变迁方向，处于发展起步阶段、有广阔市场空间的新兴行业中去寻找。这些行业的企业或许当前业绩并不理想，但它的未来预期相对美好与确定，成长性突出，能跑赢大市。只要找到这样的股票，在适当的价位买入并持有，就可以分享行业成长带来的机会，获得超越市场平均利润的机会。

寻找市场前景好的行业，必须从生产力的发展变迁中也就是技术进步中去寻找；必须从生活发展的变迁中也就是生活方式的变革中去寻找；必须从社会进步的变迁中也就是社会文明发展需要中去寻找。显然，好的行业必须是未来技术的发展方向、未来生活的热点、未来社会发展的重点。这就是信息技术服务业、生物产业、文化传媒产业、医药产业、物联网产业、节能环保产业不断有牛股产生的根本缘由所在。而传统行业因为发展时间长，被替代的几率高，或者发展潜力挖掘到位，后续成长就会走向衰退成为夕阳行业，如传统纺织、钢铁、基础化工等，如果不是重组或者转型，很难跑出牛股来。

行业分析主要从三个方面入手：

一是必须基本弄清周期性行业与非周期性行业。一般而言，周期性行业是那些随经济周期起舞涨落的非生活必需品行业。这些行业与经济周期关联大，其需求随经济的扩张而扩张，随经济的紧缩而萎缩，一般为投资品。在我们国家，周期性行业特别与投资增长高度相关，投资力度大的时候，它们

就增长快，主要包括钢铁、水泥、建材、有色、化工、工程机械、装备制造业、建筑业、房地产业、煤、矿等原料业、造船等与生产资料运输相关的行业；这些行业的景气情况随经济增速的变化而变化；其效益也是随经济周期的变化而变化；它们还随通货膨胀的变化而变化，通货膨胀问题严重时，这些行业发展快、效益反而好。对投资者而言，这些行业属于投机性行业，是在经济周期处于扩张过热阶段的投资品种，大多数时候不宜长期持有投资。比较典型的案例如鞍钢股份（图 3—3）。走势说明 10 年中只有那么两三次趋势性机会，别的时候都是煎熬。

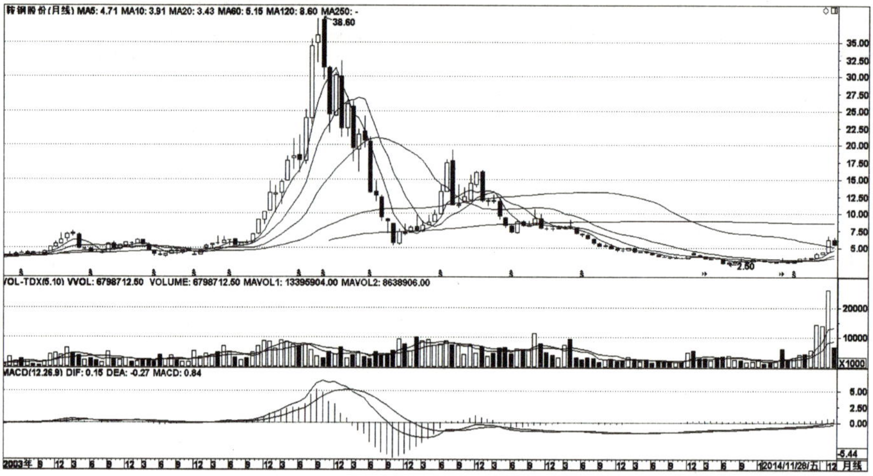

图 3—3　鞍钢股份 2003—2014 年月线图

非周期性行业，就是那些不管宏观经济走势如何，人们对这些产品的需求不会有太大变动的生活必需品行业。如食品饮料业、医药业、商业、公用事业、文化传媒业等。这些行业的市场需求相对比较稳定，抵御风险的能力相对较强，是普通中小投资者值得重点关注、挖掘、持有的品种。如大家比较熟知的云南白药（图 3—4），如果上市之初就买入持有，投资回报是非常可观的。

区分周期性行业与非周期行业的目的主要在于不同时期重点投资不同的股票。经济景气时期、政策扩张时期、通货膨胀初期、大牛市时期，就要重点选择周期性行业的股票，选择期间业绩弹性大的进攻性品种进行投资，因为这些股票可能在经济景气中受益大，业绩增长快、股价也涨得快。相反，

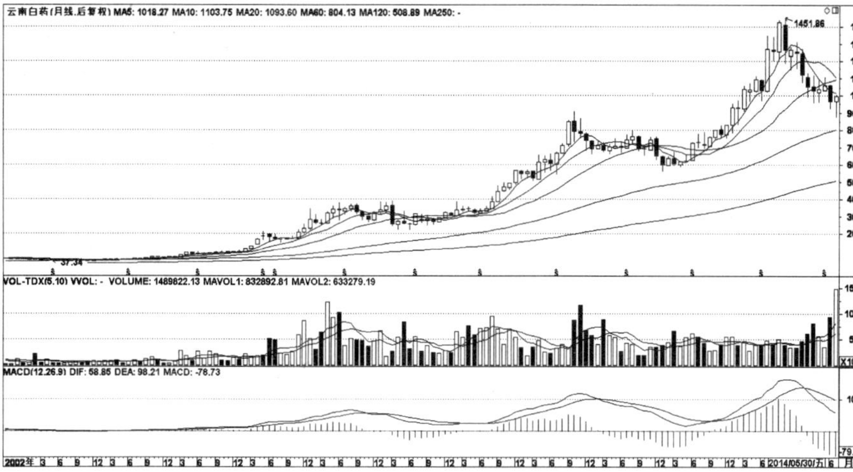

图 3—4　云南白药 2002—2014 年月线复权图

在经济不景气时期、政策紧缩的时候、通货紧缩阶段、大熊市阶段，即使想购买股票进行投资，也只能在非周期性行业中选择股票，因为它们受外部经济景气的影响程度相对低一些，业绩弹性没有周期性品种大，相对稳定，属于较好的防御品种。

二是务必区分好朝阳产业、新兴产业与夕阳产业、成熟产业。朝阳产业就是正在成长发展壮大期的新兴产业，它主要依赖新技术的运用、代表未来生产、生活发展的新趋势、新热点，市场空间大、发展前景广阔，一定条件下可能转化为主导产业甚至支柱产业。夕阳产业是处于衰退（落）期的传统成熟产业，其产品市场需求已经饱和甚至正在被新的产品与服务所替代，其产品市场不断萎缩，占经济（GDP）的比重不断下降。技术革新与生活方式的变革是影响它们分类的重要因素，如数码相机的产生让胶卷行业一下子变成夕阳行业。区分朝阳与夕阳产业的目的在于入市投资选择股票时首先要选对行业。由于朝阳行业处于政策支持期、市场拓展期，很容易获得超额利润，很容易跨越式发展，因此，是大量牛股的诞生地。如 20 个世纪八、九十年代普通家电开始进入寻常百姓家时的四川长虹（600839），后来房改政策全面实施后的万科（000002），近几年熊市里面更能体现朝阳产业的魅力，如 2010 年开始以德赛电池（000049）为代表的锂电池概念；2011 年前后以包钢稀土（600111）为代表的稀土永磁概念；2012 年以欧菲光（002456）为代表的苹果手机概念；2013 年以掌趣科技（300315）为代表的网络游戏概念和以华谊兄弟（300027）为代表的文化创意概念，还有以奋达科技（002681）、中青宝（300052）、上海钢联（300226）等为代表的信息服务概念；2014年以雷柏科技（002577）为代表的智能机器概念、以粤传媒（002181）、鸿博股份（002229）为代表的彩票概念、以成飞集成（002190）为代表的航天军工概念等等。股市从2007年10月的6124点下跌到2014年近7年的漫漫熊途中，有许多股票的价格都超过了当时股指最高时的价格。这些熊市牛股可以说全部集中在新材料、新医药、新能源、新技术、新生活方式、新服务行业等“六新”朝阳行业中，这也是人们常说的成长股里出黑马。如德赛电池（图3—5）。

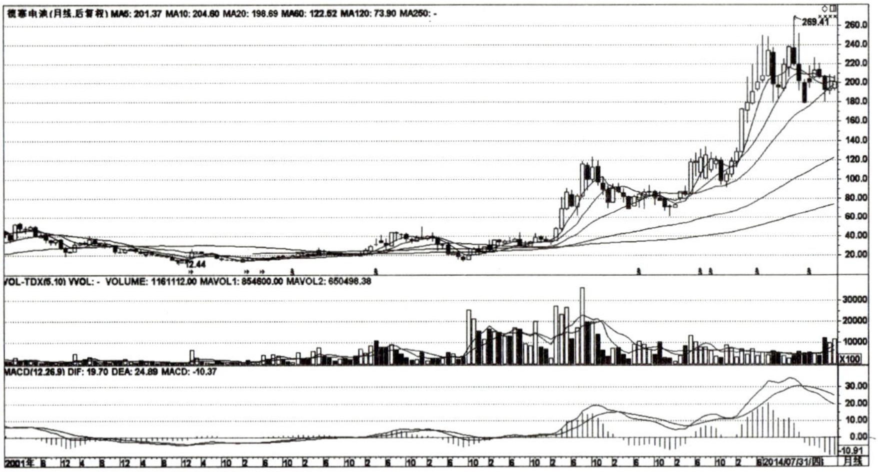

图3—5　德赛电池2001—2014年月线复权图

三是要看清产业链条，分清企业处于产业链的上游、中游还是下游。上游产业是处于整个产业链的开始端，提供原材料和零部件制造及生产的行业，一般是各类原材料或半成品的生产。下游产业主要是指终端产品行业，其产品一般用于生产、生活的直接消费。中游产业则是介于上下游产业之间，将上游产业的产品进行生产加工与改性处理，再卖给下游产品进行深加工成直接的生产、生活消费品。分析产业链的意义在于了解行业的定价权、议价权在哪里，价值链的重心在哪里。具体分析可能要结合竞争程度来分析，如果产业链的某一环节竞争激烈，其议价权就会打折扣，价值链就处于低端，也就是价格话语权低，产品附加值低。假如上、中、下游的竞争情况忽略不计，一般而言，议价权相对而言在上、下游，中游加工阶段议价能力最低。根据微笑曲线理论，在价值链中，上游往往也是利润相对丰厚的行业。分析产业链还有一个好处就是能够根据传导原理及时推导出市场变化、价格变化在相互间产生的影响与压力，如铁矿石价格上扬对钢铁产业的影响，煤炭价格的变化对火电公司的影响，中药材价格的变化对中药企业的影响。当然这里面有些产业影响上下游是相互牵制的，有些则是被动、无奈跟随的。选择投资公司标的时，要特别关注供应商、销售客户和企业的关系，是否过于单一、集中，过于依赖上下游少数集中的公司。如果集中，议价权强不强，货款占用多不多，要特别关注相关企业市场份额变化与效益变化情况。

四是要关注行业空间大小与进入门槛的难易。行业空间就是产品市场空间，它直接关系着企业能否做大，发展会不会有"天方板"。对企业而言，需求是制约发展的最大因素，如果一个产品的用途范围窄、市场需求空间小，还存在替代品的话，这种行业的企业发展再好，成长都会有问题，投资者应该回避。相反，如果行业空间潜力大，小公司只要有技术管理等优势，也可能成长为大企业甚至世界企业，这就是黑马产生的温床，也是很多专家推荐"小市值、大行业"公司的原因。比如近几年手机支付行业，环境治理行业等就常有黑马跑出。行业进入门槛是决定市场竞争激烈程度的一个重要因素，有些行业也许市场空间不一定很大，但行业壁垒高，很容易形成垄断的局面，这样行业的公司也值得关注。如果行业空间大，进入壁垒又高，那能进入这一行业的公司就更值得高度关注了，或许个个都可能成为黑马。如生物医药行业中的细分子行业血液制品行业，由于其产品具有医疗产品和药品的双重特性，加上其不可替代性和无法替代性，其行业发展空间随着生物技术的发展会越来越大。但由于这个行业的特殊性，尤其出于安全性的考虑，其进入壁垒非常高，除了技术要求之外还有政策限制，国家基本上已停止审批新办此类企业，外资进入也有严格限制，这对行业内现有企业就是特别利好。因此，在A股市场这一行业的上市公司华兰生物（002007）、天坛生物（600161）、上海莱士（002252）、博雅生物（300294）及ST生化（000403）五个企业中，除了新重组的ST生化及上市不久的博雅生物，前三家都大牛过，可以预见，后面两家公司不出意外，也会有牛气的机会。有些行业尽管发展空间大，但行业壁垒低，进入容易，竞争激烈，对这些行业再牛的企业也要随时关注经营的变化，不值得长期投资。

三、逆水行舟容易退，大盘趋势要分清

研究表明，股市的大盘趋势一旦确立，90%的股票都会跟着大盘趋势走。因此，散户炒股必须关注大盘趋势，跟随趋势进行投资。

为什么散户要看大盘趋势，做趋势投资呢？一方面是因为在我国股市法律规章尚不健全，企业与经营者诚信尚不可靠，外围经济形势变幻莫测，散户与机构信息尚不对称的情况下，做价值投资、长期投资面临的风险众多。而且A股市场真正的绩优成长股少之又少，保持的时间更难长久，当大家都看清的时候，价位可能已经高高在上，散户那点儿小资金一旦买在高位，很可能血本无归。唯有跟随大势、波段操作，才能有相对稳定的收益。另一方面还在于，虽然熊市不乏牛股，但不能选错，选错股票就是赚钱与亏钱的差距，这与牛市选错股票只是赚多与赚少的差距有着本质的不同。显然，看准大盘趋势事关盈亏结果。

判断大盘趋势，既难又不难。难在对趋势的预测，难在对趋势转折的把握。说易是趋势一旦形成，从K线技术图形上很容易判断，也容易操作，只需遵守纪律就是了。一般散户对趋势的预测不要有太多的奢望，只需在股指高位与低位注意几个转势信号就是了。即在大盘上升趋势中突然出现放量大跌，下跌家数大于上涨家数，跌停家数多于涨停家数或者没有涨停，尤其是出现连续多日下跌，日K线多条均钱、MACD指标均呈死叉，且发散向下的时候，应该抱着“宁可错过，不要做错”的原则，及时止盈、止损退出观望，一直等到均线转势（上涨）再重新进入。同样，如果大盘经过长期或一段时间下跌，也可以是低位振荡之后，突然出现放量大阳线，上涨家数大于下跌家数，涨停家数多于跌停家数或者没有跌停，尤其是出现多日连续上涨，日K线多条均线、MACD呈现金叉，且发散向上的时候，应该抱着“跟定热点、逐步建仓”的原则，积极参与行情，一直到出现新的均线转势（下跌）再止盈退出等待。由此可见，在大盘趋势持续、没有发生改变的时候，我们散户就只需跟随趋势就行。尤其不能逆势而动，在大盘趋势向下的时候去随意搏反弹、接刀子，或者犹豫不决，让股票越套越深。在大盘趋势向上的时候，稍遇调整就坐立不安、被庄家洗出来，让该赚的利润飞了。

判断大盘趋势，当然还要借助分析经济走势、外围形势，还可以细化到不同市场、不同板块。现在证券分析工具非常多，板块分析非常细，这就为散户投资者提供了机会。我们在关注沪深A股大盘走势的过程中可能更多要细化到不同市场、不同板块，跟着强势市场、板块走。如图3—6，2013年主板走势世界证券市场垫底，但创业板走势却牛冠全球，我们散户在2013投资就应该以创业板为主，而不能把资金和精力过多放在主板上。如图3—7，2013年沪市与创业板指数走势图。

图3—6　2013年沪指走势图

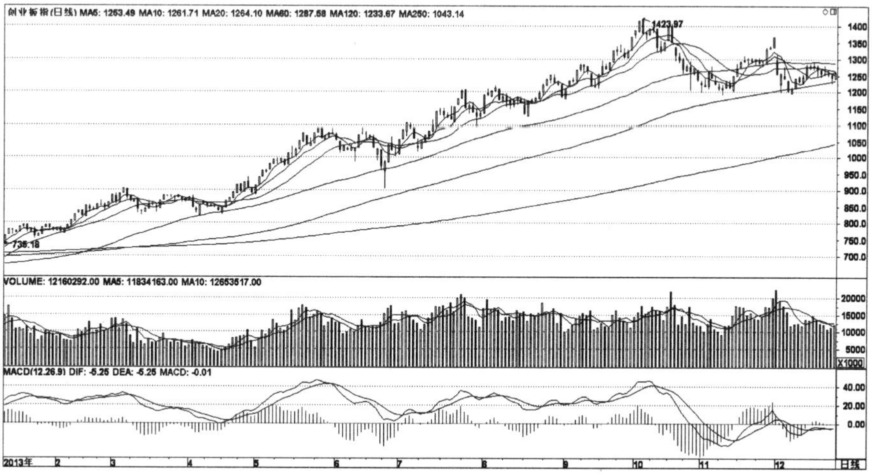

图3—7　2013年创业板指数走势图

四、潮涨要思潮落时，个股走势要理清

选择个股，除了基本面分析之外，还有技术面的把握。一个股票，基本面再好，如果涨得过头，透支了未来几年的成长空间，买入时也要谨慎。股市有个“物极必反、否极泰来”的规律，没有永远天天上涨的股票，除非基本面完全没有希望，也不会存在总是天天下跌的股票，任何一支个股涨久了要调整，跌多了会反弹。

一只股票的走势无非在三种趋势中运行：上涨、下跌、盘整，其中主趋势是上升或下跌，盘整是为了下一轮上涨或下跌积蓄能量。如果一只股票价格在高位盘整，既有可能在洗盘为创新高做准备，也有可能在这里缓慢出货，接着的就是漫漫下跌的熊途。同样，一只股票在低位盘整，既有可能是为吸引抢反弹积蓄新的下跌能量，也可能是在盘整吸筹码为新一轮上涨行情的展开打下基础。

散户判断个股走势，必须结合经济基本面、个股基本面，大盘走势、趋势、位置（是处于高位还是低位）以及个股所处的位置来判断。保险起见，买股票要买刚刚从底部抬升往上走的股票；不要去买在高位盘整的股票，特别是股价已经翻倍、涨几倍的股票，哪怕它还可能创新高，那里的风险太大了。更不要去买处于下跌通道的股票，不要去猜、去赌个股的底部。手中的股票如果处于上涨通道中，只要趋势没变，就持股不动；手中的股票如果出现转势进入下跌通道，越早卖出越主动，任何企望反弹再走的迟疑、犹豫都会带来不可估量的后果。下面举三个例子说明。

例一　酒鬼酒（图 3—8）2010—2014 的综合走势，分三个阶段。

1. 2010 年 5 月开始，酒鬼酒股价从 10 元左右转为上升，中间虽有调整，但一波比一波高，处于上升途中，一直到 2012 年 7 月达到近 60 元，有股可以持股不动，没有的可以买入。

2. 2012 年 7 月至 10 月，盘整 3 个月，股价创新高 61.45，有股可以退出观望，没有的不要再买了。

3. 2012 年 10 月后，因为塑化剂事件诱发，股价大跌进入下跌通道，一直到 2014 年 2 月又到了 10 元左右，有股卖得越早越好，没有的不必去抢

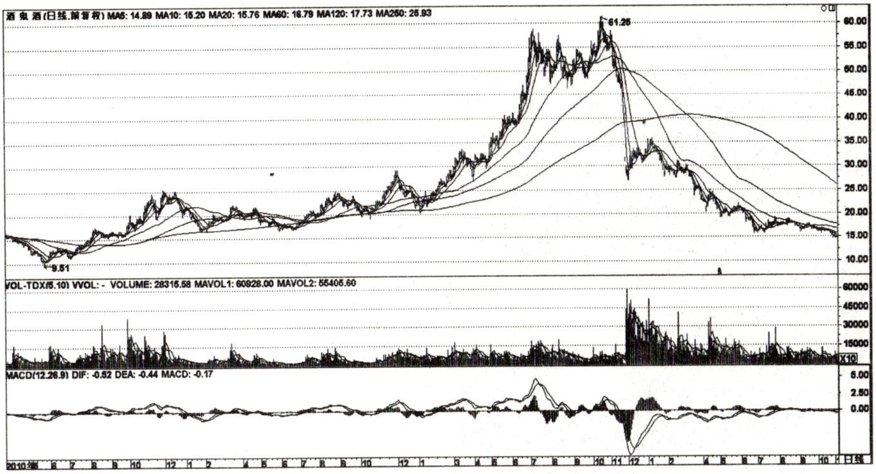

图 3—8　酒鬼酒 2010—2014 年日线复权图

反弹。

例二　上升通道个股：新华医疗（图 3—9），从 2008 年 9 月左右的 6 元上下，涨到 2014 年 1 月的 80 多元，任何时候买入都是对的，一路持有，5 年涨 14 倍，这比任何做短线都好。

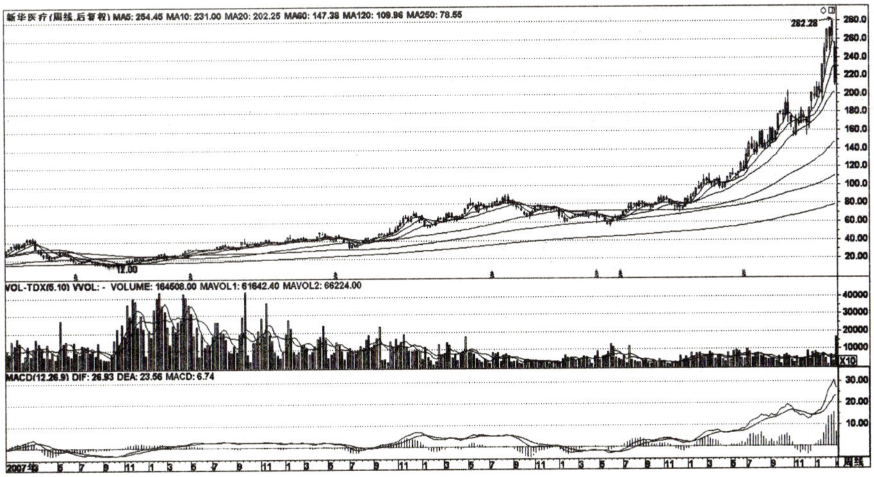

图 3—9　新华医疗 2007—2014 年周线复权图

例三　下降通道个股：中国石油（图 3—10），从 2007 年 11 月上市的 48 元一直跌到 2014 年 1 月的 7 元多，股价只剩零头，任何时候卖出都是正确的，但不能买入，所以股民戏言为“问君能有几多愁，恰似满仓中石油”。

综合上述四个方面，散户入市买股，最好是选择在国内外经济形势向好或稳定，大盘处于上升通道，选择新兴产业中成长性好、业绩优良、股价还处在底部或者刚刚起步、股本不大的股票买入。买入以后只要走势不转坏，均线发散向上就可一路持有，争取最大的回报。

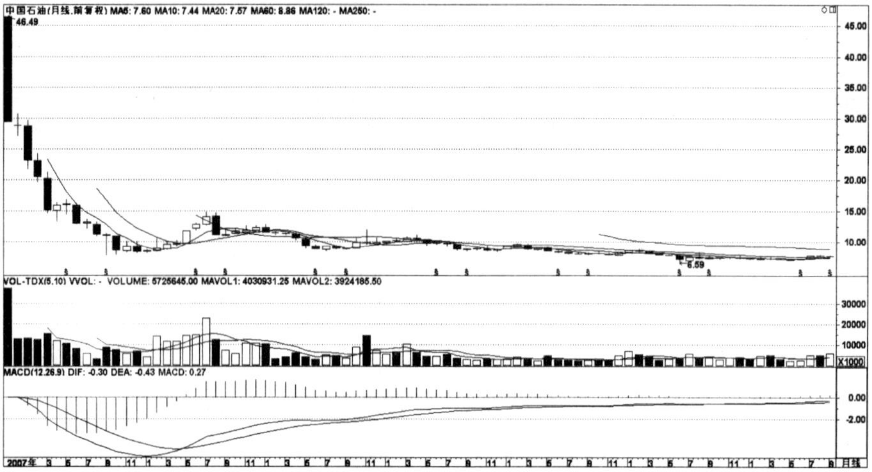

图 3—10　中国石油 2007—2014 年月线复权图

第四章　我的地盘我做主，学会选股，做自主投资者

散户入市，面对几千只股票，最大的难题就是不知道买什么，搞不清什么样的股票是值得投资的好股票。媒体、书籍介绍的选股方法非常多，但不是太复杂、就是太抽象；有的条件太多，有的操作性不强；更多的是事后诸葛，没有指导价值。特别烦人的是，即便能选出一批可能有投资价值的股票，最终决定出手的时候，也常常在“二选一”、“三选一”中犹豫犯难，最后下手的可能恰恰是“劣马”，放弃的刚好是“黑马、快马”。

综合各方面的研究，值得散户投资关注的好股票应该有七个方面的特征。

一是主营突出，最好是行业龙头或细分龙头。企业专注于一个行业，做大、做强、做精，做出品牌，做出行业标准，这样的公司值得关注、值得期待。所以选股首先就到行业中的龙头股中去寻找。这个行业既包括大行业也包括细分的小行业，只要能做到最好，就可能成为黑马、好马、快马。相反，一个公司发展战略模糊多变，主业不突出，主导产品分散，什么都做，什么都可能做不好。因此，对主导产品经常变，特别是跨界、跨行业经营的企业，什么热就做什么的企业一定要警惕，远离它们，至少不要长期持有。

例一：格力电器（图 4－1），专做空调，主营业务占营业收入的 90%，其走势一直很牛。

例二：春兰股份（图 4－2），既做空调，又做洗衣机、自行车、电池、除湿机、房地产等，多元化经营比较突出，走势总体不牛。

二是公司毛利率高或效益稳定。选股票时尽可能找毛利率高的行业，毛利率高效益才会好。毛利率作为盈利能力的主要指标，能够反映公司的前景与潜力，毛利率上升的公司净利上升可能性大，议价能力也强，后市看好；

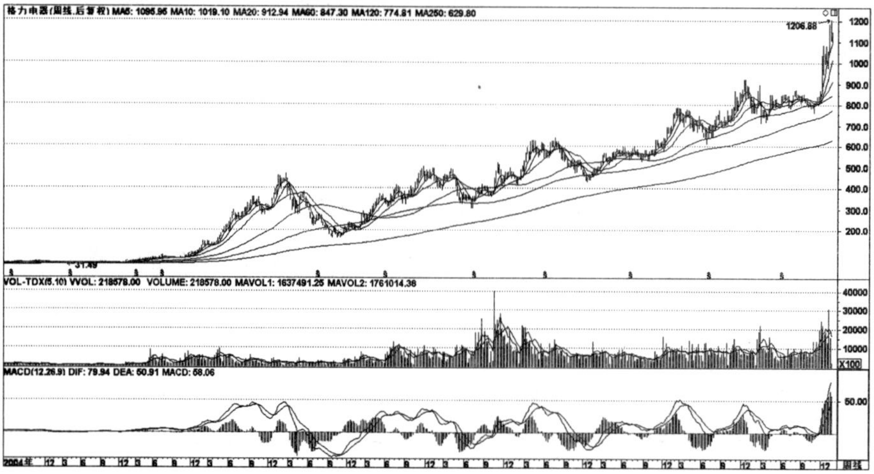

图 4—1　格力电器 2004—2014 年周线复权图

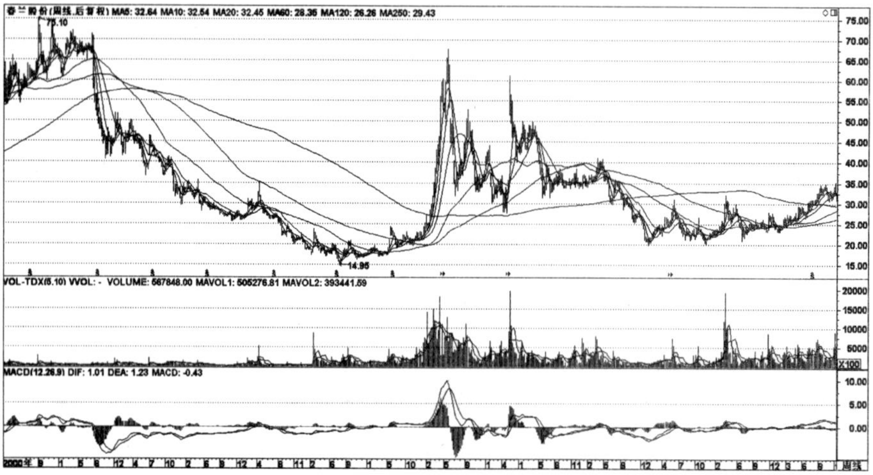

图 4—2　春兰股份 2000—2014 年周线复权图

毛利不断下滑的公司，说明企业产品或经营存在问题，应该远离。生物医药、食品饮料、信息服务、文化创意等产业为什么黑马频出，就是因为这些行业企业的毛利率高，加权平均销售毛利率都在 30%以上。而一些黑色金属行业、商贸业、农林牧渔、轻工业的毛利率相对较低，在 20%以下，出黑马的概率较小。在行业内部又要选那些毛利率相对稳定、排名在前甚至不断提升的公司，这说明该企业经营管理水平高、议价能力强，市场客户信誉好。

例一：顺网科技（图 4—3），2010、2011、2013 年产品销售毛利率均稳定在90%左右，2013年成为大牛股。

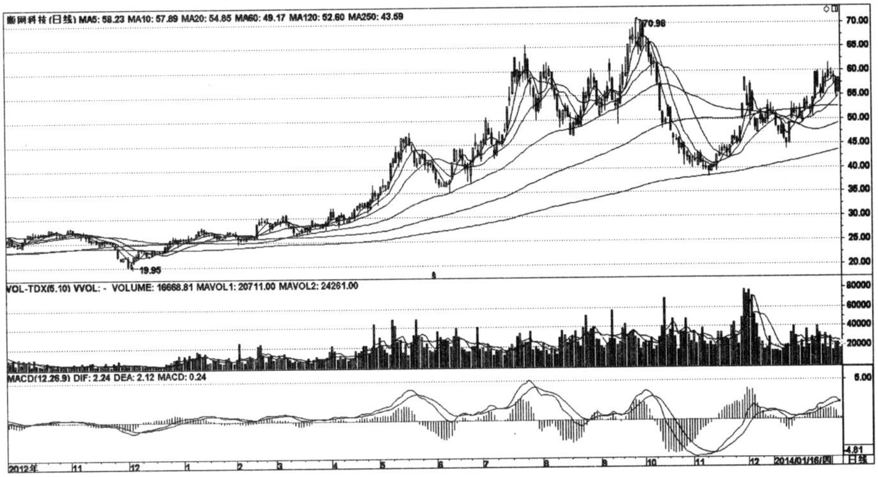

图4—3　顺网科技2013年日线图

例二：武钢股份（图4—4），2010年以来产品销售毛利率均没超过10%，长期熊股。

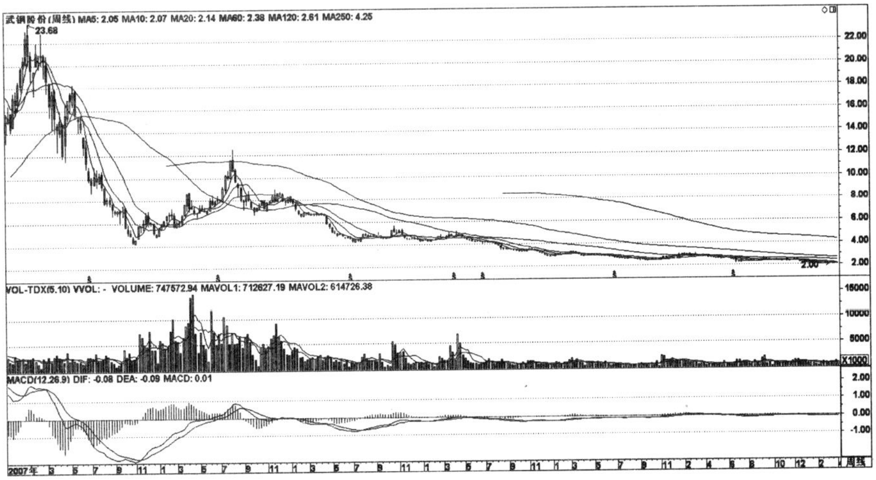

图4—4　武钢股份2007—2014年周线图

三是产品与技术市场前景好，属于朝阳行业、新兴产业范围。2012年底以来创业板走出大牛市，根本原因在于其间许多股票是新兴产业，如智能穿戴产业、重磅新药企业、疫苗产业、大数据、环保产业、电子支付、互联网金融等。

例一：大富科技（图 4—5），包含了物联网、特斯拉、智能手机、4G 通信等多种概念，2014 年上半年大牛股。

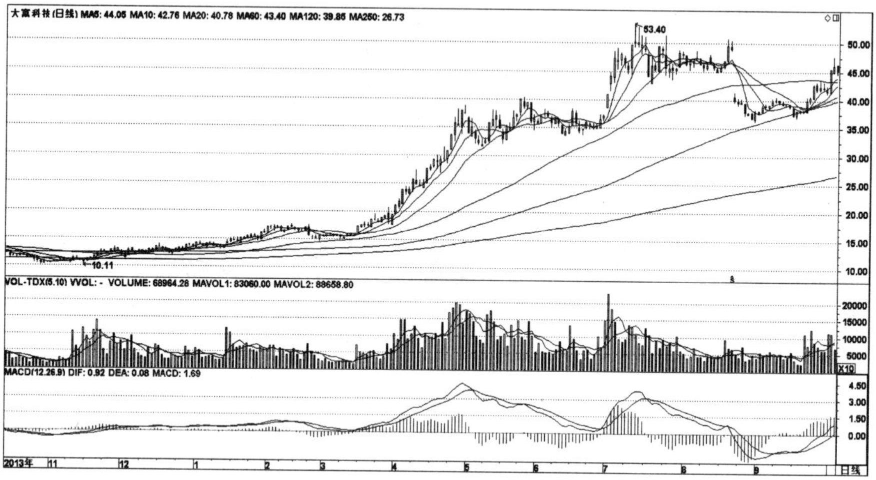

图 4—5　大富科技 2013—2014 年日线图

例二：大华股份（图 4—6），包含了电子信息、安防、智慧城市、大数据等多种概念，2009 年以来的大牛股。

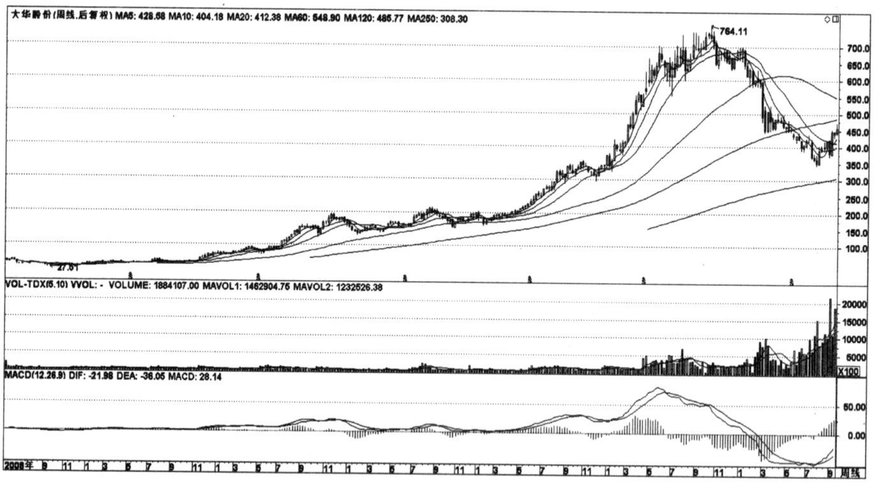

图 4—6　大华股份 2008—2014 周线复权图

四是最好拥有核心技术或市场垄断品牌，有定价权。这类公司要么是独家产品，别人没有的，要么是垄断专利，别人或者无法生产，或者生产也要付出比较高的专利费用；要么是垄断独家资源，别人只能到这里购买，还有就是拥有独特的自然地理环境，到别的地方就无法生产出同质的产品。这类公司主要集中在中药、中成药、医药、矿产资源、食品饮料、传媒等行业里。如云南白药（000538）、片仔癀（600436）、贵州茅台（600519）、广晟有色（600259）、包钢稀土（600111）、山东黄金（600547）、海天味业（603288）、人民网（603000）等。

例一：片仔癀（图4—7），拥有独家国家绝密保护品种名贵中药片仔癀，其自主定价能力强，是唯一价格不受政府限制的药品，可以通过提价来确保产品高毛利，为两市中不多的长期牛股。

图4—7　片仔癀2003—2014年周线复权图

例二：人民网（图4—8），国内最具影响力的中央重点新闻网站，其权威性与其控股股东人民日报社系党中央机关报的特殊性和唯一性，决定了它的独特概念，上市以来股价一直高位运行。

五是非周期行业或者周期行业中的景气企业。上一章说过，选股票要重点研究非周期性行业，只有非周期性行业的股票才会不受经济周期性波动的影响。尤其是其间与人们日常生活有关的行业如医疗、食品饮料、日用消费品等容易产生黑马。而周期性行业与投资或者与经济景气程度关系太紧，如

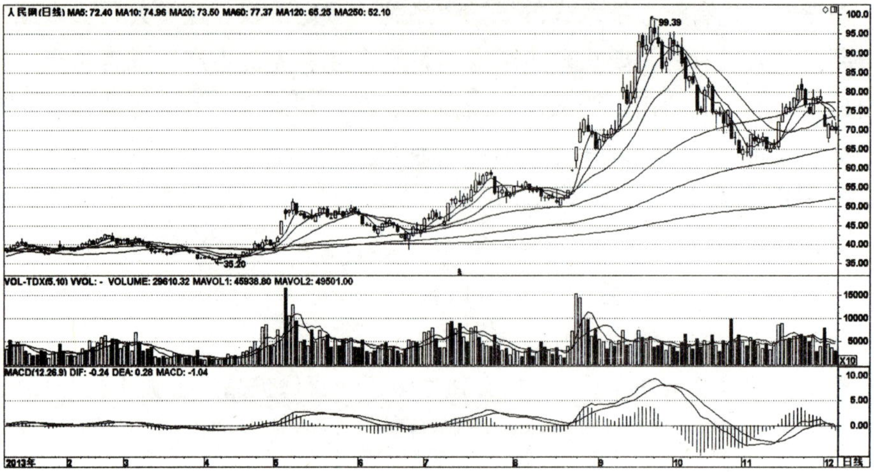

图 4—8　人民网 2013 年日线图

果踩错了节奏，就可能在股价上上下下坐电梯中遭受损失，因此，要选周期性股票也必须选在企业的景气阶段，炒一把就走。

例一：双汇发展（图 4—9），国内最大的肉类加工企业，在高温肉制品领域市场占有率超过 50%，与广大百姓的日常生活餐桌紧密相关，为两市中少之又少的 10 年涨 10 倍个股之一。

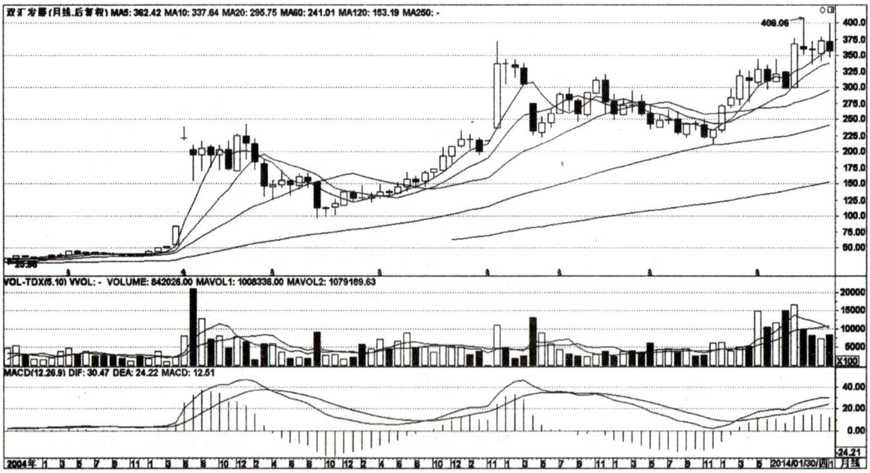

图 4—9　双汇发展 2004—2014 年月线复权图

例二：中国船舶（图 4—10），作为国内最大的造船企业，为世界造船三强之一，2007 年创下最高 300 元的中国股价记录，然而从 2008 年开始由于世界经济危机造成运力过剩，造船业进入寒冬，股价一直低迷不振，2013 年一度跌到 15 元附近。

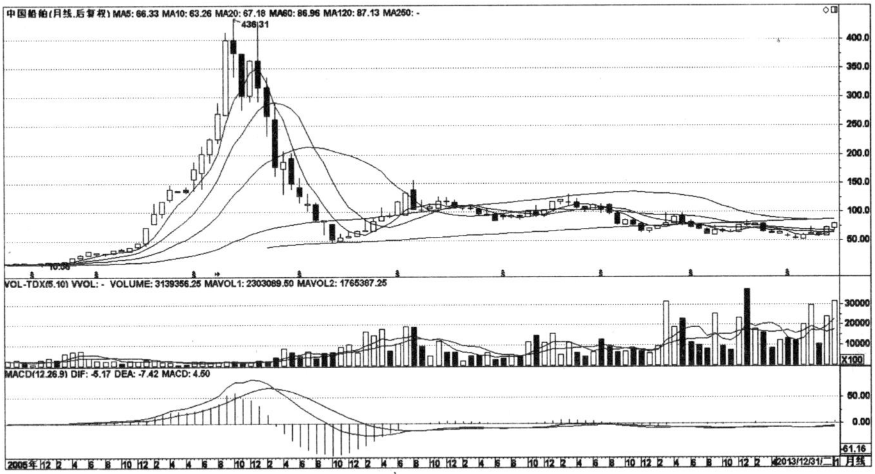

图 4—10　中国船舶 2005—2013 年月线复权图

六是选择有概念题材、有故事、有卖点的公司股票。股市是个讲故事的地方，这里的故事就是题材，就是炒作点。那么股市最大的题材与故事是什么呢？重组并购毫无疑问是排在第一的经久不衰的题材。在历年沪深两市 A 股涨幅榜前 20 名中，涉及借壳、并购重组增强核心竞争力、引发股票基本面凤凰涅槃的占比可能有 40%—50%。尤其在熊市，基本面的变化往往是产生牛股的基础。这里重点需要关注总股本比较小（最好 3 亿以内，一般不超过 5 亿）、流通盘不大（1 亿左右）、负债不特别高（每股净产越高越好）、控股股东实力强或者资源多、股价相对不高（最好在 10 元以下，越低越好）、没有被大幅炒作的、又有重组意向的公司。但不能随意去赌，一旦赌错，那就是悲喜两重天（下面有例证）。除了重组，就是与股市二级市场炒作热点相伴的概念。如 2013 年的网络游戏、自贸区、安防概念、金改概念、智能穿戴、物联网、航天军工，2014 年的北斗导航、充电桩、在线教育、全息手机、彩票概念、智能机器人、养老概念以及每年年底、年初都可能涉及的高送转概念等。

例一：威华股份（图 4—11），因为赣州稀土借壳重组而连拉 12 个涨停，股价从最低的 3 元多涨到 22 元多，成为 2013 年年末 2014 年初的大牛股。

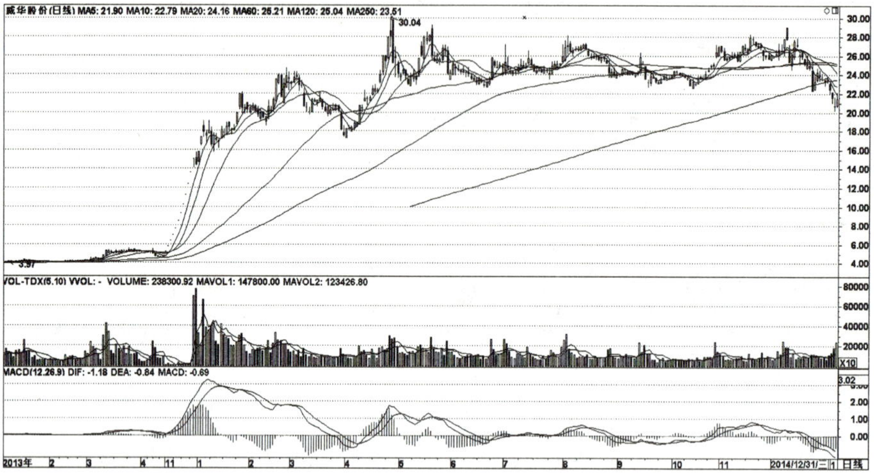

图 4—11　威华股份 2013—2014 年月线图

例二：昌九生化（图 4—12），因为市场预期赣州稀土借壳而将股价从 2 元多炒到 40 余元。2013 年 11 月因赣州稀土没有借壳它而遭 10 个跌停，引发融资盘爆仓，股价被打回原形，从 30 元左右回到 8 元以下。

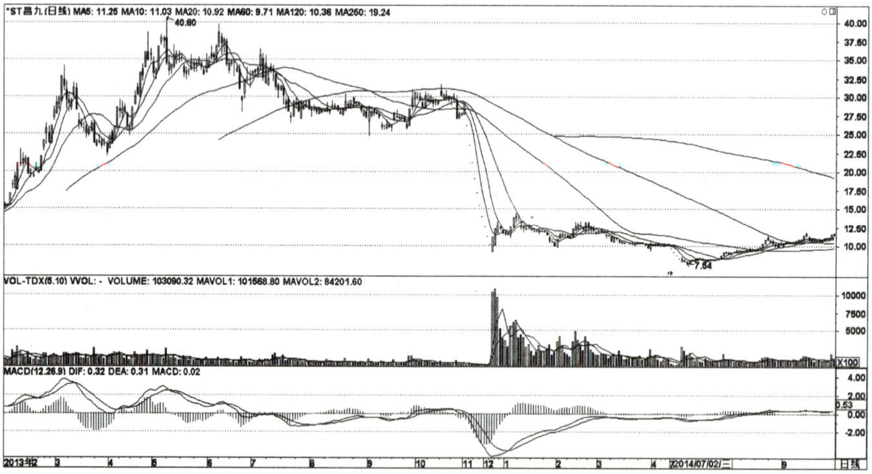

图 4—12　＊ST 昌九 2013—2014 年日线图

七是选择股本不大、流通盘小，股价相对不高的股票。对沪、深股市多年的涨幅研究发现，在一年之内股价能够翻倍特别是翻几倍的个股中，流通盘小于5亿股的不少于80%，70%以上的牛股开始涨的时候流通盘都在3个亿以内。股本小、流通盘小，流通的市值也小，推动股价上涨的资金需求不大，容易控盘，炒高以后，只要公司业绩释放出来，市盈率也容易下来。加上小盘股高送转除权的机会多，因此，股市除了2005—2007年在大牛市时大盘蓝筹表现好之外，其他所有年份都是小盘股走得最好，是牛股集中之地。显然，散户应该把更多的精力集中到细选小盘个股的操作上。如果发现有业绩好的小盘股价格又低，除非行业是夕阳产业（也可能存在重组机会），应该毫不犹豫纳入投资范畴。特别是对新兴行业流通市值在15亿以内，总市值不超过30亿的股票更要关注加关注。

例如中青宝（图4—13），2010年上市时总股本1个亿，流通盘2000万，期间通过分红送股2012年12月底总股本1.3亿股，流通盘8800余万股，这个月该股最低跌到8.4元，合计总市值仅10亿元，流通市值不到7亿元。2013年手游概念走强，该股股价9月份飙升到90.48元，不到10个月股价涨了10倍。

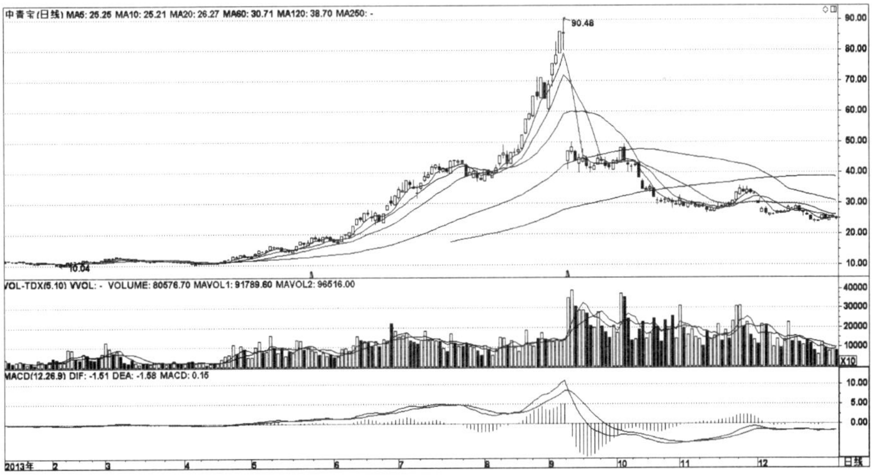

图4—13　中青宝2013年日线图

当然，除了上述七个方面之外，还应该关注企业家团队特别是董事长、总经理的个性、品德和经营经历、企业理念等。与之相对应的是，有下列问题的公司在买入时要慎之又慎：①主营业务杂乱、多变，没有任何产品成长性突出的公司。②产品或技术竞争激烈特别是容易被模仿替代的公司。③毛利率太低的公司。④有巨额不良资产或负债严重、官司缠身的公司。⑤大小股东持续减持，急切套现的公司。⑥产品市场容易受消费者偏好改变、偶然事件打击的公司。⑦管理者综合素质不佳，缺乏诚信的公司等。如果散户选择股票，前面所说的好股票标准集中越多越好，后面提到的问题只要出现一条就要减少投资至少不长期投资，出现的问题条数越多，你就必须离它越远，除非你是赌博赌它重组，那也只能用少量资金赌运气。

上面说的是一般原则，具体而言，主要从以下几个方面去选股。

一、买股票就是买企业，从可以长期发展为百年老店的公司中去寻找

股票的本质就是公司的股权，投资股票就是买入企业的部分股权。从这种意义上看，投资股市本质上也是一种实业投资，其投资成败完全取决于这个公司的未来经营效果以及我们为这些股权所支付的价格。如果你发现一家企业，哪怕就是股市关门、仅靠分红你也可以获得超过银行同期利息甚至有更多更高的稳定回报，显然它是值得投资的标的。相反，如果这个企业就是股市不关门，长期经营都隐藏着风险，甚至可能破产、淘汰，那么现在再美丽，都是必须回避的，这就是投资大师巴菲特反复所讲的价值投资的本质内涵。

那么，散户怎么去寻找优秀的上市公司呢？理论上说，好公司首先应该是赚大钱的公司，有人称之为“赚钱机器”。但企业赚钱不仅应该赚得多，还应该赚得长久、有持续性。不能像房地产企业忽高忽低，更要风险可控，也就是最坏的结局能提前感知，不能突然死亡破产，让你措手不及。其次，好公司应该是关注股东利益和企业信誉的公司，它赚了钱应该能回报股东，诚实守法经营，不靠吃政策偏饭和非经常性收益粉饰业绩，无论是产品还是经营，无论是管理团队还是董事长、总经理都能得到社会的认可。可以说，优秀的上市公司应该是毛利率高、每股收益高、发展稳定度高、产品市场占有率高、成长性高、管理者素质高、回报高、股价在二级市场能涨得高的

“八高”企业。

理论界与投资界对寻找优秀上市公司有许多研究，大多通过量化的指标来圈定与说明，这是我们普通散户基本不可能完成的任务。而且，因为公司数据信息的真实性、外部环境的多变性、投资者行为的不确定性，就是通过这些指标模型选出来的公司也未必就一定是好公司，特别不一定投资回报就非常高。不然，这些研究者还给别人服务干什么，自己研究自己投资，闷声发大财，何其幸福。这里我给大家列几条比较简易的思路。

第一，寻找继承百年品牌和持续百年经营老店的企业。时间是考验一家公司最好的冲刷剂。在当今快速变化的政治经济社会和人文环境中，企业发展的不确定性也越来越高，1900 年入围道琼斯指数的 12 家上市公司，坚持到现在的仅有通用电器一家。30 年前福布斯世界 500 强企业，到如今已经有 60％的企业被收购或破产。中国企业的生命周期更短，有研究认为它们的平均寿命只有 7.3 年。显然，只有那些经历过时间风雨冲刷还继续屹立不倒的企业才可以进入优秀企业的大门，这些产品和企业经历的时间越长，其含金量也就越高。因此，选择股票首先就要去找继承百年品牌的企业和那些经营百年的老店。

国家商务部在 2007 年前后曾评定了两批总共 779 个中华老字号（品牌与企业），涉及的行业主要包括酿酒、中药、商业、餐饮、服装、食品、茶业、日化、珠宝首饰和其他产品、服务等。这里面涉及的上市公司尤其以酿酒、中药、商业和餐饮的最多，特别是其间的“喝酒吃药”，无论白酒还是中药，都属中国传统文化所独有，受到国家的保护与扶植，其知名度、美誉度和社会影响力、消费者的认可度已经非常高，其工艺、配方、理念甚至企业文化都是其竞争对手难以模仿与超越的。所以，我们散户选股要特别关注这些老字号。

中华老字号在上市公司表现好的非常多，如中药行业的同仁堂（600085）、广州药业（600322）、马应龙（600993）、中新药业（600329）、云南白药（000538）等。通过上市公司信息查寻，我们还可以看到太安堂（002433）、九芝堂（000989）、桐君阁（000591）、武汉健民（600976）、广誉远（600771）、浙江震元（000705）等。酿酒食品行业中的中华名酒如贵州茅台（600519）、五粮液（000858）、张裕 A（000869）、洋河股份（002304）、山西汾酒（600809）、老白干酒（600559）、顺鑫农业（000860）、泸州老窖（000568）等都有过很好的行情。餐饮食品里面的全聚德（002186）、金字火腿（002515）、恒顺醋业（600305）也一直是各类机构关注的对象。还有商贸行业中的豫园商场（600655）、老凤祥（600612）等老字号。细心的散户只需在这 700 多只老字号品牌发行上市时把它收入自选股中，待市场调整价格跌到低位买入就可以分享它历史沉淀带来的红利。

例如同仁堂（图 4—14），周线复权走势图，几乎什么时候买入都是赚的。

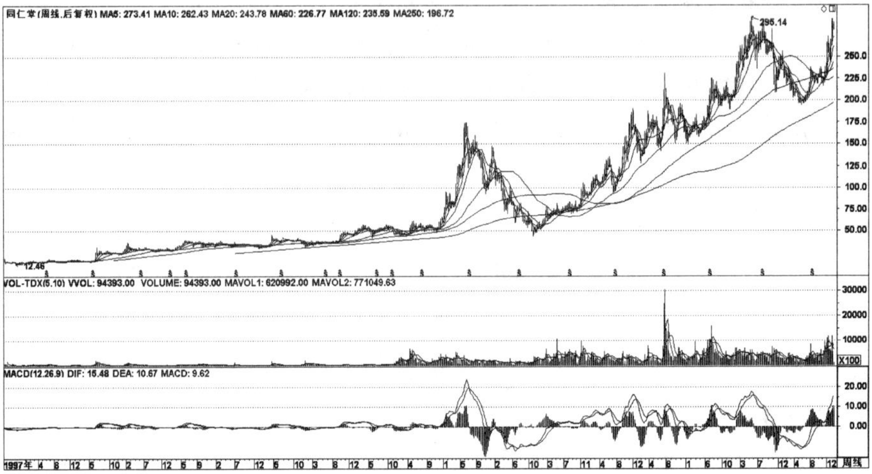

图 4—14　同仁堂 1997—2014 年周线复权图

第二，寻找具有独家品牌、配方、工艺和拥有独特资源的企业。独家就是特色，就是优势，就是竞争的壁垒，也就是垄断性经营，在一定程度上就是躺着都可能经营好的企业。因此，散户在选择投资的上市公司时，如果发现其产品用途特殊，又是独家生产，除此无他；或者虽然不是独家产品，但其配方、工艺方式独特，别人无法仿制仿造；或者其占有的自然资源、地段，别人无法再拥有相同可以替代的。寻找独家品种与独特优势企业的行业主要集中在医药、商贸、旅游、资源加工、农牧渔业等领域。其中医药行业里面最突出，随着《国家基本药物目录》版本的不断更新、扩容，生产普药的企业竞争压力大，拥有独家品种尤其是主打产品的医药企业的增长空间大。由于独家品种，只有一家企业生产，具有垄断性，值得重点关注。这里面除了大家熟知的生产阿胶的东阿阿胶（000423）、云南白药（000538）、生产片仔癀的片仔癀（600436）、生产六味地黄丸的同仁堂（600085）、生产麝香痔疮膏的马应龙（600993）等之外，更有生产复方丹参滴丸的天士力（600535）、生产王氏保赤丸和季德胜蛇药片的精华制药（002349）、生产独一味系列药物的恒康医疗（002219）、生产妇科千金片的千金药业（600479）、生产苗药的贵州百灵（002424）、生产藏药的奇正藏药（002287）、生产骨科药的誉衡药业（002437）、生产脉络宁注射液的金陵药业（000919）等，只要大家根据国家基本药物目录去认真分析，还可以发现许多医药企业的产品是独家品种。

商贸、旅游行业中就寻找地段独特、资源独特具有垄断优势的上市公司。如商贸中的王府井（600859）、重庆百货（600729）、大商股份（600694），旅游产业中的峨眉山（000888）、黄山旅游（600054）、丽江旅游（002033）等。

资源加工企业与农牧渔业领域中就找既拥有矿山资源又拥有加工能力、既研发生产独特产品又拥有土地资源、经营渠道的企业。完全的资源性企业遇到资源涨价就会成为大牛股如山东黄金（600547）从 2005 年 7 月的 6.77 元，涨到 239 元（2008 年 1 月），仅仅花了两年半时间；加工企业中，资源拥有量对效益影响很大。如铜冶炼公司中，江西铜业（600362）精铜矿的自给率就高于其他企业，其毛利率与净利率水平也高于其他企业。钢铁行业中拥有铁矿石资源多的有太钢不锈（000825）、西宁特钢（600117）、攀钢钒钛（000629）、新钢股份（600782）等，铝加工业中中色股份（000758）、云铝股份（000807）、中国铝业（601600）的资源自给率相对较高；锌冶炼企业宏达股份（600331）、中金岭南（000060）、驰宏锌锗（600497）矿资源自给率高，特别值得关注的是罗平锌电（002114）不仅拥有矿资源还拥有自己的电站，这是另一独特优势。农牧渔业中的隆平高科（000998）、登海种业（002041）、壹桥苗业（002447）因为是研究杂交水稻，杂交玉米和海珍品苗种而在行业中有独特优势。同时，福建金森（002679）、亚盛集团（600108）、永安林业（000663）、北大荒（600598）、海南橡胶（601118）等因为拥有农地、林地资源使它们在土地流转改革时具有增值想象空间。

例如：马应龙（图 4—15）。

第三，寻找行业龙头和细分龙头的企业。龙头企业是指一个行业或细分领域中规模较大、市场占有率最高、经济效益最好、对行业发展带动和影响能力最大、被同行和社会广泛认可的企业。龙头企业是行业的标杆与旗帜，

图 4—15　马应龙 2004—2014 年月线复权图

投资选股票，能选龙头就不选其他，能选第一，就不选第二。当然，有时候，行业龙头不是一家而是几家，各有千秋，但散户一定要注意，最终胜出的不可能很多，第三名以后的原则上长期投资就应放弃。

回顾沪深 A 股起伏涨跌的历史，每一个经济热点或相应政策的出台都可能推动一个行业走出强势上涨行情，该行业的龙头股自然会受到资金的追捧，从而催生出大牛股。从历年牛股涨幅排行与不同时期的“10 年 10 倍牛股”分析可见，除了重组，绝大多数牛股都来自行业龙头或细分龙头。如 1994 年的大众出租（600611），1995 年的尖锋集团（600668），1996 年的深发展（000001），1997 年的四川长虹（600839），1998 年的鞍山合成（600669），1999 年的中储股份（600787），2000 年的深南玻（000012），2001 年的烟台万华（600309），2002 年的哈药集团（600664），2003 年的上海汽车（600104）、江西铜业（600362），2004 年的新安股份（600596）、中集集团（000039），2005 年的苏宁电器（002024）、华侨城（000069），2006 年的置信电器（600517）、中钨高新（000657），2007 年的鑫富药业（002019）、海通证券（600837），2008 年的隆平高科（000998）、东方雨虹（002271），2009 年的苏常柴（000570），2010 年的金螳螂（002081）、莱宝高科（002106），2011 年的安纳达（002136），2012 年的欧菲光（002456），2013 年的掌趣科技（300315）、中青宝（300052），2014 年的金轮股份（002722）等。

事实上，各行各业的龙头上市公司在股市都先后有所表现，有些长期持有可以获得超过 10 倍以上的收益。如钢铁行业中的鞍钢（000898）、宝钢（600019），建材行业中的海螺水泥（600585）、福耀玻璃（600660），房地产行业中的万科（000002），工程机械行业中的三一重工（600031）、中联重科（000157），化工行业上海家化（600315）、扬农化工（600486），家电行业的美的集团（000333）、青岛海尔（600690），有色行业中的包钢稀土（600111）、贵研铂业（600459），通信行业中的中兴通讯（000063）、北纬通信（002148），煤炭石油行业中的中国神华（601088）、杰瑞股份（002353），计算机行业的浪潮信息（000977）、科大讯飞（002230），交通工具行业中的宇通客车（600066）、威孚高科（000581），纺织服装行业中的罗莱家纺（002293）、浪莎股份（600137），酿酒行业中白酒的贵州茅台（600519）、葡萄酒中的张裕 A（000869）、啤酒中的青岛啤酒（600600），金融保险券商行业中的中国平安（601318）、招商银行（600036）等，大家只要慢慢找，特别是一些细分行业，子行业的龙头企业，一旦被市场所挖掘，更可能是出新黑马、大黑马的地方。

例一：中兴通讯（图 4—16），通讯行业龙头。

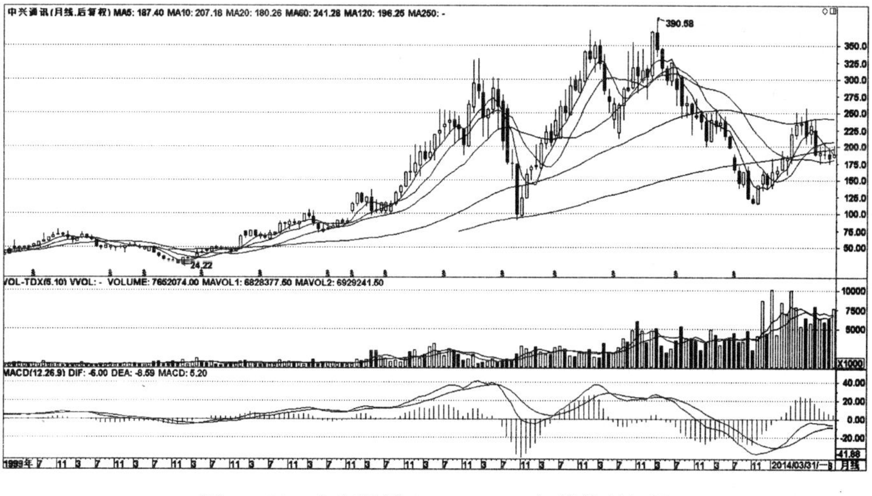

图 4—16　中兴通讯 1999—2014 年月线复权图

例二：杰瑞股份（图 4—17），页岩气开发龙头。

第四，寻找引领生活方式变革与生产技术革命的新兴产业，领头羊企

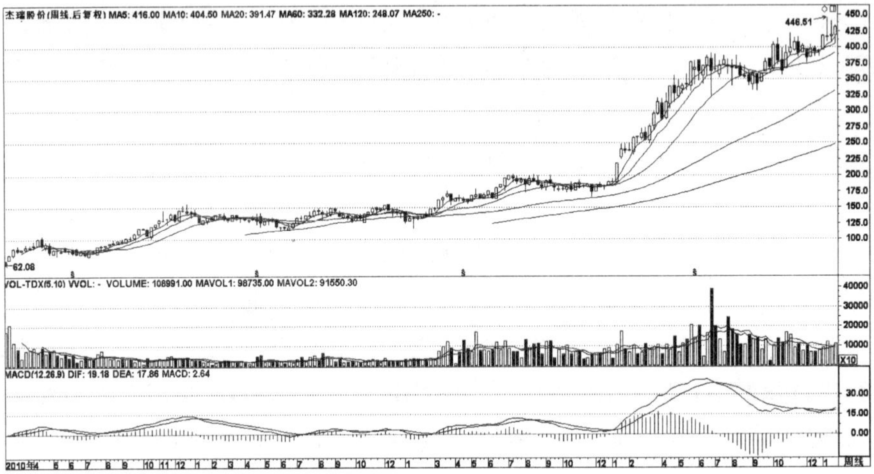

图 4—17　杰瑞股份 2010—2014 年周线复权图

业。我们知道，对企业而言，市场与技术是决定生死成败最关键的两大因素，在这两个方面领先并拥有优势的企业在经营发展上也会具备优势。因此，影响企业需求的生产方式变革方向与影响企业供给的技术革命方向，就是散户选择牛股企业的方向。与新的生活时尚相关的上市公司、与新技术革命联系紧密的公司就是我们应该重点关注的公司。

从生活方式变革与生活质量提升的历史轨迹来看，当 20 个世纪 90 年代家电、洗衣机、冰箱三大件开始普及的时候，造就了四川长虹（600839）在 1996 年、1997 年连续两年进入年度牛股涨幅榜，青岛海尔（600690）也是如此；后来国家开始房改，城里人为自己拥有一套好房子努力打拼着，使得以阳光股份（000608）、万科（000002）为代表的房地产股票在本世纪初期非常热络；房子基本普及以后，家庭消费又转身空调、汽车等，格力电器（000651）、上汽集团（600104）等相关企业的股票又在 2007 年前后称雄；当这些物质生活需求基本满足以后，人们又开始追求生活质量提升，健康需求与精神需求市场大幅上升，由此食品、医药健康、文化传播企业的效益越来越好，虽然股市从 2007 年 10 月的 6124 点跌到 2013 年的 1849 点，但是以恒瑞医药（600276）、双汇发展（000895）为代表的一大批医药、食品饮料行业的上市公司股票价格早就超越 6000 多点时的价格，不少涨幅数以倍计，以光线传媒（300251）、天舟文化（300148）为代表的文化传媒板块更是涨幅惊人，你方唱罢我登场。随着互联网的普及，网上购物、网上游戏、网上理财等又催生新的生活方式，使得以掌趣科技（300315）、乐视网（300104）为代表的一批公司股价牛气冲天。下一步，随着人民生活水平的提高，养老、彩票、智能生活又在不断兴起，可能成为下一轮股市热点。

从新技术革命、生产方式革命的进程来看，引领当代世界经济尤其是中国经济发展升级的主要有三个维度。一是以网络信息技术和基因生物工程为代表的新兴技术的发展与运用。这一块衍生出的热门板块非常多，如以石基信息（002153）、神州泰岳（300002）为代表的计算机软件板块；以百视通（600637）、中视传媒（600088）为代表的数字电视板块；以安科瑞（300286）、安居宝（300155）、奋达科技（002681）、智云股份（300097）等为代表的智能电网、智能家居、智能穿戴、智能机器等智能系列板块；以数字政通（300075）为代表的智慧城市板块；以北纬通信（002148）、朗玛信息（300288）为代表的3G4G板块；以生意宝（002095）、上海钢联（300226）为代表的电子商务、物联网板块；以长春高新（000661）、达安基因（002030）为代表的生物医药、疫苗板块等。二是从生态环境保护出发的新能源领域去拓展。这方面的热点板块有以桑德环境（000826）、碧水源（300070）为代表的节能环保板块；以德赛电池（000049）、科力远（600478）为代表的锂电池板块，并由此延伸出比亚迪（002594）、欣旺达（300207）为代表的新能源汽车和特斯拉概念板块；以中核科技（000777）、金风科技（002202）、拓日新能（002218）为代表的核能、风能、太阳能板块；以准油股份（002207）、恒泰艾普（300157）为代表的页岩气板块等。三是新材料技术的运用可能带来的机会。这里包括以包钢稀土（600111）和广晟有色（600259）为代表的稀土永磁板块；以南风股份（300004）、广韵达（300227）为代表的3D打印板块；以欧非光（002456）、丹邦科技（002618）为代表的柔性电子材料板块等，散户朋友只需及时关注经济社会发展中的新东西、新理念、新时尚，然后在股市中寻找相应的上市公司进行跟踪研究，就有可能捕捉到新一代炒作的黑马。

例如掌趣科技（图4—18），新生活与新技术的代表，2013年的大牛股。

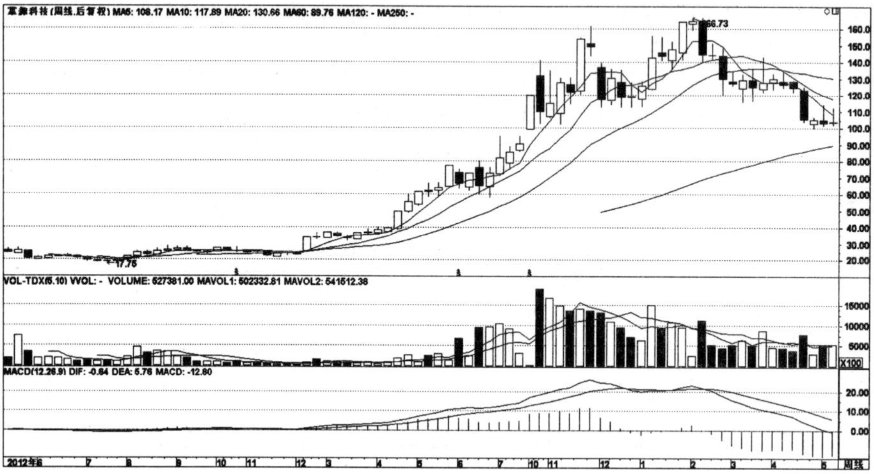

图 4—18　掌趣科技 2012—2014 年周线复权图

二、买股票就是买未来，从业绩增长提升的潜力股中去寻找

炒股不是炒过去，是炒将来，业绩代表过去，不一定代表将来，许多散户喜欢买绩优股，觉得那是价值投资，但总赚不到钱，为什么？就是因为没有抓住价值投资的精髓——成长性。比如，你手中的股票去年每股收益是 1 元钱，预计今年还是 1 元甚至可能降到 0.8 元，而我手里的股票去年每股收益是 0.5 元，预计今年肯定会提升到 0.8 元以上，那么反映到股票二级市场上就会是你的股票跌，我的股票涨；如果根据企业经营情况，你的股票每股收益预计明年还会下降到 0.5 元，我的股票每股收益会持续增长到 1 元，那两者的涨跌现象还会更加明显，这就是成长性，即未来业绩是上升还是下降，上升的空间越大，越有把握，就说明其成长性越好，越值得投资。

业绩增长是股价上涨的永恒动力。为什么我们的股市没有多少人做长期投资，根本原因在于我们的上市公司连续 5 年以上保持盈利且不断增长的公司少之又少。有研究者对 2005—2009 年可以比较的上市公司进行研究发现，4 年连续年年增长的公司只有 13%，5 年连续年年增长的公司只有 7%，这里面对增长率的设定只要为正即可。从 2003 年初到 2012 年底，两市实现 10 年涨 10 倍的股票仅仅只有 38 只，它们的共同特点就是业绩持续增长，其净利润复合年增长率在 12%以上。

那么，散户如何去寻找业绩提升的潜力股呢？我建议主要是以下五看。

一看有没有新项目投产、新产品提效、新技改降耗。重点从产能角度去跟踪企业，在其他条件不变的情况下，产能的提升有助于效益的提高。同时，对上市公司研发投产有重大影响的新产品也必须高度关注（比如新药品等），它很可能是企业新的增长点。

例一：东方雨虹（图 4—19），该公司作为建筑防水材料龙头企业，2008 年底上市以后，公司通过首次公开上市发行和增发等措施，先后在岳阳、徐州、锦州、惠州、唐山、陕西礼泉等地不断扩大防水卷材及防水涂料的产能，使得公司从 2010 年开始主营业务收入与净利润年年保持增长，股票二级市场表现也比较好，复权价屡创新高。

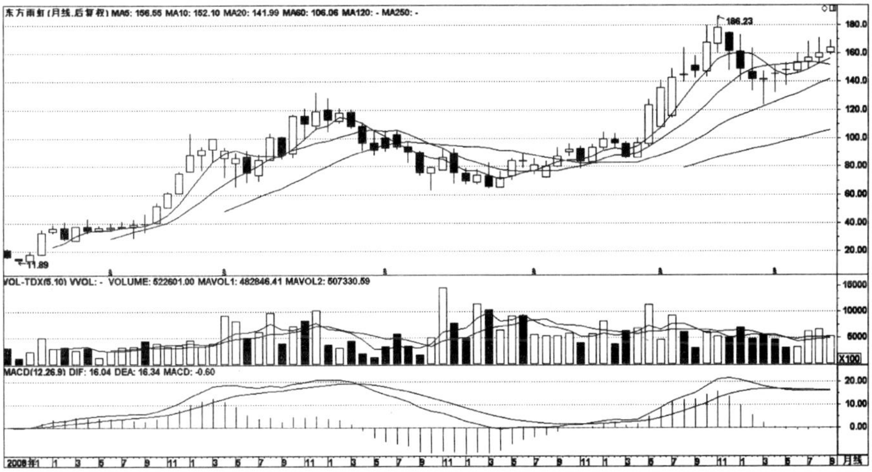

图 4—19　东方雨虹 2008—2014 年月线复权图

例二：云意电气（图 4—20），2013 年 10—12 月期间沪深两市最大的牛股，两个月不到股价从 18 元左右涨到近 51 元，除了高送转概念以外，公司发布公告认为股价异常波动可能与他们研制的新产品“停车三分钟熄火”的汽车自动起停系统调节器的信息有关。

二看主导产品是不是大涨价或者有大订单。价格与订单决定上市公司的盈亏命运，销售的主导产品涨价和获得大额订单，对企业肯定是超级利好，其对业绩的影响和改善肯定是显而易见的。资源性产品企业尤其要关注国内外市场大宗商品的期货价格涨跌情况和趋势。

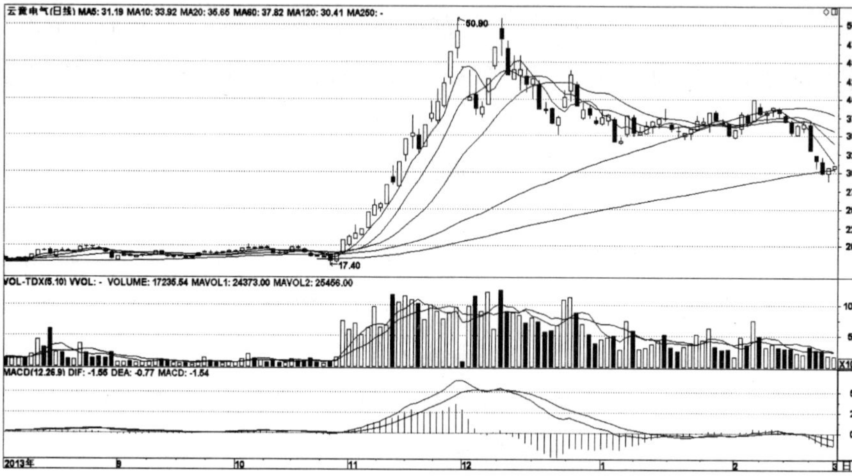

图 4—20　云意电气 2013 年日线图

例一：贵州茅台（图 4—21），该公司从 2003 年 10 月起，将 53 度茅台出厂价从 218 年提高到 268 元；2006 年 2 月又从 268 元提高到 308 元；后来经过 2007 年 1 月、3 月，2008 年 1 月、2010 年 1 月、2011 年 1 月到 2012 年 9 月多次提价后，出厂价已达 619 元。由于公司对渠道商、零售商、团购都曾有保价措施，使得 53 度飞天茅台的零售价格一度达到 2300 元每瓶，提价加上产能扩张，带动茅台的股份也从 2003 年 20 多元涨到 2012 年的 200 多元，而复权则达到 1200 多元。不过，随着 2013 年国家限制“三公消费”措施的出台，53 度茅台的零售价也跌回 1000 元以内，股价也开始回归。

图 4—21　贵州茅台 2001—2014 年月线复权图

例二：江山股份（图 4—22），公司 2013 年得益于主导产品草甘膦的涨价与产能扩张，业绩从 2011 年每股收益的不到 3 分钱增长到 1.5 元左右，其股价也从 6 元多最高涨到 49 元。

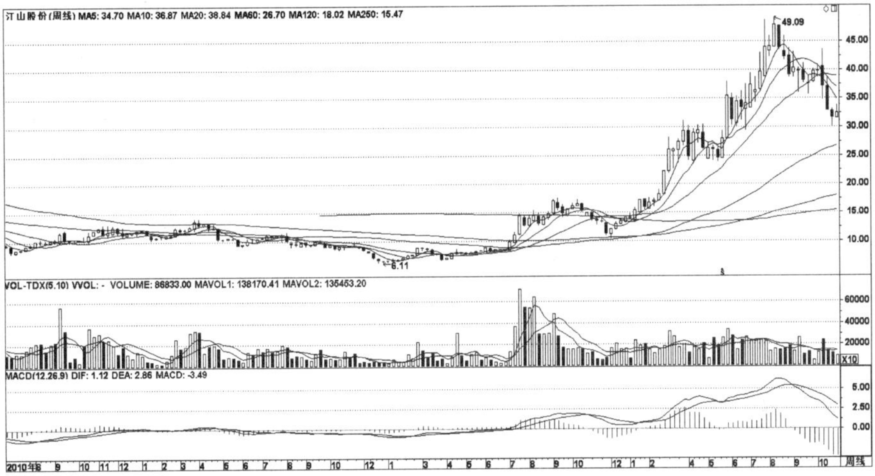

图 4—22　江山股份 2010—2013 年周线图

例三：广船国际（图 4—23），造船、基建、园林绿化等行业的企业因为生产周期长，生产服务对象特殊，手握订单的多少直接决定下一年度业绩乃至下下年度业绩状况。广船国际在 2005 年、2006 年那段国际经济过热期间签订的造船订单巨大，使得其股价从 2005 年 7 月最低的 2 元多钱涨到 2007 年 10 月的 102 元多，后来因为世界金融危机，撤单、废约、汇兑损失、应收款增多等多重因素影响，业绩下滑，股价 2013 年又一度跌回到 8 元多，2014 年随着世界经济的复苏，公司造船业务形势回升，大订单增多，总量增长，加上重组股价又逐步回升。

三看有没有资产注入、置换与重组。收购资产、出售资产、受赠资产、托管资产、资产置换、债务重组、股权重组等可以明显改善上市公司的资产质量，减少关联交易和同业竞争，提高企业的赢利水平，有的甚至可以给公司带来脱胎换骨式的变化。因此，散户一定要关注上市公司资产重组方面的信息，仔细甄别其间注入的资产赢利能力强不强，公司付出的成本代价高不高，二级市场价格反应大不大，然后再决定是否值得关注或者投资。

例一：国睿科技（图 4—24），公司原为经营日用陶瓷的江苏高淳陶瓷股

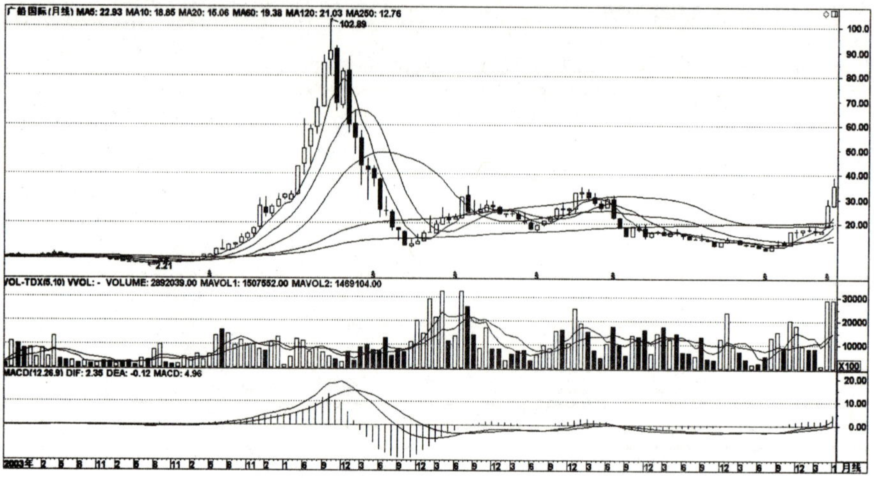

图 4—23　广船国际 2003—2014 年月线图

份有限公司，2003 年 1 月发行上市后，业绩一直不理想并被 ST。2013 年 7 月，中国电子科技集团第十四研究所借壳公司进行重大资产重组，主营业务从日用陶瓷、工业陶瓷的生产销售变更为微波与信息技术相关产品的生产与销售，公司股价也从最低的 3 元多涨到最高的 59 元多（复权最高 86 元多）。

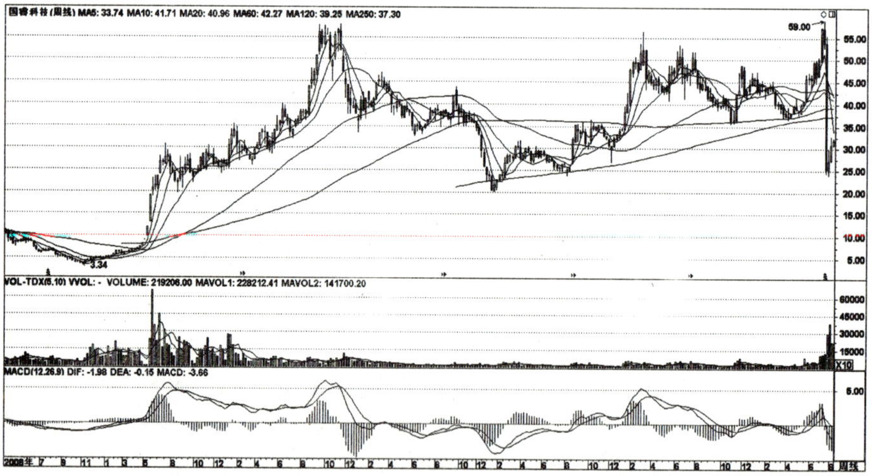

图 4—24　国睿科技 2007—2014 年周线图

例二：洪城股份（图 4—25），公司是以生产各类阀门为主业的湖北洪城通用机械股份有限公司。2001 年 8 月公司上市后业绩一直不理想，2013 年 6

月江苏济川控股集团公司宣布借壳，公司主营变更为医药产品，股价从 8 元多一路涨到 27 元多。

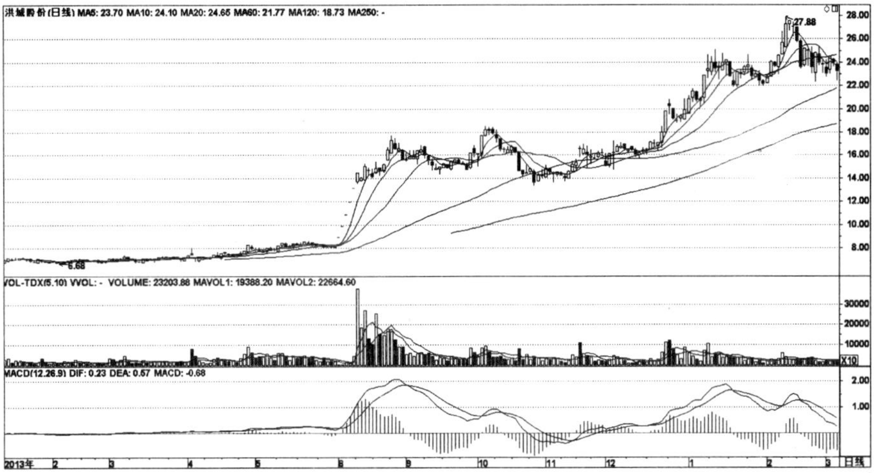

图 4—25　洪城股份 2013—2014 年日线图

四看有没有股权激励与国家特殊政策支持。股权激励是一种通过经营者有条件获得公司股权的方式，来鼓励管理层、技术骨干勤勉尽责地为公司的长期发展服务。由于激励的前提是未来年份业绩不断的增长，激励的标的物是有行权价格的公司股权，这样业绩与股价对激励都有关系，业绩好、股价高、行权价低，被激励对象就越有利。国家特殊政策激励是可以给公司带来退税、补贴等非经常性收益，增厚业绩。

例一：汇川技术（图 4—26），2012 年 11 月 7 日，深圳市汇川技术股份有限公司披露股权激励方案。首次激励对象包括中高层管理人员、核心技术（业务）人员在内的 277 人，占员工总数的 12.28%，行权条件是以 2012 年的净利润为基数，2013—2015 年扣除非经常性损益后的净利润复合增长率不低于 13%、14.98%、16.63%等，股票期权的行权价为 21 元。2013 年 1 月该方案获得证监会同意，并在 2013 年 1 月 31 日首次授权激励对象 1252 万股票期权（预留 100 万份），行权期为首次授权满 12 个月后，在未来 36 个月内按 30%、30%、40%的比例分 3 期行权。公司股价从公布方案时的 20 元左右，一直涨到 2014 年的 80 多元。

例二：三安光电（图 4—27），作为国家支持的节能环保、低碳经济概念和国内 LED 行业龙头，厦门三安电子有限公司借壳湖北生产洗衣粉的活力二

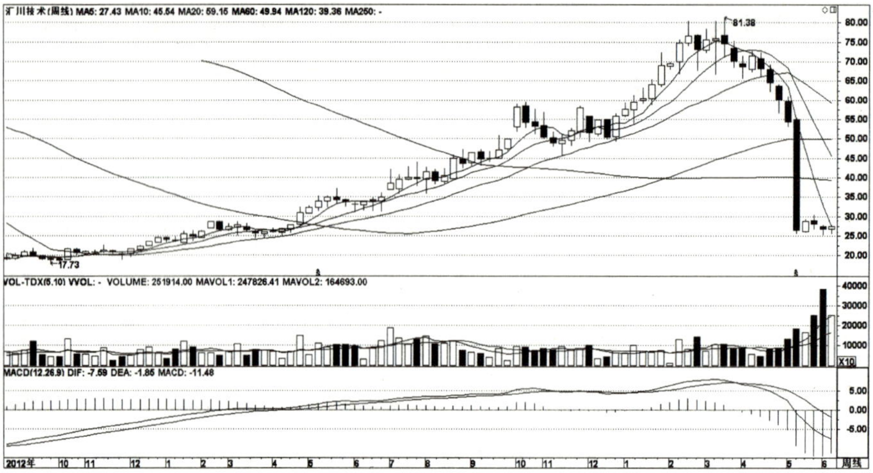

图 4—26　汇川技术 2012—2014 年周线图

八公司以后，政府各类补贴在业绩中占比高，据媒体报道，2010、2011、2012 年三年间，公司获得省、市、县 20 多种名目的补贴超过 30 亿元。不过补贴是个双刃剑，一旦公司经营不能在补贴期迅速改善提高，补贴减少与取消都会影响公司经营，所以股价走势漂浮不定。

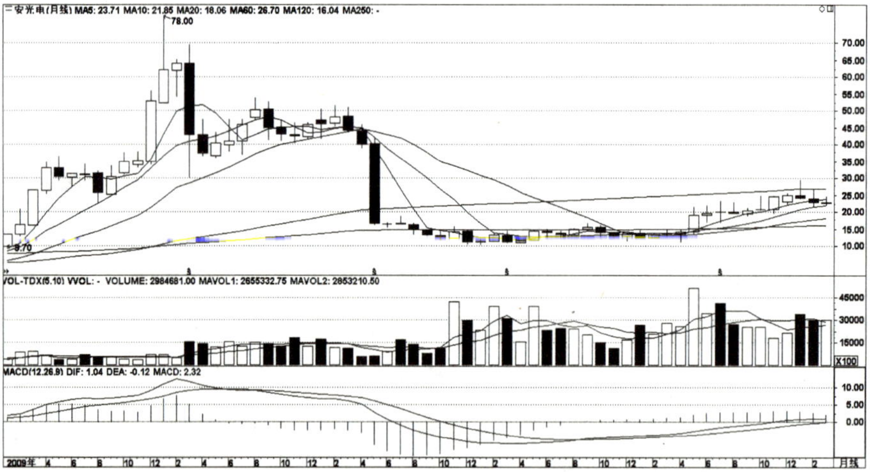

图 4—27　三安光电 2009—2014 年月线图

五看有没有股权、土地、资源、存货大幅升值引起资产增值的。一些上市公司控股、参股了不少其他公司，一旦这些公司上市就会引发股权的大幅升值，或者参股公司股价大涨也会引发公司资产增值，如电广传媒(000917)等创投概念、中山公用(000685)等参股券商、金融概念经常走牛就是这个原因；还有一类公司占有特殊地段的土地资源或拥有大量的工业用地，因为城市建设开发引发土地升值或者“退二进三”土地改性带来升值，使得上市公司的股权含金量提升，如上海迪斯尼周边概念股等；也有一类上市公司的原材料比较稀缺如名贵中药材三七、人参、普洱茶等，这些原材料的上市公司存货的升值，进而提升股权含金量。

例一：鲁信创投（图4—28），公司及下属全资子公司高新投等持有多家上市公司或拟上市公司股权，还参股多家创投基金，公司股价无论牛市熊市一直比较坚挺。

图4—28 鲁信创投2004—2014年月线复权图

例二：康美药业（图4—29），公司作为国内中药饮片的主要收储加工交易企业，其储存的冬虫夏草、人参、三七等产品经常受市场价格波动影响，股价也上下波动剧烈。

例三：吉林敖东（图4—31），公司作为广发证券（图4—30）第二大股东，持有广发证券12.4465亿股，而公司总股本只有8.9亿股，也就意味着每股吉林敖东含权广发证券近1.4股，那么不仅广发证券的涨跌对吉林敖东影响很大，走势图比较相仿，而且不出意外，其股价一般不会低于广发证券股价的1.4倍。如果低于那就是好的套利机会。相关的股票还有辽宁成大

(600739)、中山公用(000685)等。

例一：广发证券（图 4—30）月线走势图。

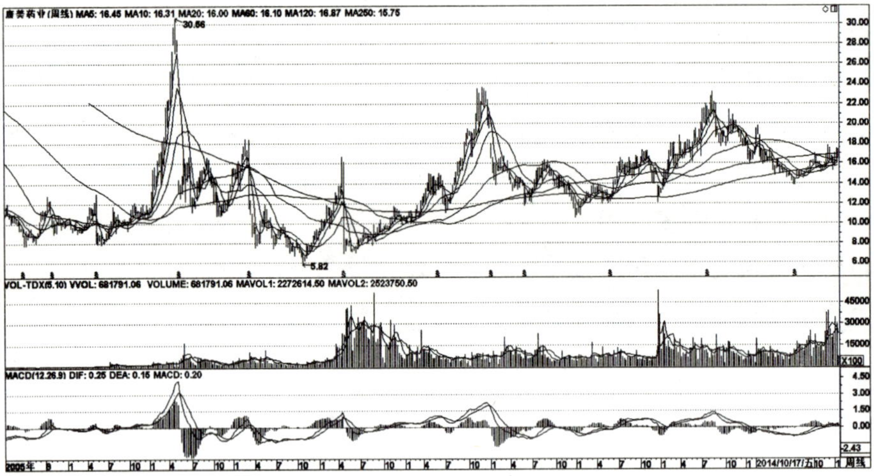

图 4—29　康美药业 2005—2014 年周线图

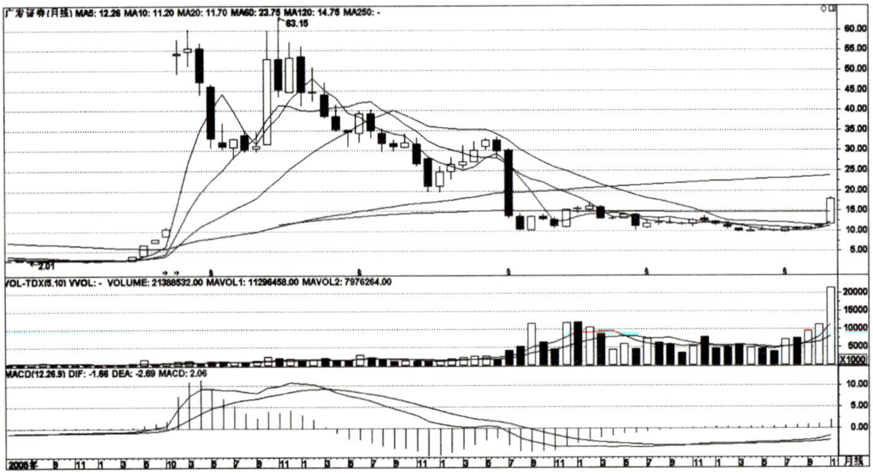

图 4—30　广发证券 2008—2014 年月线图

例二：吉林敖东（图 4—31）月线走势图。

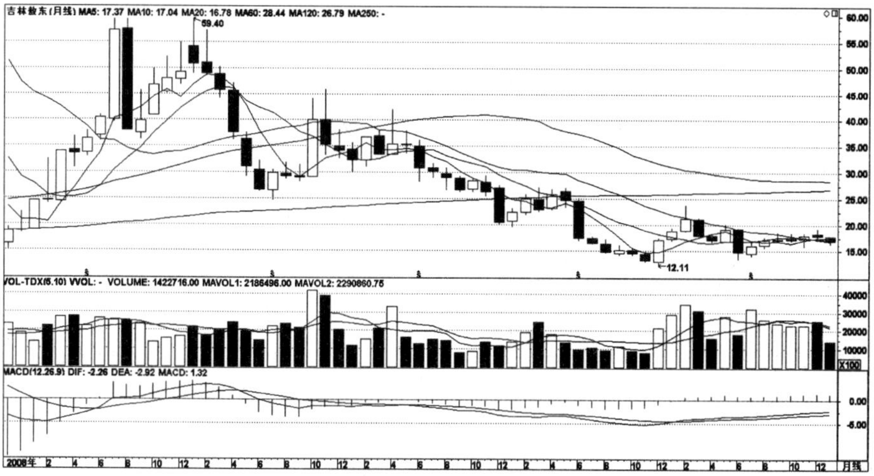

图 4—31　吉林敖东 2008—2014 年月线图

三、买股票就是买确定性，从有确定性机会的股票中去寻找

股市最大的特点在于不确定性，但由于股市常常因为羊群效应导致矫枉过正，使一些风险和机会都变为相对有确定性了，让理智的散户几乎无风险套利，只输时间不会输钱。这样的确定性机会过去有，将来肯定还会有，特别是大熊市的机会更多。

第一，从跌破增发价的个股中去寻找。跌破增发价重点关注两种情况：一是已经实施但尚未解禁的个股，这就意味着参与增发的机构悉数被套住了。二是已经过会但没有实施的个股，这就意味着如果上市公司的股价在有效期内不回到增发价以上，再融资可能面临失败的风险，从而逼迫上市公司可能频出利好，主承销商积极维护股价。面对这样的情况，散户尽可能选择前一类已经实施且有大量的投资机构，特别是著名私募如泽熙投资等认购的股票，而且跌得越深，机会越大。后一类情况在牛市行情中或者绩优股可以关注。

例一：天音控股（图 4—32），该公司 2007 年 8 月 9 日以 29.9 元/股进行了增发，后经 10 股送 8 股除权，股价一路下跌到最低的 2.45 元，可以想象参与增发的机构被套的幅度有多大。如果散户在 5 元以下开始关注，3 元左右买入，最后该股一路反弹涨到最高的 19.49 元，可以获利数倍，参与增发机构也顺利出局。

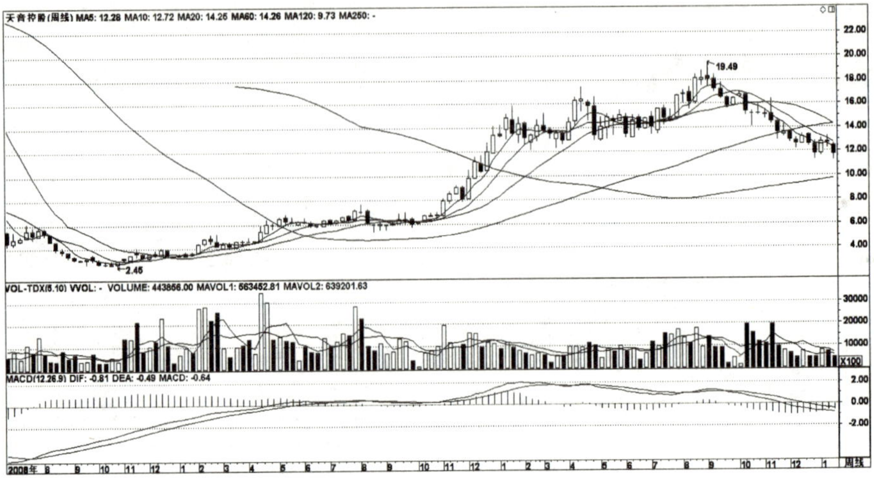

图 4—32 天音控股 2008—2010 年周线图

例二：鑫科材料（图 4—33），2013 年 9 月该公司定向增发股票 1.76 亿股，私募大鳄上海泽熙投资几乎顶格认购了 4980 万股，可以肯定的是在 2014 年 9 月这些非公开增发股份解禁之前，任何跌破增发价 5.16 元都是好的投资机会。事实证明，这些机构基本没有让散户有这样的确定性机会。

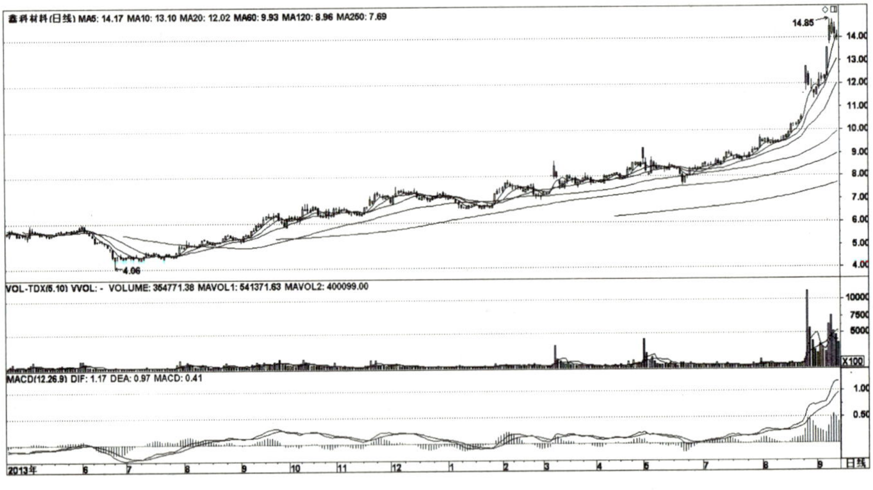

图 4—33 鑫科材料 2013—2014 年日线图

第二，从小盘绩优并跌破净资产的股票中去寻找。每当大熊市来临，绩优绩差普跌，常常会错杀许多好的股票，在哀鸿遍野的时候，散户投资者一定要盯住那些盘小绩优的公司，当股价跌破其净资产的时候给予密切关注，跌幅越大，关注度越高，除非公司基本面出了其他问题，不然这就是散户发财的机会。因为这样的公司就是清盘，股价低于净资产也只赚不赔，何况绩优公司根本不会破产清盘，一旦大盘向好，肯定就是赚钱机会。

例如：王府井（图 4—34），该股在 2005 年大熊市中一度跌到最低的 4.3 元，当时该公司总股本不到 4 个亿，每股净资产都在 10 元以上。何况该公司地处北京商业最繁华的黄金地段，仅公司所占的地块价值重估可能平均到每股就有 15 到 20 元，还没算品牌等无形资产。显然，几块钱的王府井对散户而言就是确定性机会，买下放在手里当投资绝对只输时间不输钱。果然，在后来 2007 年的牛市中最高涨到 56.97 元，只要有耐心，5 元以下的赚 10 倍都不是难事。

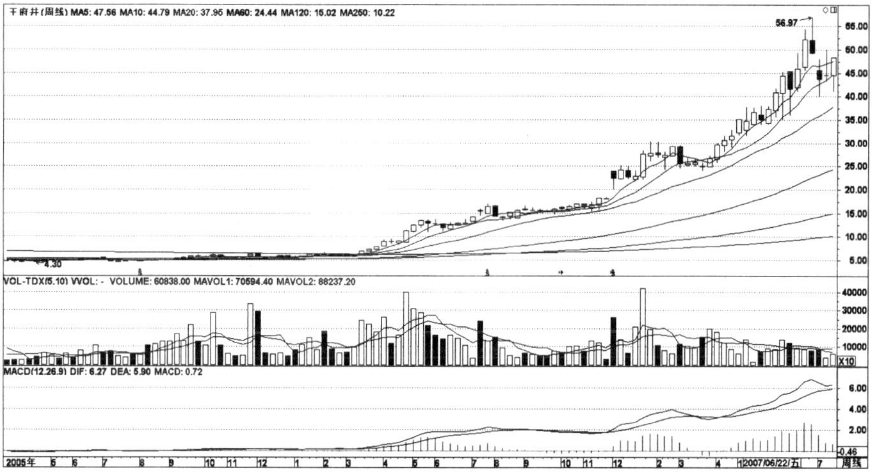

图 4—34　王府井 2005—2007 年周线图

第三，从分红股息率高于同期银行利息率的股票中去寻找。上市公司每年都要分红，如果股价低，分红高，那么其股息率可能高于一年期的银行定期存款的利率。这样的股票如果连续如此，就值得投资；如果高的幅度大，也值得投资，因为除了获利高于银行的固定回报以外，还可能随时有价差收益。

例如：东风股份（图 4—35），这是笔者 2012 年一直关注并给身边朋友推荐的一只股票。当时股价很长一段时间在 12 至 13 元之间徘徊，业绩每股收益在 1 元左右，每年分红均保持在 10 股份 3.6 元以上，2013 年中期还推出了10股份6.5元的高分配方案，后来该股一路上涨到30元。与此类似的公司还有宇通客车（600066）等。

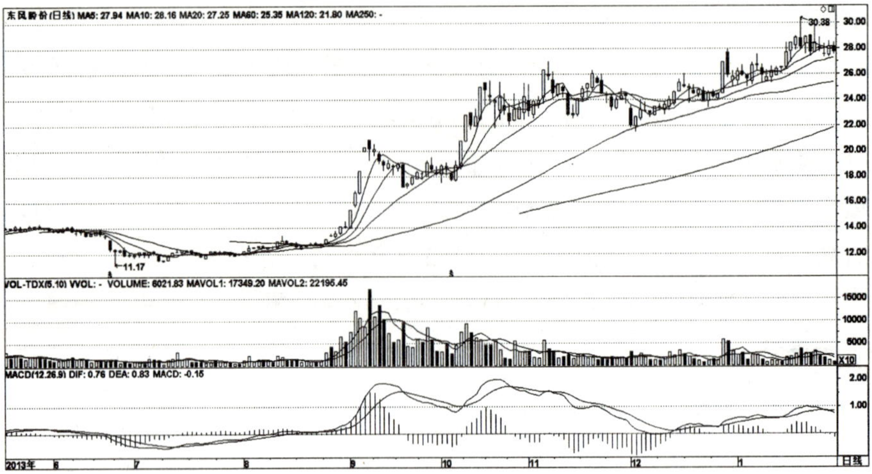

图4—35　东风股份2013年日线图

第四，从跌破要约收购价或认沽价的股票中寻找。在一些上市公司的吸收合并或资产重组过程中，吸收方常常会在约定时限内推出要约收购价格，或者现金选择权价格，一旦股价跌破这个价格，就意味着投资者可以无风险套利。而在前些年的股权分置改革中，有些公司推出高溢价约定收购价格，也就是认沽价格，流通股股东可在约定的时间内按约定价格出售股份给大股东。一旦二级市场价格低于认沽价，买入也是无风险套利。

例一：农产品（图4—36），2005年7月该公司在股权分置改革方案中提出12个月后流通股股东可按4.25元/股向大股东出售股票，该股停盘时价格为3.4元，复牌后在4.06元左右打开涨停。这就给普通投资者有近5%的无风险套利机会，后来该股一路高歌猛进涨到36.88元。同样的事情当年也在上海机场（600009）出现过。

例二：中国医药（图4—37），公司2012年提出吸收合并上市公司天方药业的重组方案，给中国医药流通股异议股东现金选择价格是20.74元，在吸收合并工作完成前，公司有几次股价跌破20.74元后都被拉起，事实上跌破以后就是无风险套利的机会。

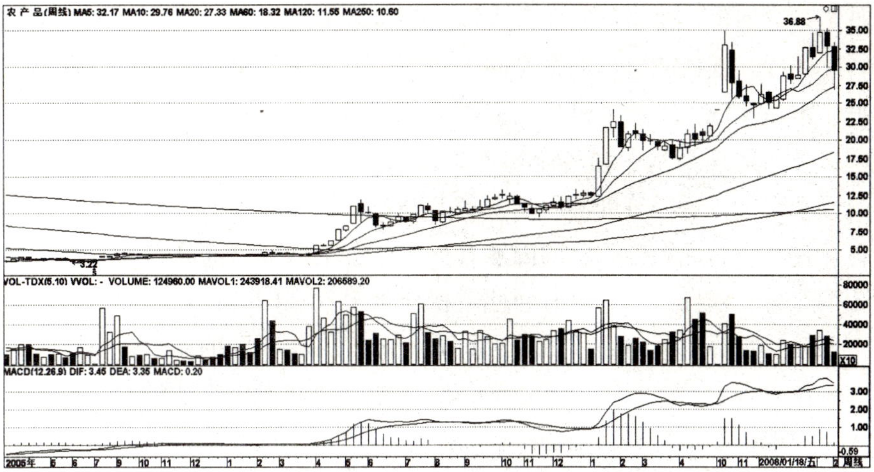

图 4—36　农产品 2005—2008 年周线图

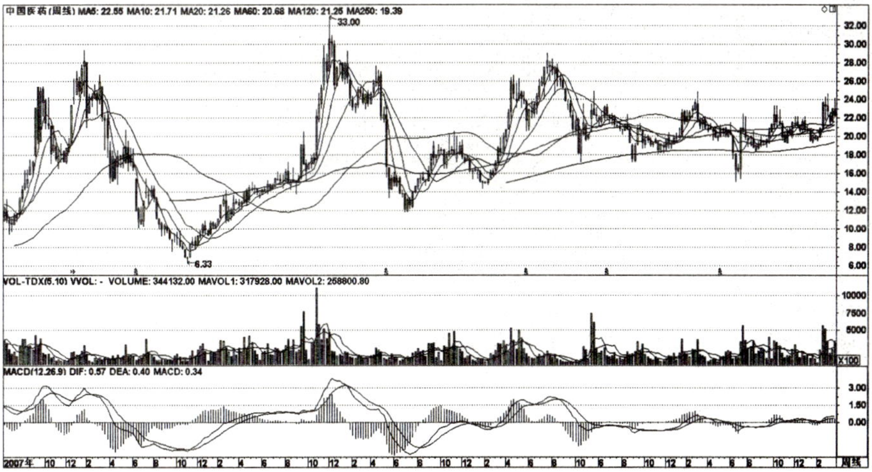

图 4—37　中国医药 2007—2014 周线图

四、买股票就是买价格低估的，从性价比高的股票中去寻找

通过对比，寻找那些与业绩相比，特别是与成长性相比，价格低估，或者从发展潜力来看，可能低估的股票。再好的公司如果价格高估，也就失去了投资价值，除了等待下跌，其他什么都不要做。值得注意的是，低估与价

格低不是一回事，价格低与便宜永远不是买入的理由，价格高也不是拒绝的借口。同样，低估值也不完全等同于蓝筹股，尽管许多蓝筹股价格低、市盈率低、市净率低，一旦大盘进入大牛市，它们机会也很大。但这些股票有些缺陷，主要体现为集中在传统行业如银行、高速公路、航空、建筑、建材，而且盘子太大，受经济周期影响大等。寻找低估值品种的目的就在于得到估值修复性利润。但影响股价的因素有很多，有些低估值的品种因为没有得到主力的认可、挖掘，或者没有到此类板块价值发现的时候，其介入时点、时机可能非常重要，这也是股市强者更强，弱者一弱再弱的原因。不过，如果作为价值投资者，散户可以不在乎一时涨跌，把它当作长期投资看待。具体从三个方面去发现。

一是对比市盈率与市净率，寻找估值低的板块。市盈率是上市公司股价与每股收益的比值；市净率是股价与每股净资产的比值。两者都是衡量股价高低的重要指标。一般而言，市盈率、市净率越低，股价低估的可能性也就越大，投资的风险也就越低。当然，由于行业成长性不同，传统行业的市盈率、市净率普遍要比新兴行业低，这一点必须要注意。

例如：银行板块（图4—38），2014年2月初，我们将沪深两市市盈率最低的前二十只个股拿出来分析发现，从事货币金融服务的银行业占有14家，房地产业占有3家，电力等公用事业2家，其他1家。由此我们可以发现，经过几年的大跌，银行与房地产板块已经处于价值低估的前列，一旦主板启动行情，这两个板块肯定会有估值修复机会。

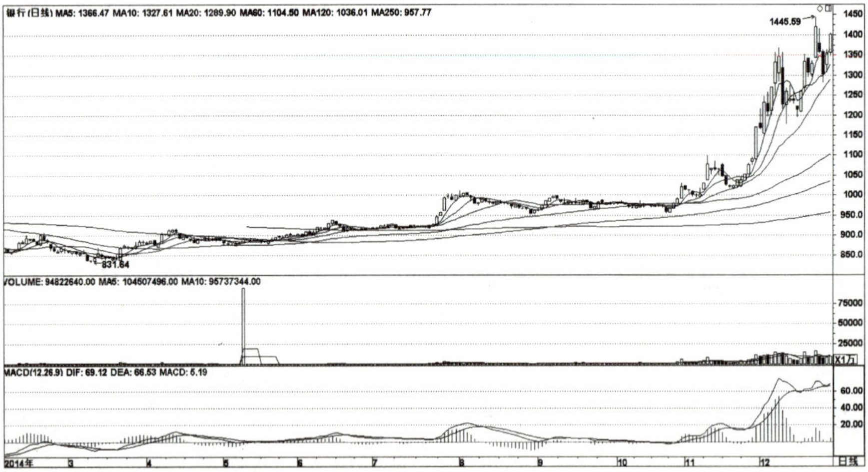

图4—38 银行板块2014年指数走势图

二是对比业绩与股价，看相同业绩区间的股票有没有价格低估的，或者看相同价格区间有没有业绩好、改善快的。每当季报、中报、年报公布完以后，散户可以通过将业绩由高到低排队，再看对应股价；或者将二级市场股价运用智慧排名，实行由高到低排队，再看对应业绩。如果发现有差距特别大的，也就是说，当你发现同样或相近的业绩股价悬殊，或者同样或相近的股价，业绩悬殊，就去找原因，为什么高？为什么低？是业绩有问题（如非经常性收入、补贴、重组收益等），还是盘子太大、抑或是行业问题（属于夕阳产业）等，如果找不出明显的原因，那么相同区间业绩价格低的或者相同价格区间业绩高的股价就有可能被低估了。

例如：网宿科技（图 4—39），该股 2012 年公布年报的业绩是每股收益 0.67 元，而其股价 2012 年底以前均在 20 元以下徘徊，最低到过 11 元多。我们分析还发现同样业绩的小盘股除了传统行业之外，股价都在 20 元以上，尤其同行业的计算机、电子商务、云计算等板块的股价更高，研究股价偏低的原因没有发现异常，因此，2013 年初投资买入是值得的，当然谁也没有料到后来涨到 100 多元高位，大多数散户也不可能抱到那个时候。

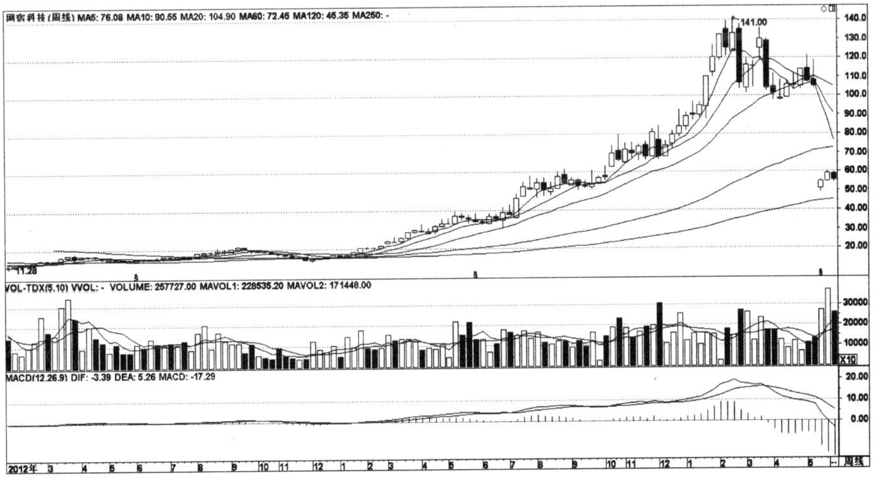

图 4—39　网宿科技 2012—2014 年周线图

三是对比同一板块同一概念是不是有涨幅滞后的。大多散户都有恐高症，一种股票价格炒高以后，人们更喜欢去分析寻找类似板块概念个股价格低的，在减少风险中争取好的收益。

例一：宏发股份（图 4—40），我们都知道许继电气（000400）是我国继电器生产重要骨干厂家，该公司上市后在二级市场经过了多轮爆炒，是两市难得的牛股，而宏发股份是厦门宏达集团通过资产置换借壳上市的我国继电器研发与制造的龙头企业。该公司 2012 年 10 月重组后的股价在 10 元左右，后来最低还跌到 9 元以下，根据板块炒作规律与经验明显为低估，因此 10 元左右买入应该是有利可图，后来该股果然不理会大盘下跌，一路上涨到 20 多元。

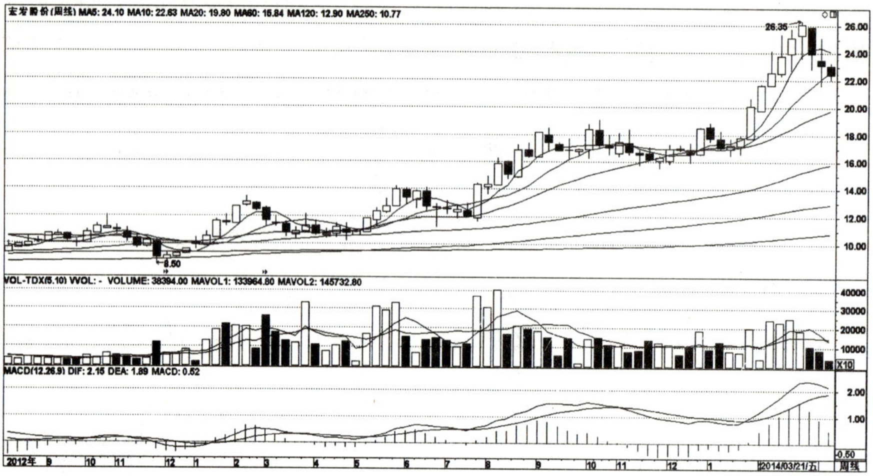

图 4—40　宏发股份 2012—2014 年周线图

例二：博雅生物（图 4—41），沪深两市主营血液制品板块的公司很少，2013 年我们根据流通市值发现与华兰生物、天坛生物相比，博雅生物、ST 生化的总市值与流通市值都较低，把它们列为关注对象，后来在 2014 年果然有较好表现。

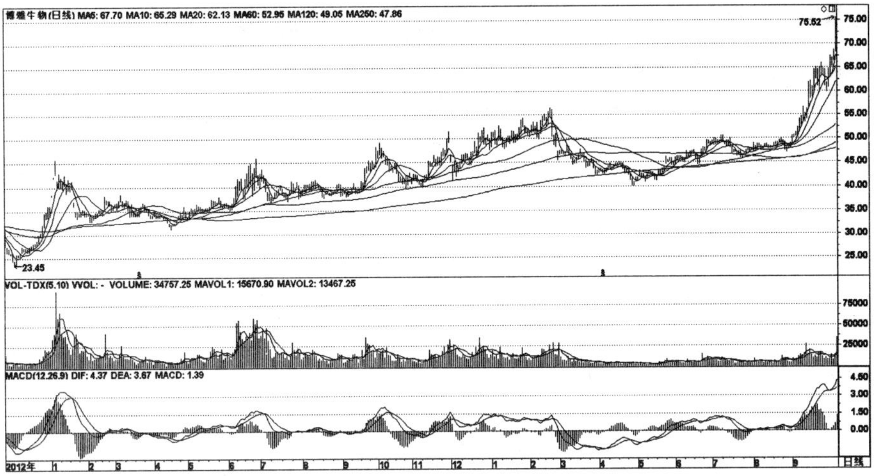

图 4—41　博雅生物 2012—2014 年日线图

五、买股票也要跟庄买概念，从股市炒作的一般规律中去寻找

传统媒体与教科书都告诉散户要远离庄家和概念炒作，然而，随着股市规模的不断扩大，齐涨齐跌在任何股市都是不可能的事情，尤其在中国股市供求严重失衡的环境中，在上市公司信息披露不诚信的条件下，不跟着市场走，不遵循市场炒作的一般规律选股，赚大钱是难上加难。

对股市的炒作规律，很多人进行了多方面的总结，但仅就选股的角度来看，比较靠谱的是大盘缩量震荡时期选小盘股、突发利好公布选次新股、大盘调整阶段跟庄股，大跌急跌时段拿指标股，调整尾声找超跌低价股，牛市确立时高价股活跃，大盘休整期是题材股的天下，年（中）报公布期及前夕是高公积金、高净资产值股票的机会。

不过，股市是个不断变化的市场，昨天的经验很可能是明天的教训。越具体越细的规律越不实用，反而是那些管理层不断批评、媒体不断号召大家不要做的东西，很可能像臭豆腐那样“闻起来臭，吃起来香”，在实战中管用。这里面有这么几条散户在选股时一定要牢记。

一是炒新不炒旧。因为新股没有套牢盘，里面没有固定的庄家，一旦被资金相中，炒起来也容易。因此，散户要特别注意在新股、次新股中选择没有炒作过的股票进行投资。同样概念要找上市晚的。如想买汽车股，买比亚迪（图 4—42）就比买金杯汽车（600609）好得多。

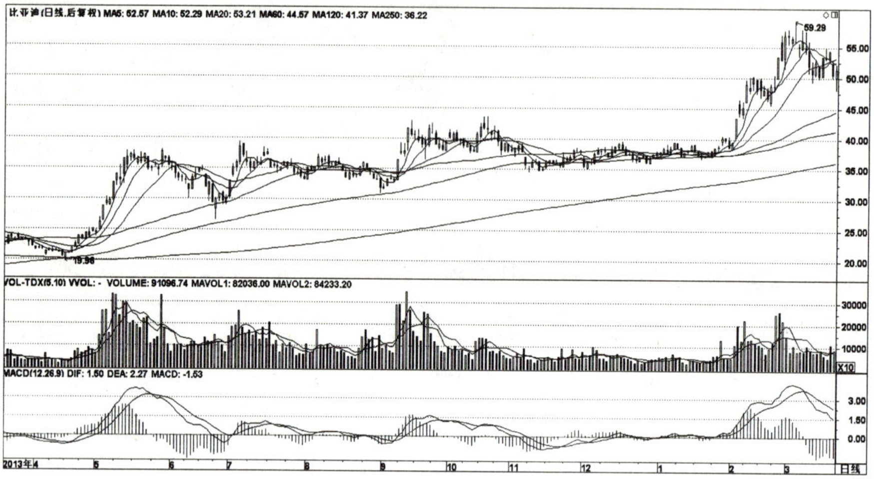

图 4—42　比亚迪 2013—2014 年日线复权图

二是炒小不炒大。这里的“小”既是讲小盘股也讲市值小。有人对 2013 年 A 股涨幅前 100 名和跌幅前 100 名进行分析发现，涨幅前 100 名的平均股本只有 1.12 亿股，而跌幅前 100 名的平均股本达 10.07 亿股。股价上涨是要用资金来推动的，小盘股的好处是炒作所需的资金相对较小，股价炒高以后还可以不断通过大比例送转股份来除权降低股价掩护出货，而且其改善业绩也相对容易。相反大盘股如工商银行（601398）等四大行、两桶油，总股本都在千亿以上，这是一般人所无法涉及的，就是有这个资金，不如去炒作联创节能（图 4—43）等 1 亿股以下的小盘股，可以拉上 10 元钱的涨幅，有足够的出货空间了呢！

三是不要去买大幅炒高并被媒体广泛推荐的股票。一般而言，涨幅超过一倍的股票除非大牛市有确定性增长的机会，否则，原则上不要去追了，因为股市有的是机会，不要被别人忽悠进去成买单者。

四是不要去买高比例送配并大幅度拉升且在除权后放大量的股票。一般而言，高送转个股在出消息与除权前都会进行大幅拉抬炒作，一旦除权放量就是先前介入资金利用散户贪便宜和认为量在价先的心理进行兑现筹码利润，盲目介入的散户常常被拖进去成为站岗守望者，GQY 视讯（图 4—44）2010 年底除权。

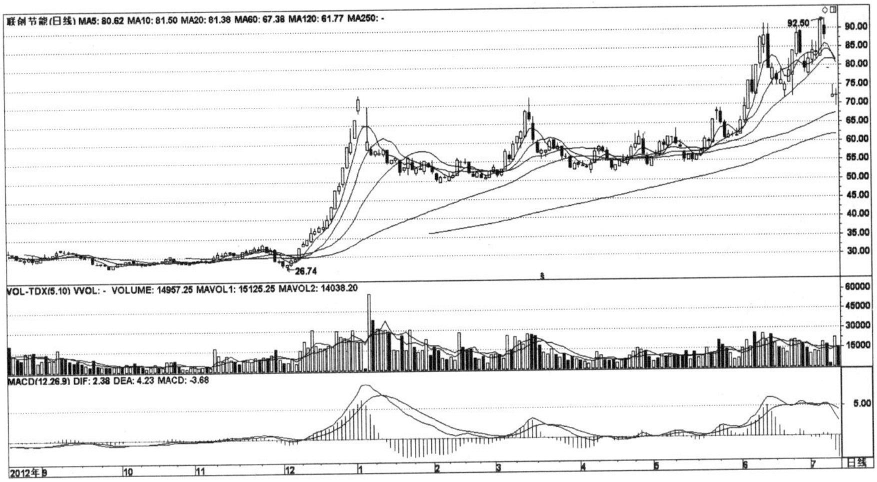

图 4—43　联创节能 2012—2013 年日线图

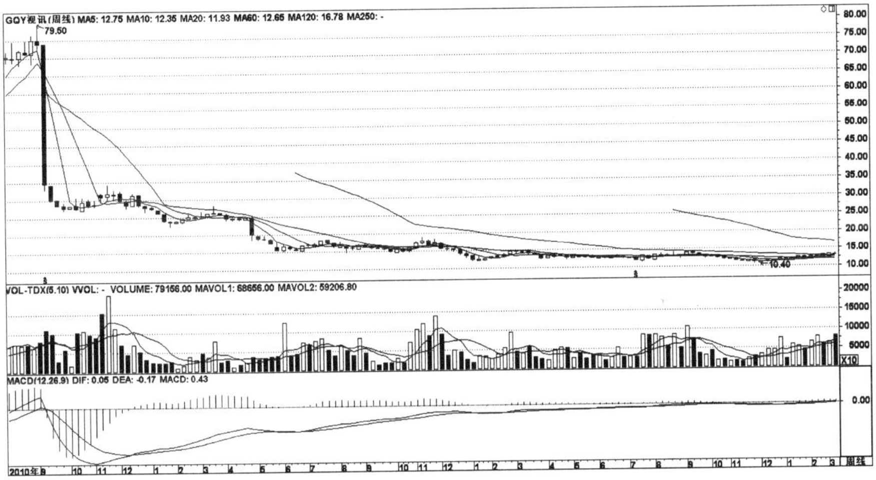

图 4—44　GQY 视讯 2010—2013 年周线图

五是不要去买大家都知道熟悉却老不涨的所谓绩优股。《世说新语》中有个《王戎识李》的故事，认为“树在道边而多子，此必苦李”，别人“取之、信然”。我们炒股选股也要有这样的逻辑思考，既然大家都知道绩优股，是好股，却不涨，肯定有问题，散户也不必去做冤大头，傻乎乎冲进去买。中国石油（601857）就是这方面的典型，从 2007 年 11 月上市到 2014 年几乎买了此股的人都没挣到什么钱。

六是紧跟热点题材与概念。有人说，不成熟的中国股市，“题材是第一生产力，主力决定机会的大小”，散户炒股选股，还是要关注热点题材与概念，尤其在熊市与震荡市的时候。股市的题材与概念，首选重组与高送转。《理财周刊》（2014 年第 3 期）曾对 2004 年 1 月 1 日以前上市的公司通过复权处理后发现，截止到 2013 年 12 月 31 日的 10 年交易期间，有 38 只个股涨幅超过了 10 倍，其中经过资产重组的有鹏博士（600804）、三安光电（600703）、德赛电池（000049）、华映科技（000536）、华夏幸福（600340）、桑德环境（000826）、锦龙股份（000712）、中国船舶（600150）、国药一致（000028）等 9 只，超过了两成，而且每年股市涨幅榜中，特别在熊市的涨幅榜中，重组概念股所占的比重最大。抓重组概念股，一定要注意置换注入资产必须是有发展前景的朝阳行业，而且是盈利能力好、溢价率不高，没有包袱，最好有业绩承诺的公司。《理财周刊》的分析还发现，在 38 只“10 年 10 倍牛股”中，上市以来股本扩张 5 倍以上的有 25 只，10 倍以上有 13 只，显然高送转是制造大牛股的重要因子，散户选股应该注意从那些行业大、市值小、成长性好的公司中去寻找。不过，股市题材概念的炒作有些持久、有些昙花一现，而且变化极快，散户要选也一定要紧跟时代、紧跟市场，根据交易软件提供更新的板块概念抓龙头。

例如，金证股份（图 4—45），公司 2013 年因为牵手马云阿里巴巴的余额宝系统成为“二马”（马云概念和马化腾概念股）的重要龙头。

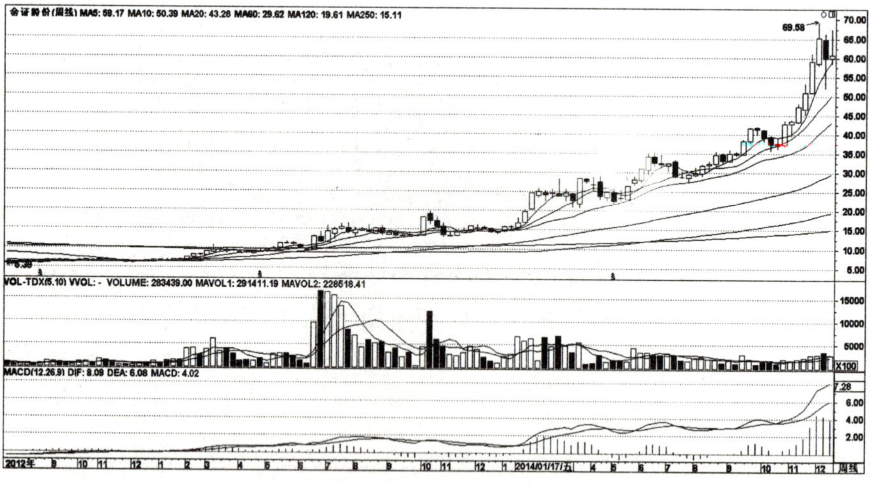

图 4—45　金证股份 2012—2014 年周线图

第五章　于无声处听惊雷，学会看盘，做明白投资者

当我们散户对经济大环境、股市大趋势看懂了，股票选好了以后，就要围绕自己选定的股票观察盘面的变化，选择具体的买卖时机。看盘，就是通过分析观察 K 线图形与分时走势图形和价位、成交量等变化异动，来决定自己具体的买卖操作。观察盘面变化，弄懂盘面语言，国内外这方面的理论很多，主要是技术分析方面的理论，分析指标也很多，但它们之间常常是不一致甚至相互矛盾的，而且所有指标都是对过去的盘面与交易的反映，散户没有必要也没有能力把这些全部学到手。即使学了，也可能学得越多，知道越多，越无所适从。因此，笔者认为，看盘主要是看趋势、看成交量、看异动、看热点、看转势信号。

一、从均线变化看股价的走势、趋势

均线也叫移动平均线（Moving average），是将每天的收盘价加权平均后连接成一条带趋势性的轨迹。它作为衡量主力成本最重要的参考指标，起到测试压力和支撑的作用，进而成为一种趋势追踪工具。因为成本的推动力，均线有着助涨、助跌的双重作用，从而导致了趋势的延续。我们散户看盘作技术分析，K 线图中的均线（MA）形态分析是最常用的。

均线在所有的股市分析软件中都有，也可以自主设定。均线分日线、周线、月线、季线、年线，在分析 K 线走势中，也有分钟线。日线一般设置为 5 日、10 日、20 日、30 日、60 日、120 日、250 日线。按惯例，股票软件设计者把 120 天均线作为半年线，250 天均线作为年线。而年线一般被视为牛

熊分界线。周线、月线、季线以及年线的设置周期与日线大致类似。均按 5、10、20、30、60、120、250 这样的参数单位分段，在日常分析中，特别是趋势分析中，主要是看日 K 线的均线，必要时辅助以周 K 线均线及月 K 线均线的分析。季 K 线、年 K 线均线分析对散户基本无用。一般而言，短期均线上穿中、长期均线为金叉，行情趋好；长期、中期均线下穿短期均线为死叉，行情趋坏。

对均线的运用，技术方面有很多组合与类型，最著名的是美国实战交易大师葛兰碧（也译格兰威尔）的八大法则，他认为：①平均线从下降逐渐转为走平，而价格从下方突破平均线，为买进信号。②价格虽然跌破平均线，但是又立刻回升到平均线上，此时平均线仍然持续上升，仍为买进信号。③价格趋势走在平均线上，价格下跌并未跌破平均线且立刻反转上升，也是买进信号。④价格突然暴跌，跌破平均线，且远离平均线，则有可能反弹上升，也为买进时机。⑤平均线从上升逐渐转为盘局或下跌，而价格向下跌破平均线，为卖出信号。⑥价格虽然向上突破平均线，但是又立刻回跌至平均线下，此时平均线仍然持续下降，仍为卖出信号。⑦价格趋势在平均线下，价格上升并未突破平均线且立刻反转下跌，也是卖出信号。⑧价格突然暴涨，突破平均线，且远离平均线，则有可能反弹回跌，也为卖出时机。由于均线具有滞后性与趋势性，分析中长期趋势效果比较好，短期趋势把握难度大。因此，这里主要给散户介绍五种特别要把握的均线图形。

一是均线排列全部向上的上升通道。也叫多头排列，即长、中、短期均线（5、10、20、30、60、120、250 日）全部发散向上，短期均线在上，长期均线在下，时间越短越在上面，越长越在下面。长期均线在下支撑股价。股价以 30 日、60 日、120 日均线为依托强势上升。这是牛市与牛股的特征，大盘指数均线如此就肯定属牛市行情，个股均线如此肯定是大牛股，在这种情况下，有股票原则上持有不动，没有股票可以在股价调整不破趋势线底即上升通道下轨时买入。

例如：阳普医疗（图 5—1）。

二是均线排列全部向下的下降通道。也叫空头排列，均线图形与多头排列相反，长期均线在上面压制股价，所有均线向下发散，股价也会依托 30 日或 60 日均线向下跌落，这是熊市与熊股的特征。在这种情况下，散户朋友有股的要尽快借反弹出来空仓等待，没股的尽可能不去抢反弹，即便抢反弹也

图 5—1　阳普医疗 2013—2014 年日线图

只能快进快出，设好正损点，不能恋战。

例如，中金黄金（图 5—2）2007 年以后到 2014 年 1 月一直走下降通道。

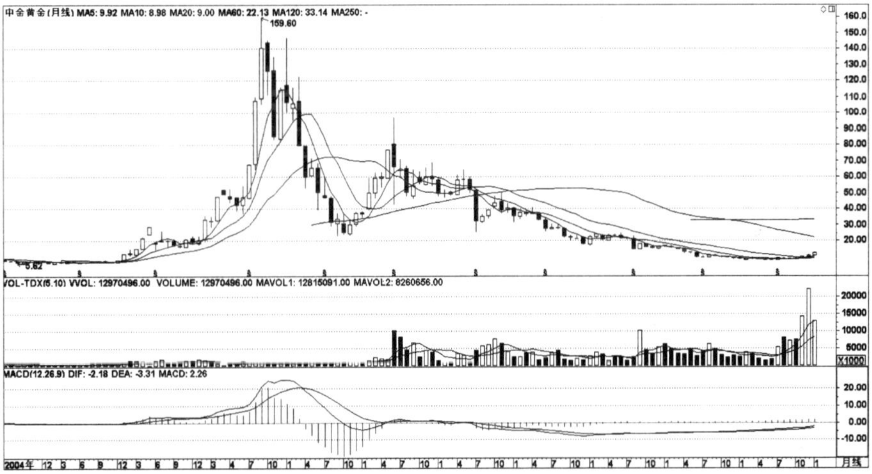

图 5—2　中金黄金 2004—2014 年月线图

三是均线平走的箱体整理。此时短期均钱反复交叉，股价围绕一定的价格中枢上下波动。遇箱体上沿回落，遇下沿反弹。此时散户可等待突破方向明确，要操作也必须接近箱顶上沿抛出，接近下沿买回，但任何一个方向突破都是买入与清仓的机会。即突破箱顶买入，突破箱底空仓等待。

例如，华星创业（图5—3），该股在2013年10月—2014年1月份一直在9—14元的箱体里运行。

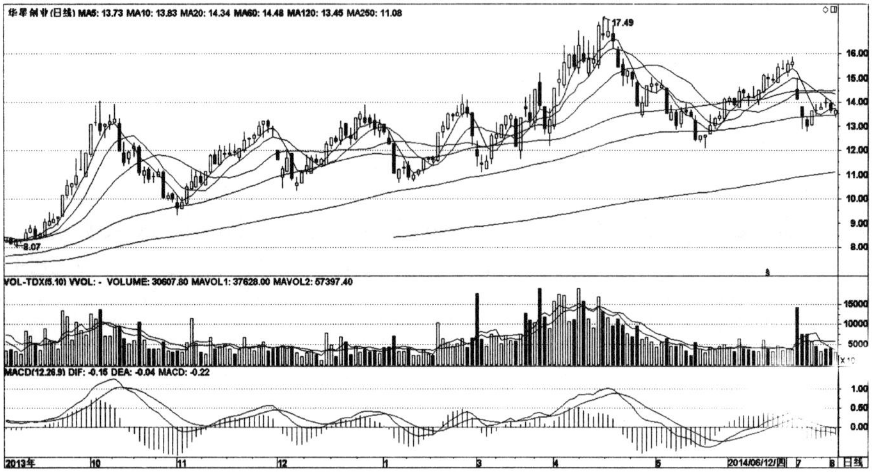

图5—3　华星创业2013—2014年日线图

四是转势向上的均线。指长期均线在底部走平开始抬头向上，中、短期均线开始金叉向上的状态，均线图形在低位出现往上的“井”形技术上叫“地上井”，出现次数越多，股市越有机会。这个时期一般是最稳靠的散户入场时机，意味着该股开始走牛。

如亚星客车（图5—4），该股2014年年初与6月间，有两次5日均线穿10日均线，10日均线在20日均线之上，20日均线在30日均线之上，30日均线穿越120日均线，各条均线开始发散抬头向上，都是最好买点。如果还要保险，2014年7月4日，5日、10日、20日、30日均线穿半年线、年线（250线），所有均线全部发散往上，走牛趋势确立，此时散户应果断买入并持股为主。

五是转势向下的均线。指长期均线在顶部走平开始拐头向下，短期均线穿越中期均线发生死叉，然后中期均线穿越长期均线也发生死叉，均线图形出现高位“井”形状态，技术上叫“天上井”，出现一个“井”形是转折信号。连续出现多个“井”形就是确定性转为熊市（股）的信号。此时，年线在最上面，120日线高于60日线，60日线高于30日线，30日线高于20日线，20日高于10日线，10日线高于5日线。此时，散户有股票尽可能止盈

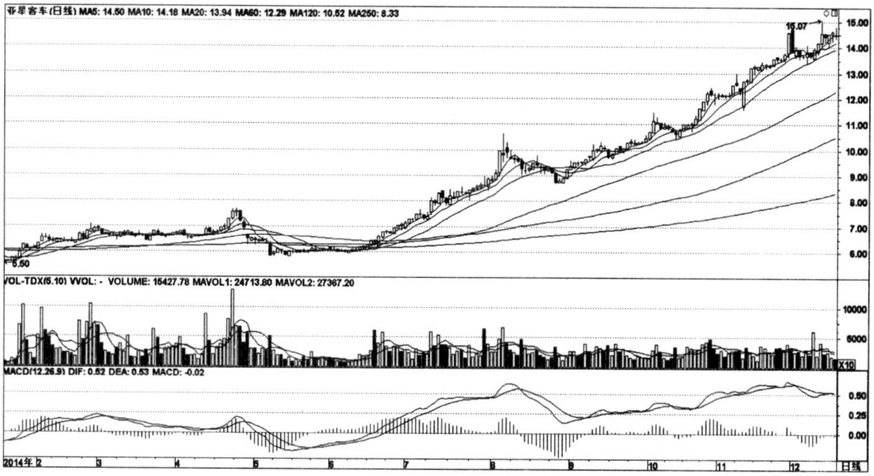

图 5—4　亚星客车 2014 年日线图

（损）出来观望，没有股票的不要介入。

例如：张裕 A（图 5—5），该股在 2011 年 12 月 13 日前后出现均线死叉拐头，尔后出现均线高位天上“井”，结果带来长达两年有余的熊市，买入的散户损失惨重。

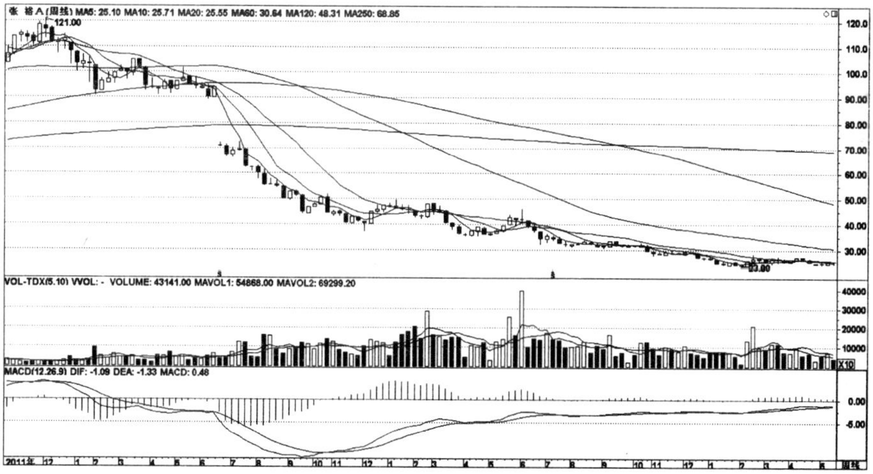

图 5—5　张裕 A2011—2014 年周线图

二、从大阳、大阴线中看股价转势信号

有一些股票在很多时间内都围绕一种趋势在运行，或上涨，或下跌，或上下振荡，可突然有一天，来了一根大阳线或大阴线，尤其是在大盘并没有大涨、大跌的情况下出现这种情况，普通散户就要高度关注了，这可能是转势信号。主要有两种情况：

第一种是股票在低位或底部出现放量大阳线。这是股价走势转向往上走牛的标志。这里包括低开高走的大阳线、平开高走、高开高走甚至开盘涨停的大阳线。遇到此类情况，手中有股应持有为主，没有的可考虑择机买入。

例如：中瑞思创（图5—6），该股在2013年5月8日平盘开盘以后，大阳上涨最终以涨停13.59元收盘，换手率达7.15%，一举突破前面近一年的高点，成交量也超过前面近一年任何一天的成交量，该股第二天继续高举高打，再以涨停报收，换手率达14.52%，后面虽然调整，但由此走向上涨的通途，到2014年2月13日，股价涨到33.58元。显然，如果散户朋友能够把握住低位放量上涨转势的机会，就是在后面一个星期内买入，在2013年市道不好的情况下还可能获得至少1倍以上的利润。

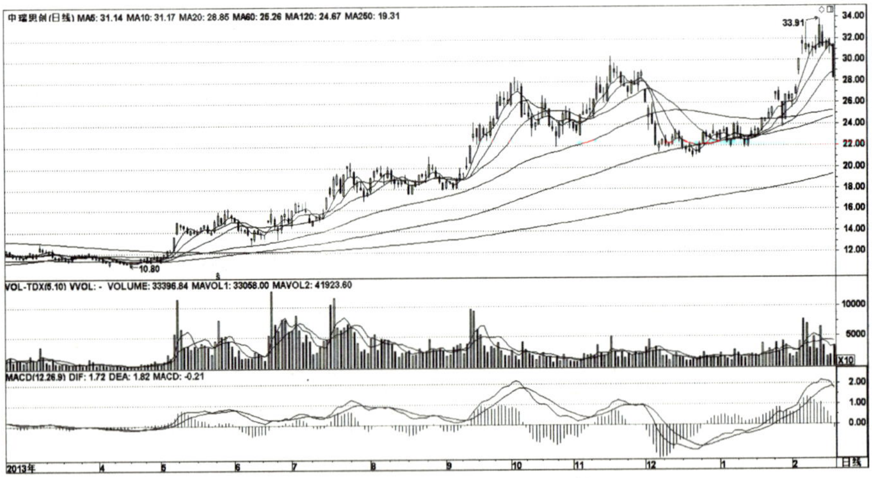

图5—6　中瑞思创2013—2014年日线图

第二种是股票在高位或者顶部出现放量大阴线。这是股价走势拐头往下走熊的标志。这里包括高开低走的大阴线（技术上叫墓碑线）与平开低走或低开低走甚至开盘跌停的阴线，出现这类情况，手中有股票的应尽快止盈、止损了结离场。

例如：外高桥（图 5—7）该股在 2013 年 8、9 月间的上海保税区概念炒作中是龙头，2013 年 9 月 25 日创 64.16 新高并以涨停收盘后，但 9 月 26 日突然以 63.5 元低开低走，并以跌停价 57.74 收盘。考虑到 60 多元是该股上市以来的历史高位，此时出现大阴肯定不是好兆头，结果从那天以后股价一路阴跌，再也没有超过当天的收盘价，如果普通散户明白这个道理，有该股的尽快止盈止损了结，可以避免近 50%的损失。

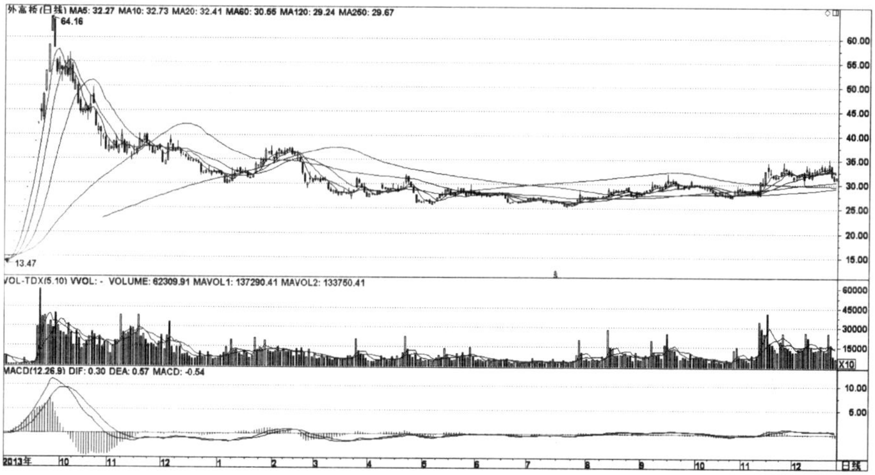

图 5—7　外高桥 2013—2014 年日线图

三、从明显放量与连续放量中看股价异动信号

股市中的人常说“量在价先，天量之后有天价，地量之后有地价”、“股市中什么都可以骗人，唯有量是真实的”“春江水暖‘量’先知”。在股市价、量、时、空四大要素中，量是基石，是动力源，看任何个股的股价走势图就会发现，大牛股起涨的当天，十之八九都伴随着一只大量，量比在 3 倍以上的“旱地拔葱”型居多，股价上涨也好，下跌也罢，必须有成交量来支

撑。因此，我们散户看盘，观察成交量的变化很重要，有如中医看病把脉一般。在股市，成交量不仅体现供需关系，更反映买卖双方的力量对比，底部、低位放量，如果价格不下跌，就说明有人看好，愿意买的人越来越多，值得关注；顶部、高位放量，如果价格不上涨，说明有人看空，想抛的人越来越多，值得警惕。成交量还体现一只股票、板块的热度，如果一只股票持续价涨量增，说明看好的人多，大家关注的股票才有机会，不然，成交清淡，无人问津，不可能有大的行情。

对于股市中的量价关系，理论研究有很多，大家根据实战经验，总结为八个方面：一是量增价平，走势转强信号；二是量增价升，买入信号；三是量平价升，持续买入；四是量减价升，继续持有；五是量减价平，警戒信号；六是量减价跌，卖出信号；七是量平价跌，持续卖出；八是量增价跌，放弃卖出或空仓继续观望。然而，在实际操作中，必须结合大盘点位、趋势、个股价位、历史位置（是高位还是低位，是底部还是顶部抑或是半山腰）、是否有突发利好利空来多方面判断。由于技术指标经常被操盘机构、大户用作打压洗盘或者引诱做局的工具，散户不宜生搬硬套上述规律，这里重点介绍几种典型的成交量异动图形，供散户操作时借鉴。

一是底部连续多日不断放量阳线盘升型。遇到这类股票，只要股价在历史底部（甚至相对底部），且盘整时间较长（越长越好），可以及时跟进，如果连续放量阳线后出现调整，更可以在30日均线附近及时介入，一般赢面较大。

例一：天通股份（图5—8），该股从2013年10月16日起连续多日放量上扬，到12月4日止，只有5根阴量线，后市股价从起步开始涨了1倍以上。

例二：金亚科技（图5—9），从2014年1月23日到2月17日连续拉了13天放量阳线，股价也很快翻倍。

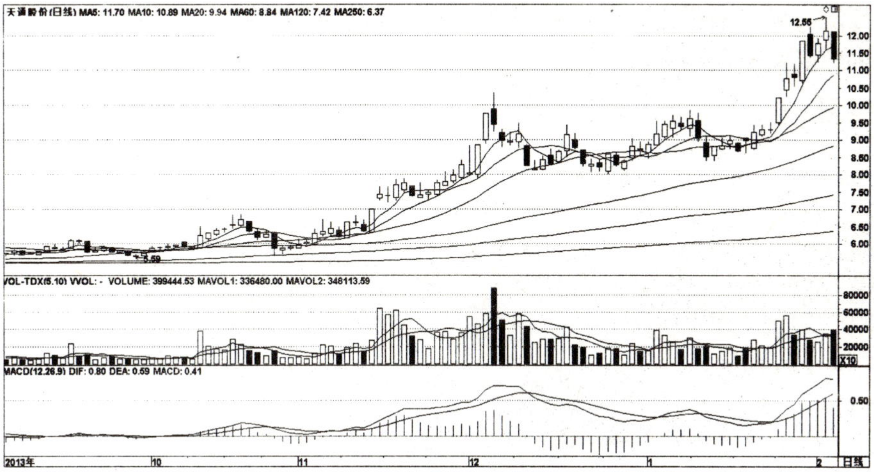

图 5—8　天通股份 2013—2014 年日线图

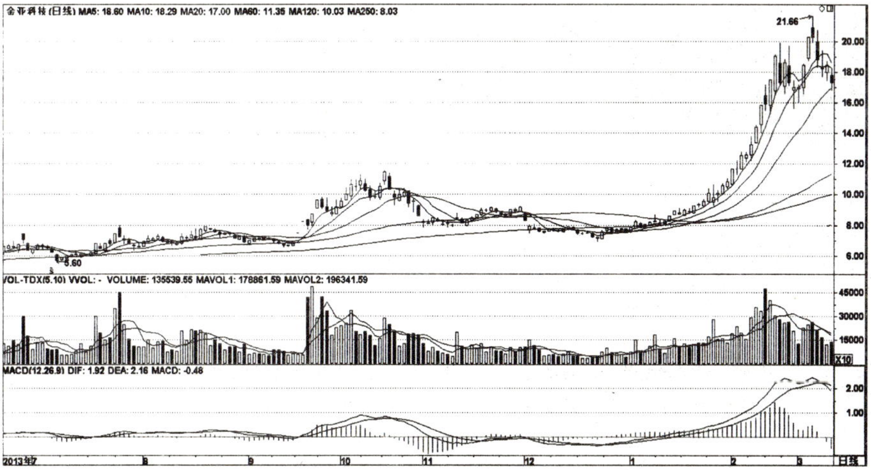

图 5—9　金亚科技 2014 年日线图

二是底部连续放大量拉升型。遇到此类股票，只要股价在K线底部，无论涨跌，量放得越大、换手率越高，就越有机会。投资者可在涨幅不高，缩量调整时段及时介入。

例一：天喻信息（图5—10）。

图5—10　天喻信息2012—2013年日线图

例二：光韵达（图5—11）。

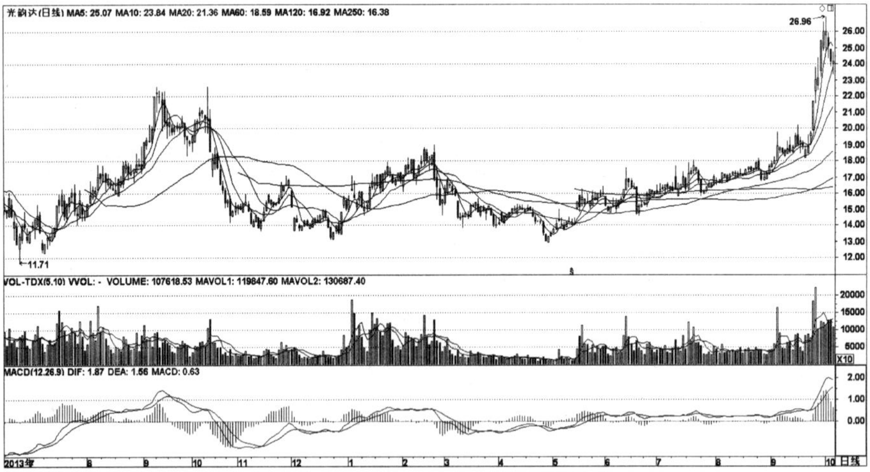

图5—11　光韵达2013—2014年日线图

三是底部先温和放量，再连续放大量型。一只股票在底部盘整一段时间以后，慢慢温和放量，股价缓缓抬升，然后突然有一天放大量大幅拉升，在大量拉升的时候及时介入就是机会。

例一：量子高科（图 5—12）。

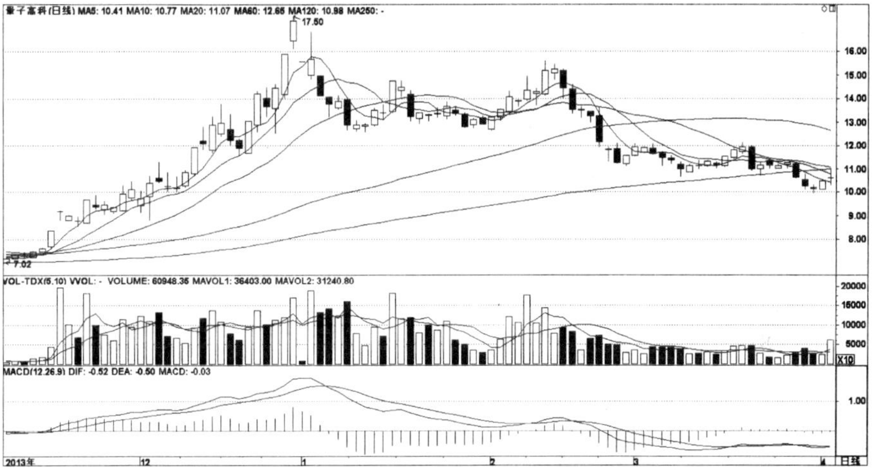

图 5—12　量子高科 2013—2014 年日线图

例二：雷柏科技（图 5—13）。

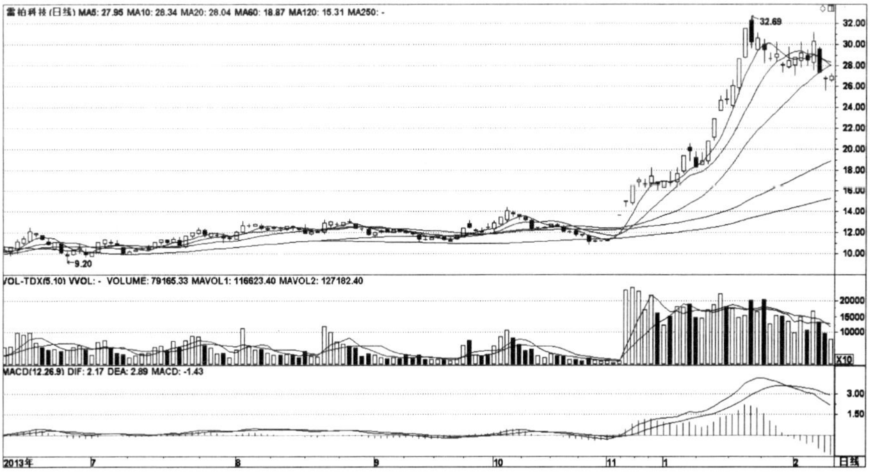

图 5—13　雷柏科技 2013—2014 年日线图

四是底部突然放大量型。一只股票突然因为利好或者重组等其他原因在底部放量拉升，换手率明显高于其他时段且持续好几个交易日，这只股票值得高度关注。如果有实质利好或市场认同的题材热点可以及时介入。

例一：东方国信（图5—14）。

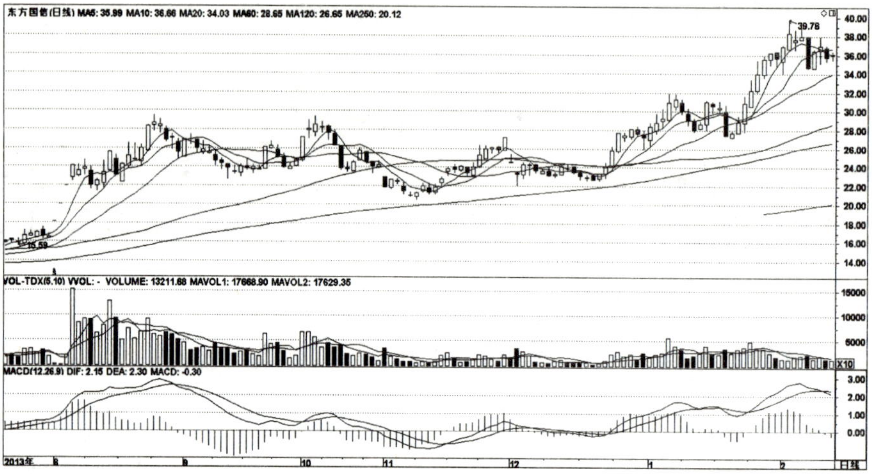

图5—14　东方国信2013—2014年日线图

例二：晋西车轴（图5—15）。

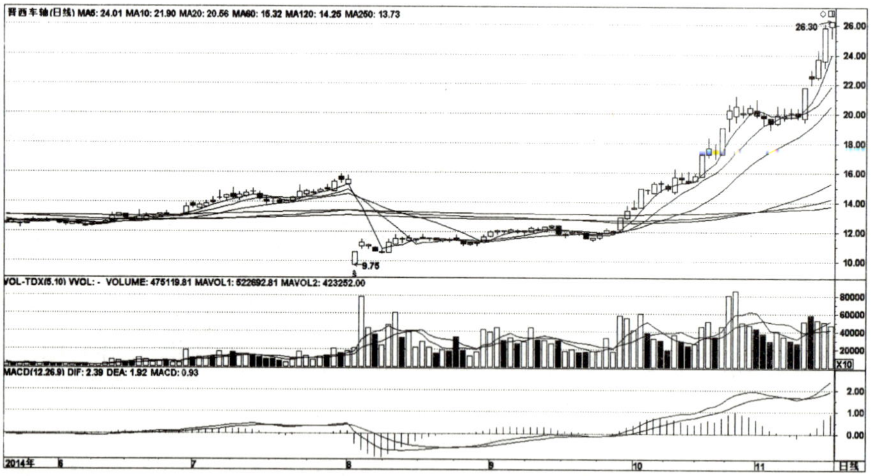

图5—15　晋西车轴2014年日线图

五是底部不规则放量型。这种股票在底部不时出现单日放量大阳线，多次出现后在均线开始金叉时可以介入。

例如：明牌珠宝（图 5—16）。

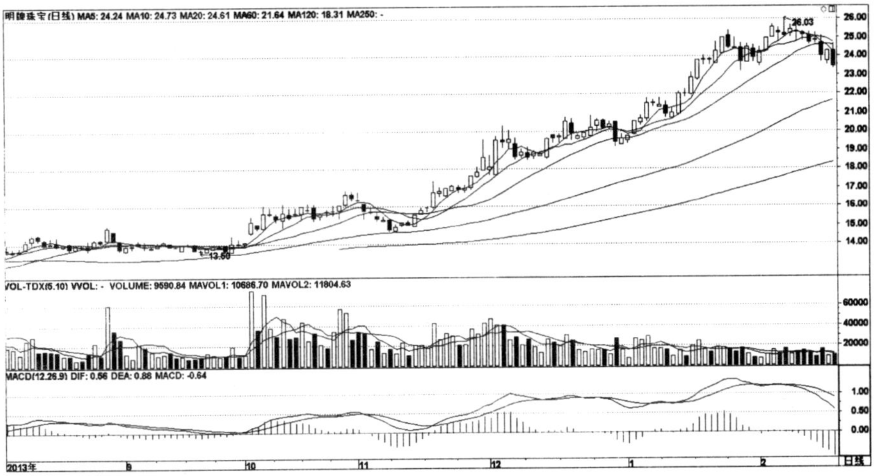

图 5—16　明牌珠宝 2013—2014 年日线图

六是高位除权放量型。这种股票在高送转前有大幅拉升，除权后出现比拉升时有更大的量放出，对此类股票操作时应谨慎，原则上散户不宜介入。

例如：华谊兄弟（图 5—17）。

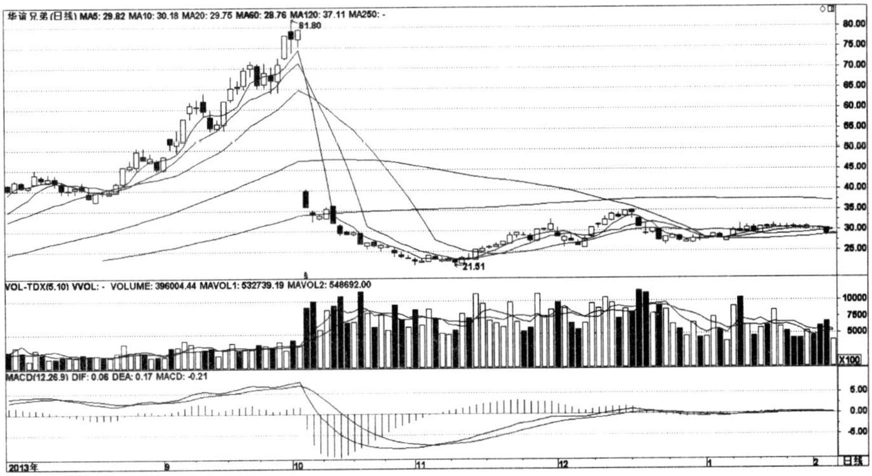

图 5—17　华谊兄弟 2013—2014 年日线图

七是低位除权放量型。这种股票在高送转前拉升幅度不大，成交量不大，在除权后突然出现放量拉升，值得高度关注，很多都有慎权行情。

例如：鹏欣资源（图 5—18）。

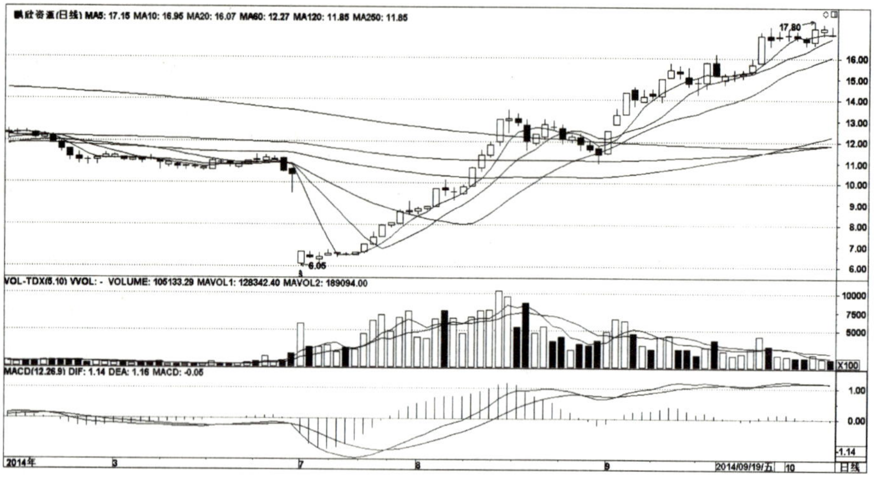

图 5—18　鹏欣资源 2014 年日线图

四、从涨跌幅榜中看热点

一些散户喜欢追涨杀跌，做短线，赚快钱，这是风险很大的活，它需要设好止损、止盈点，不能恋战，特别要遵守纪律，不能短线做成长线。

那么，如何通过盘面来发现短线热点呢？有以下几个办法。

一是从行情软件的综合排名中去找。打开交易软件的综合排名，里面有今日涨跌幅榜，5 分钟涨跌幅榜、振幅榜、量比榜、委比前后榜、成交总金额榜。剔除当日上市的新股，从涨幅榜和量比排名里面找相同的股票，只有涨幅与量比都进入前列的个股才有可能是热点个股，因为能进入这两个排行榜的股票是价涨量增的股票，其上涨就有持续性。如果因为新股上市或别的什么原因，综合排名里找不到两者相同的，就直接把涨幅榜与量比榜对比找就可以找到，当然找到目标股票后还要看日 K 线图中的价位，均线情况，如果是底部刚刚启动的密切关注，若已涨过一大段，或股价处于高位就放弃。

例如：陕西煤业（图 5—19）分别在 2014 年 5 月 12 日、7 月 28 日、9 月

24日多次在综合排名涨幅榜、量比榜两个榜同时出现，后面果然出现一波行情。

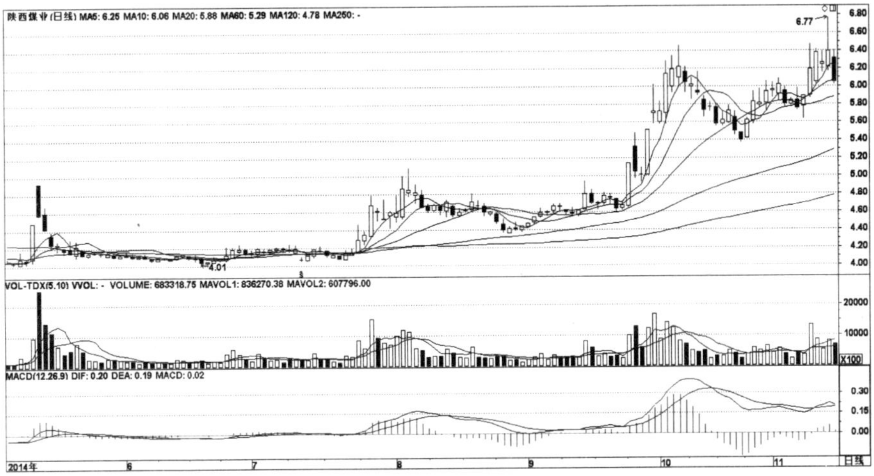

图5—19　陕西煤业2014年日线图

二是从个股涨跌幅榜中去寻找。一般可对涨幅榜前两版的股票K线图进行逐一分析，发现属于底部温和放量并启动拉大阳线的个股纳入关注对象，对涨幅榜后两版的股票（也就是跌幅排前）进行K线分析，如果属于低位底部启动，缩量回调的可以关注。

三是从板块涨幅榜中去寻找。通过股票分析软件，点击板块排行，从中可以发现每天的领涨板块，同时点击板块指数K线图，如果属低位、底部金叉的，就再点击领涨板块里面的个股进行分析，看有没有底部温和放量涨幅滞后的，如果该板块有持续上涨潜力的话，涨幅滞后的一定有补涨机会，值得短线关注与介入。

如2014年1月20日，我们发现当日大盘下跌时在板块涨幅榜中彩票概念板块涨幅超过3%以上。其中高鸿股份（图5—20）前期有过拉升，当日却冲高回落、涨幅不大，没有到板块平均涨幅，而且又属北京概念股，股本不大，有炒作可能，于是试探性在收盘前不到11元的位置买了一些，后来此股果然从第二天开始补涨，不致10个交易日上涨近50%，作为短线炒作，有足够的获利了结空间。

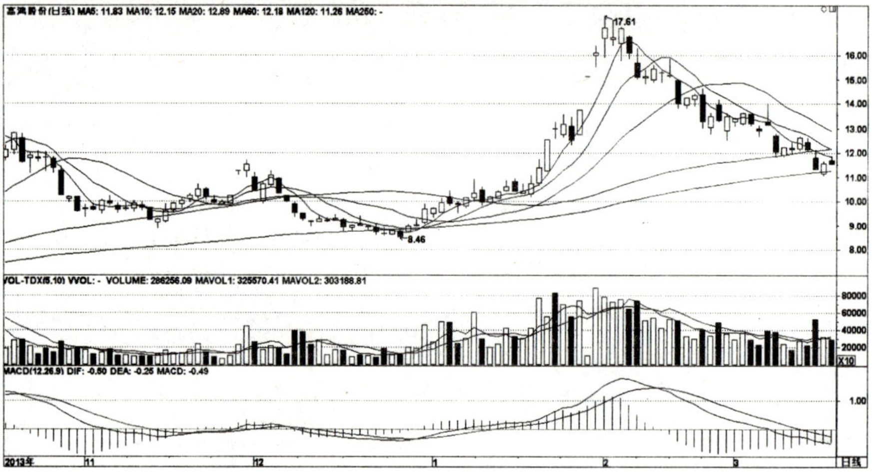

图 5—20　高鸿股份 2014 年 1 月日线图

五、从逆势涨跌和异动中看黑马庄股

机构、大资金、庄家要做一只股票，不可能悄无声息、波澜不惊，总会在盘面上留下蛛丝马迹，有些甚至会表现出明显的异动。如价格走势上的跳空开盘、拉（杀）尾盘、盘中钓鱼线走势、盘中突然大单拉高（杀低）甚至涨停（跌停）再回归原走势等；还如盘中成交量突然放天量，或者不断有大单成交，还有在委买、委卖上挂大单几十万股，上百万股的，甚至在委买、委卖五档单上挂“1111”“2222”“3333”“4444”……“8888”“9999”“188”“288”“388”……“888”“988”等之类的特殊数字。但对普通散户而言，没有时间与功夫时时刻刻盯着大盘，找黑马庄股从盘面的角度只能从下述几个方面去把握。

（一）关注大盘横盘或者下跌时上涨的强势股

很多散户说，在股市最难操作的是选股，最不会的也是选股。其实，只要你不急于建仓，先观察一段时间，你就会发现，选股不见得就是很难的事。怎么选？除了我们前面介绍的，还有就是观察盘面，盘面几千个股票，怎么看？方法也简单，有句俗话说“沧海横流方显英雄本色”，在大盘下跌尤其是大跌的时候，还能不跌甚至是上涨保持强势的股票值得好好关注，因为大盘大跌的时候，能够逆势而动的只有大资金，只有看好后市，只有对个股动向有全面了解的才敢这样操作。散户在实际操作中可把那些少数逆势上涨的股票日 K 线图逐一分析，处于高位的剔除，处于低位底部的纳入自选股范围，经过一段时间跟踪发现如果有底部逐步抬高、温和放量且均线向上金叉的就陆续建仓，跟着庄家机构一起发财。

例如：内蒙君正（图 5—21），2013 年 6 月 24 日，沪深股市暴跌，沪市大盘跌幅达 5.3%，可在这种情况下，该股成为两市逆势涨停的个股，分析日 K 线发现刚好处于底部放量阶段。因此是个值得关注的好股，该股此后一路走牛，从 6 月 24 日的收盘 7.24 元最高涨到 16.34 元。同日涨停的其他五只个股长江投资（600119）、日发精机（0025207）、金飞达（002239）、长青集团（002616）、欧比特（300053）日后都有好的行情。

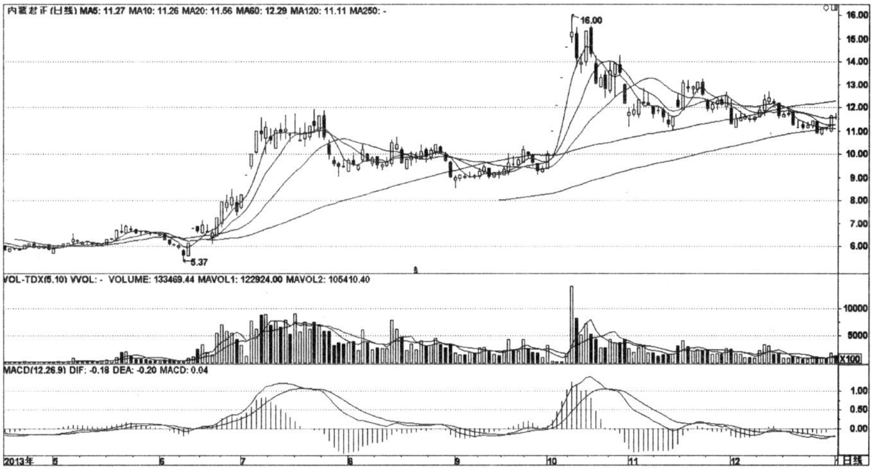

图 5—21 内蒙君正 2013 年日线图

（二）关注大盘横盘或上涨时下跌的弱势股

一只股票与大盘走势相悖，不是自身出问题，就是有人故意操控。如果大盘上涨，尤其大涨时，你手中的股票不涨反而下跌，特别是放量下跌，你就要高度警惕了。如果这只股票已涨了很多，甚至涨幅数倍以上。那你就要毫不犹豫地落袋为安，保存胜利果实。如果该股票处于低位、底部，基本面又没有什么问题，那就要分析它为什么不跟随大盘上涨，看看分时图是不是有故意打压的痕迹，如果是就把它列为关注对象，捕捉它补涨的机会，甚至可能成为大牛股、大黑马的机会。不过，由于现在股市大盘指数因为指标股的影响与股指期货的影响，常常在震荡市里引发跷跷板效应，大盘指数涨、指标股涨，小盘股反而回调，这方面的参考值就越来越不大了。笔者 2000 年初曾买过一只股票叫川金路（图 5—22），也就是现在的金路集团。当时大盘开始涨时它一直在底部徘徊，很多股票涨了一大截，它还在慢悠悠的，我也是受不住别的股票诱惑，6 元多买的，7 元多就抛掉换成别的股票。后来这只股票成为 2000—2001 年的大牛股，在大盘下跌的情况下，2001 年 6 月涨到 23 元多，自己换的任何一只股票都没它牛。

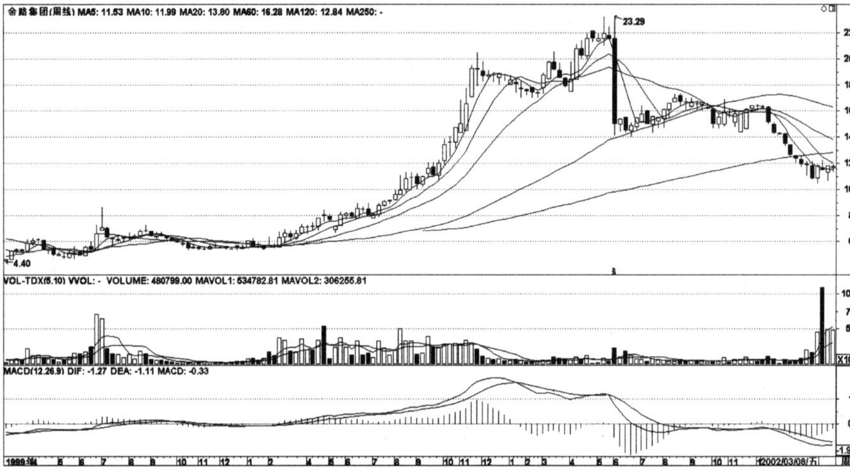

图 5—22　金路集团 1999—2002 年周线图

（三）关注个股出现利好（空），放量不涨（跌）的股票

一般而言，股票遇利好上涨，遇利空下跌。可有些股票就不一定这样，它们可能遇利好反而下跌，认为利好出尽是利空，遇利空不跌反而上涨，或者只跌一两天就收复失地逐步上涨，把利空当利好炒。这就要求我们认真分析利好利空对股价的影响程度、关联度到底高不高，不高就正常，高就不正常；还要分析前期股价变动情况是不是已经提前消化了利好、利空，如利好公布前股票价格已涨了一大截，利空出来前股价已跌了很长时间，这样的走势也算正常。散户特别要关注那种价格处于低位、底部，遇重大利空不跌反涨的股票，很可能是大资金、庄家借机收集筹码，未来的大黑马也许就此起

步了。

例如：湖北金环（图 5—23），该公司 2009 年 2 月 27 日预告巨亏 1.6 亿元—1.7 亿元。当日出现最低点 3.31 元也成为日后的最低点，三天后该股就起步上涨，到 2009 年 8 月 3 日最高上涨到 14.8 元，涨了近 4 倍。

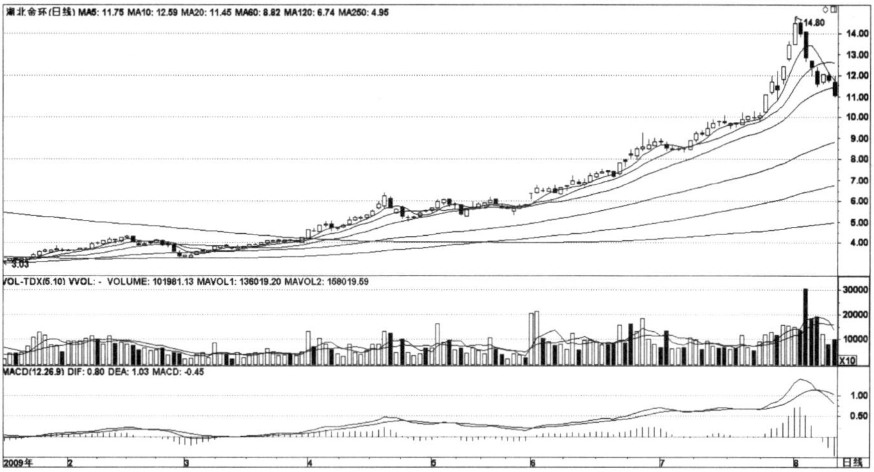

图 5—23　湖北金环 2009 年日线图

（四）关注盘口上显示买盘量稀小（巨大），卖盘量特大（稀小），股价不跌（涨）的涨（跌）的股票

散户日常观察股票交易，按正常逻辑，上涨的股票应该是买盘大于卖盘（委比越大，买方力量越强），下跌的股票是卖盘大于买盘（委比越小，卖方力量越强）。然而在实际交易过程中，可能常常出现散户能够观察到的盘口表现为，卖一到卖五有巨量卖单压盘，多为三位数、四位数甚至五位数，而买一至买五却挂单稀少，大多为个位数或十位数，给人以泰山压顶之感，似乎此股卖压非常沉重，大跌就在眼前。实际交易结果却没有大跌、下跌甚至可能还上涨，遇到这种情况，只能说明这些卖盘是主力庄家拿出来吓走散户的，尤其大单挂在卖二到卖五的，更是本意不在卖股票。如果股价处在底部或上涨不多，洗盘的可能性比较大，此时散户不必恐慌，冷眼旁观，任庄家去折腾，说不定主力撤了卖单以后，会迎来一马平川的大涨。与之相反的情况是，买单很强，卖单稀少，但股价就是不涨甚至下跌，此时散户就要注意了，如果你有这支股票，价格上涨不少又处于高位，可以获利了结，如果你

手里没有，一般也不要被虚假的买单所迷惑，傻乎乎冲进去给别人接单举杠铃。

例如：2014 年 2 月 24 日，天津磁卡（图 5－24）多次出现卖一至卖五大单，买盘稀少情况。

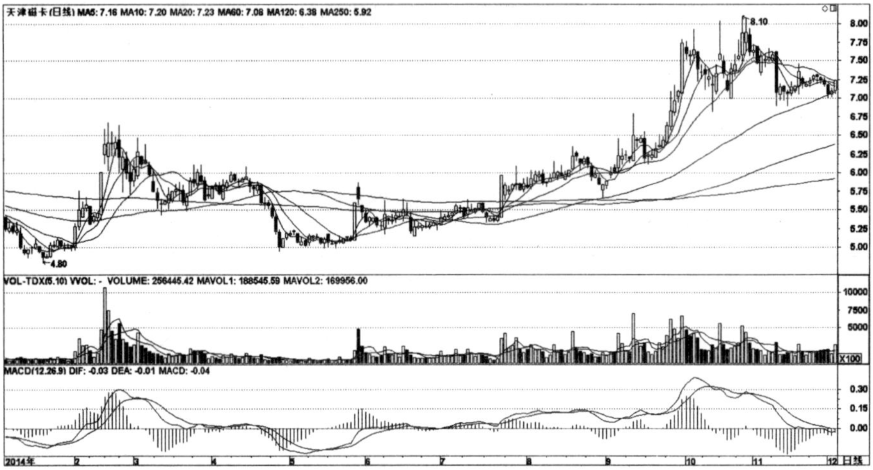

图 5－24　天津磁卡 2014 年日线图

六、从盘面一些常用指标中看市场

作为普通投资者，除了掌握上述一些特殊的盘面现象之外，还应该了解那些常用指标和看盘方法，主要包括：

是从大盘分时走势了解涨跌强弱与带动指数上涨的主要力量。首先是通过点击股票软件的 F3 与 F4 观察沪、深指数的分时走势，分时图上有一根黄线、一根白线，白色走势曲线即证交所当时公布的即时大盘实际指数，它是考虑不同股本加权计算出来的加权指数。黄色走势曲线，是不考虑股票盘子大小，将所有股票对指数的影响看作相同而计算出来的大盘指数。显然，在白色走势曲线中，大盘股占有的权重大，其涨跌对指数影响也大。因此，当大盘指数上涨时，黄线在白线之上，表示小盘股（包括流通盘小的）的涨幅较大，反之，黄线在白线之下，说明小盘股涨幅落后大盘股；同样，当大盘指数下跌时，黄线在白线之上，表示小盘股跌幅小于大盘股，如果黄线在白线之下，说明小盘股跌得比大盘股厉害。散户关注两条指数线的主要目的在于弄清楚影响市场涨跌的主要动力在哪里。其次，通过点击股票软件的 F3 和 F4，观察大盘分时走势图右边的涨跌家数，看上涨的家数与下跌家数哪边的数量多，可以了解是指数行情还是个股行情，如果指数涨而下跌家数多于上涨家数，说明这个上涨有问题，是指数虚涨，应尽可能减少跟风操作。如果指数跌而上涨家数多于下跌家数，则可能是大盘指标股在跌，其他个股在做结构性行情，值得关注。

二是从 MACD 了解个股强弱与背离情况。MACD 指标是主要用于对大势及个股中长期趋势进行判断的重要指标，里面解析非常复杂，普通散户只需把握以下几点：

（1）MACD 两个指标 DIF 与 DEA 在由低位负值走到 0 轴正值以上，下次死叉没有再破 0 轴以下，如果股价处于底部区域，该股值得高度关注，尤其在 0 轴线上的白线 DIF 再次上穿黄线 DEA 发生金叉，即 MACD 在低位发生第二次金叉，是强烈准确的买入信号。股价进入多头市场，只要两线运行一直在 0 轴线上方，股价处在牛市趋势运行中，散户投资者便可以持股为主。

（2）如果 MACD 两个指标 DIF 与 DEA 由高位正值下穿 0 轴线全部变为负值，下一次金叉向上又在 0 轴附近回落，没能站上正值，该股值得高度警惕，尤其第二次在 0 轴线下出现 DIF 白线下穿 DEA 黄线出现死叉，是强烈是卖出信号，如果该股是在高位或者高位盘整，散户投资者可出局观望。

（3）如果股价不断创新高，MACD 指标 DIF 与 DEA 不是同步上升，而是逐波下降，越来越低，或者股价在横盘，DIF 与 DEA 越来越低，则意味着股价与 MACD 技术指标出现了顶背离，预示着股价将下跌，持有此股的散户投资者值得当心，一旦死叉向下，可以先减仓或出货观望。如果两次死叉则大跌可能性大。反之，如果股价不断创新低，DIF 与 DEA 不再创新低，或者股价在低位横盘，DIF 与 DEA 抬高，这就意味着这类股票的股价与 MACD 技术指标出现了底背离，预示股价即将上涨，值得关注，一旦向上特别是穿过 0 轴发生金叉，尤其是两次出现金叉，可能是买入的好机会，股价有可能大涨。

三是从 BOLL 布林线了解股价运行态势。布林线（BOLL）由黄线（上轨、压力线）、白线（中轨、平均线）、紫色（下轨、支撑线）三条通道组成。散户可以通过观察K线在布林线通道中的运行情况，研判未来走势。如果布林线开口向上后，K线始终运行在布林线的中轨上方，说明市场处在一个中长期上升通道之中，持股为主；如果布林线开口向下后，K线一直运行在中轨下方，说明市场在走下降通道，空仓为主。当K线突然带量向上突破布林线上轨，出现开口型喇叭口特殊形态时，预示着多头力量增强，股价将转势上涨，股价越在底部，盘整时间越久，可靠性越大；反之，当股价K线经过一段时间整理突然跌破布林线下轨，形成一个缩口型喇叭口特殊形态时，预示着空头力量增强，股价可能转势向下，如果股价在高位，盘整时间越久，可靠性越大。

四是其他一些指标。这包括KDJ短线随机指标，OBV能量潮指标等，普通散户可以慢慢学习摸索，但不宜作为主要考虑对象，不结合其他指标不好操作。散户做短线，找买卖对象的时候还可以看大盘的5分钟涨跌榜。追逐期间正在快速拉升的股票。如果有条件的散户买了收费的专业软件，里面不仅有10档买卖盘揭示，还包括每档买卖单里面的委单数量，从中可以发现大单交易的情况，如果委托单里面常有大单，而且实实在在成交了，没有撤单，这样的股票就值得我们跟踪注意。

第六章 "无事不登三宝殿"，学会分析信息，做理性投资者

在股市投资尤其是股市价值投资中，有三个核心因素必须引起投资者的关注。一是股票的成长性，它决定着股票上涨的幅度与时间长短，一般而言，成长性越突出、越持久，股票就越值得长期投资。二是股票的估值即价格，也就是人们常说的安全边际，因为再好的股票，如果价格高高在上，价格高估也会失去投资价值，只有投资到那些价值低估的成长股，才能获得超额的投资收益。三是事件的催化剂，也就是因为某个信息、消息、事件而催化股票价格出现明显的变化，它既可能是持续上涨或加速上涨，也可能是持续下跌或加速下跌。投资者一个非常重要的工作就是对这些消息、信息、事件进行评估，通过去伪存真、披沙拣金，发现有价值的投资线索。股市与政治、经济、社会生活戚戚相关，大到国家政策、小到公司高管个人行为偏好甚至人员变动、调整，都可能影响上市公司未来的盈利预期，进而驱动股价走势发生变化。然而，市场消息五花八门，既海量化又变化快，谁会影响股价变化谁不会影响股价变化很难界定，就是一些信息明知可能会影响市场，但影响时间与幅度也很难计算。人们经常碰到的可能大多是信息催化的一日游行情，基本不具备操作价值，如果你忍不住追进买入，极有可能接棒场内出局筹码替他们站岗放哨。因此，如何从纷繁复杂的大量信息中找出对股价有影响的投资信息，就是我们本章要分析的内容。

一、炒股要听党的话，从政策中找红利

"戴花要戴大红花，炒股要听党的话"，这是股市里面非常流行的一句

话，其意思很简单，就是做股票一定要看清政策风向标、跟着政策走。

中国股市由于政策市的特征比较突出，常常一项政策、一条信息、一篇文章甚至领导一个讲话，都可能给股市造成巨大冲击，或者营造一个炒作热点。老股民或许还记得，1996 年当沪深股市疯涨的时候，管理层从当年 10 月份开始，连续一口气发布了“十二道金牌”，限制股市的投机行为，在这些还不能阻止人们疯狂炒作的时候，1996 年 12 月 16 日《人民日报》发表了《正确认识当前股票市场》的特约评论员文章，直接打压股市。结果当日股市大幅度跳空低开，很多股票都收在跌停板上，让不听政策调控的股民损失惨重。同样的情况还出现在 10 年后的 2007 年，当上海股指疯涨到快 6000 点的时候，管理层也多次提醒风险，且在 2007 年 4 月 29 日深夜出台了被称为“半夜鸡叫”的提高股市交易印花税率的决定，有些股民依然无所畏惧，在把上海股指推升到创纪录的 6124 点。不久便迎来了中国股市多年的大熊市，股指在一年后下跌到 1664 点，其下跌的惨烈程度为中国股市开市以来之最。由于许多股民特别是散户迷信股市会上 10000 点，在 6000 点以上追高买进，至今尚未解套。

然而，各类政策名目繁多、变化也快，哪一项会影响、哪一项不会影响；哪些影响大、哪些影响久，实在难以精确把握。在实际操作中，我们必须综合多方面考虑，重点关注下述几个方面。

一是政策与股市的相关性大不大？这是寻找政策红利的核心。由于股市与经济环境紧密相关，每一项政策的出台，或多或少都会影响经济，进而直接或间接影响股市。那么，在这些政策中，哪些会对股市影响大，能成为催化股市行情变化的重要驱动性事件呢？从过往的实践来看有这么几类：

第一类是直接作用于股市的资本市场制度创新政策。它包括发行制度、交易制度、衍生产品创新、监管制度、退市制度、国际化进程等多方面。从 1990 年 12 月上交所开业至今，中国资本市场尤其是股票市场风雨兼程，期间起伏跌宕可谓惊心动魄，这里面最大的诱发因素是政策的变化和制度的改革。如沪市 1994 年 7 月当指数从 1993 年 2 月的高点 1558 点跌到 325 点后，国家出台三大政策救市，导致 7 月、8 月最高大涨到 1052 点，两个月翻了两倍，随后震荡上行，管理层出手给股市降温，1995 年 1 月开始推行交易 T+1 制度，1996 年 12 月开始实行 10%的涨跌幅限制，尔后股市慢慢盘整向下，1999 年 5 月比 1998 年 6 月两市股指下跌了 25%，不少股票和基金跌破发行价。管理层又开始暖风频吹，出台了包括改革股票发行体制、逐步解决证券公司合法融资渠道、保险资金入市、允许合规的证券公司发债、扩大投资基金试点、颁布实施《证券法》等六大活跃股市的政策，迎来了"5·19"行情。1999年6月15日《人民日报》又发评论员文章《坚定信心规范发展》，肯定行情的"恢复性"上涨性质，使得沪指从1999年5月19日的最低点1057点起涨，31个交易日就创出1756点新高，大盘上涨近70%，并持续上涨到2001年6月攀上2245点。随后股市经历了长达四年多的熊市，到2005年6月沪指跌破千点到998点，其间虽然有2001年9月发行开放式基金、2002年11月启动QFII，2004年1月出台"国九条"，2004年5月开设中小板市场等政策利好，但大多只带来了股市短期波动，走熊的趋势一直延续到2005年4月正式启动股权分置改革，中国股市才迎来一波波澜壮阔的大行情，沪指从2005年6月的1000点左右一路涨到2007年10月最高的6124点。这以后，股市一蹶不振，不仅一年后的2008年10月，沪指回到1664点，而且在2008年10月开通融资融券试点，2009年10月开设创业板，2010年4月开设股指期货交易，2013年推行新股发行制度改革，2014年开展优先股、沪港通试点，探索新股发行注册制度等一系列改革创新环境下，我们的A股主板还处在长达6年的盘局之中。

上述资本市场本身政策变化中，有些对股市影响是临时的、短暂的，如证券交易印花税的调整，T+0与T+1制度的变换等。有些对股市走势的影响是根本性的、长远的，如股权分置改革、新股发行注册制改革、股指期货的推出、融资融券的试行等。它们有些改变了股市的结构，如股权分置改革后全流通时代的来临，让股市流通市值一下子膨胀到初期无法想象的规模，这也是股市分置改革后市场由大牛变成大熊、长熊的重要原因。它们有些改变了交易模式，如股指期货、融资融券的推出，彻底改变证券市场推出初期只有做多才能挣钱的单一思路，让散户与机构、大资金处在更加不平等、不公平的利益博弈环境下。正因为此，我一直建议身边的散户朋友少碰股指期货与融资融券标的股票。它们有些丰富了交易投资的品种与渠道，如中小板、创业板的推出，让新入市的股民可以不再为过去主板的疯狂和不规范买单。

总之，当股市出现严重危机或过于偏离正常轨道，市场本身已经疯狂或失效时，监管层发表社论向市场表达意图，出台一定政策和措施向市场传递政策信号，甚至直接“出手”干预指数托市、救市、压市。散户就必须认真分析政策影响力、及时调整操作思路，顺着管理层及政策的意图而为，绝不能与政府的政策悖逆而行。

第二类是间接影响股市的重大财政金融政策。这主要是包括扩大投资的扩张性财政政策与重大货币政策的调整。一般而言，财税政策、货币政策对股市的影响呈正相关变化，即扩张性财政政策与货币政策有助于股市的上涨与活跃，紧缩的财政、货币政策制约股市的上涨与活跃。两者都直接影响进入股市的资金量，直接影响上市公司的外部经营环境，进而影响赢利水平。由于财政、货币政策工具繁多，如货币政策工具就包括利率、汇率、准备金率、债券贴现率、货币回笼与投放等多种，散户没有可能也没有必要一一把握，一一关注，只需了解大的信息就可以了。高度重视那些足以扭转趋势、改变经济走势的重大政策，如 2008 年 11 月，国家为克服国际金融危机对我国经济的影响，防止经济出现大起大落的波动，推出了 4 万亿投资计划以及一系列扩大内需的刺激措施，无论现在看这项政策的对错如何，但当时股市也因此受益，沪指从 11 月最低的 1678 点反弹到 2009 年 8 月的 3478 点。

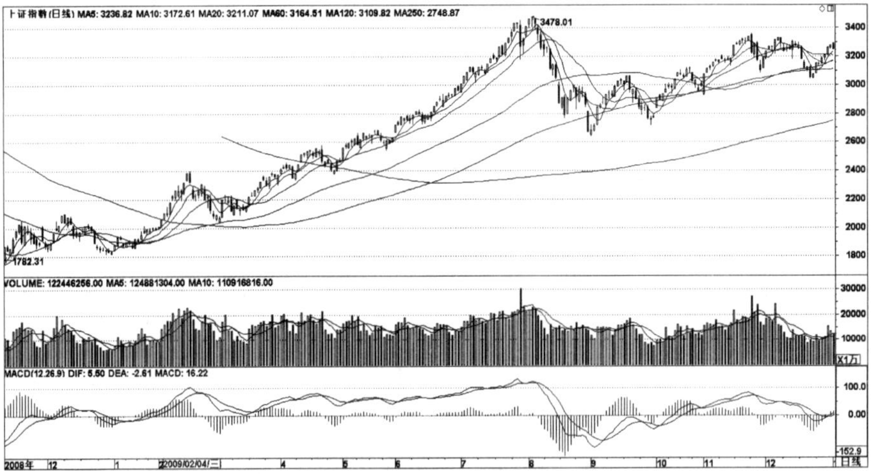

图 6—1　上证指数 2008—2009 年日线图

第三类是国家出台的可能对某一行业、区域经济产生重大影响的改革和政策。这是最容易诱发短期热点或改变一个行业、地区股票走势的催化因素。如 2013 年上海自贸区的改革带来的自贸区概念行情，上海许多与之沾边的本地个股都得到了爆炒，时间跨度一个多月，翻倍个股不胜枚举。由此，还引发了一股涉及天津、厦门、广东等地的自贸区概念热，相关地域股票被追捧。还如，从 2009 年 12 月出台的房地产调控"国九条"算起，国家一系列房地产调控政策使得房地产板块股价逐级下调，连续四年走熊，房地产股价指数也从 5000 多点的高位跌到 2800 多点，几乎腰斩。龙头万科（000002）的股价也从近 15 元跌到 6 元多。又如国家将福建海西经济区、平潭综合实验开发保税区的建设上升到国家战略，带动了平潭发展（图 6—2）、漳州发展（000753）等一批福建概念股票的走牛。

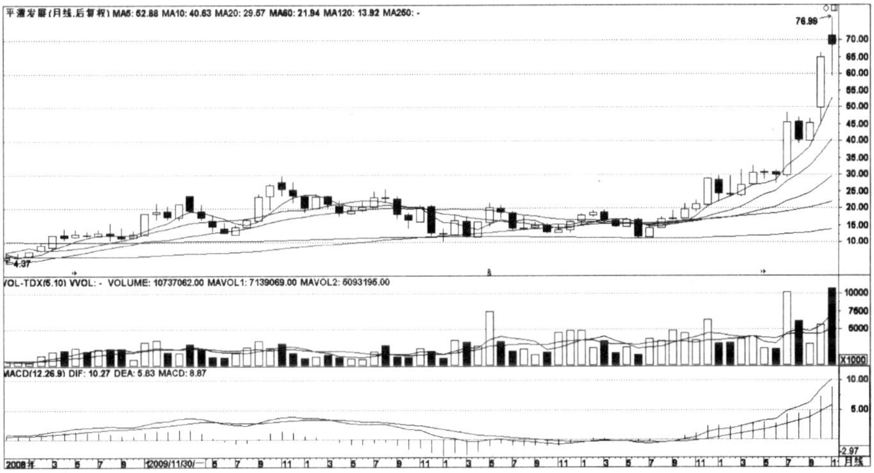

图 6—2　平潭发展 2009—2014 年周线图

第四类是具体的行业规划、振兴政策、发展意见等。它对相关行业热点的形成产生催化作用。如 2003 年国务院文件正式明确"房地产"业为"支柱产业"以后，不仅带来了房地产业的空前繁荣，带来了房价的大幅上涨，也引发了股市房地产股票的暴涨。2005—2007 年那波大牛市中，房地产龙头股涨幅惊人，如金地集团（图 6—3）的股价就从 2005 年 6 月最低的 3.7 元涨到 2007 年 11 月最高的 73.5 元，两年多涨了 20 多倍。招商地产（000024）也从最低的 6.3 元涨到 102.98 元，老龙头万科（000002）也从最低的 3.12 元涨到最高 40.78 元。2010 年国务院颁发了《关于加快培育和发展战略性新兴产业的决定》（国发［2010］32 号），明确了国家重点培育和发展节能环保、新一代信息技术、生物、高端装备制造、新能源、新材料、新能源汽车等产业，提出了到2020年要让节能环保、新一代信息技术、生物、高端装备制造产业成为国家经济的“支柱产业”，让“新能源、新材料、新能源汽车产业”成为国民经济的“先导产业”，由此带来了股市长达多年的以炒这几个板块为重点的结构性行情。如节能环保领域的代表桑德环境（图6—4）、碧水源（300070）、永清环保（300187）等。

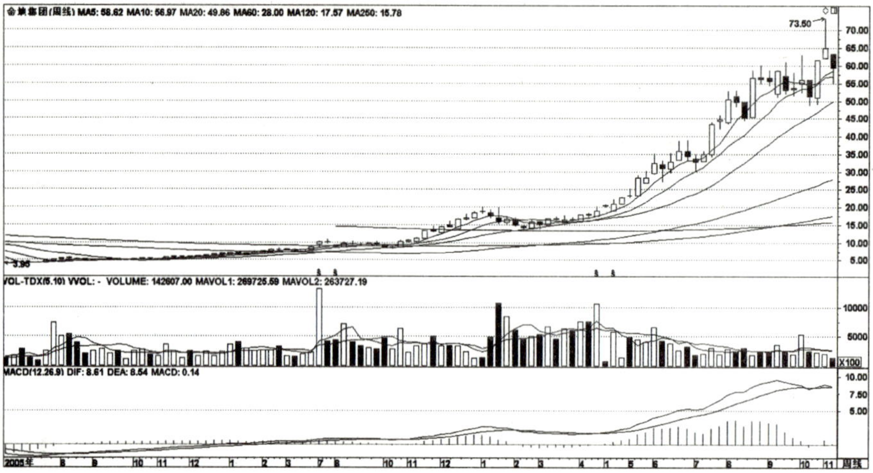

图6—3　金地集团2005—2007年周线图

图6—4　桑德环境2007—2014年周线复权图

新一代信息技术里面的数字政通（图6—5），大华股份（002236），中国软件（6000536）等。

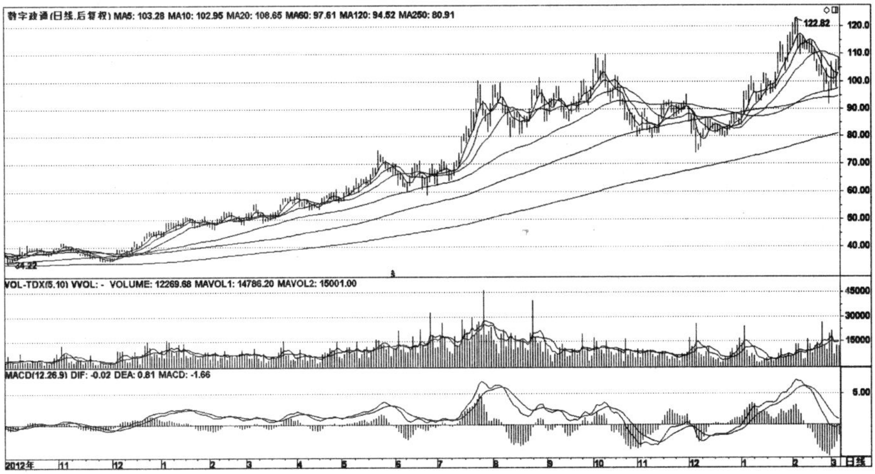

图 6—5　数字政通 2012—2014 年日线复权图

生物产业里面的长春高新（图6—6）、中源协和（600645）、冠昊生物（300238）等。

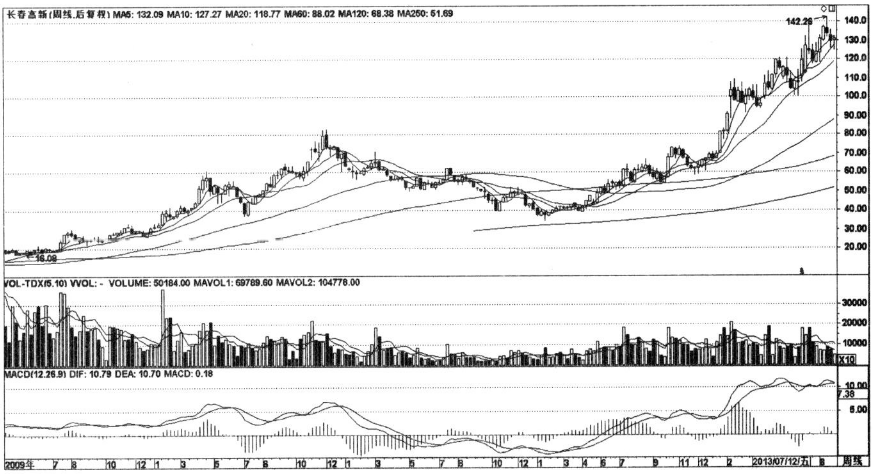

图 6—6　长春高新 2009—2013 周线复权图

高端装备制造产业方面的许继电气（图 6—7），机器人（300024）等。

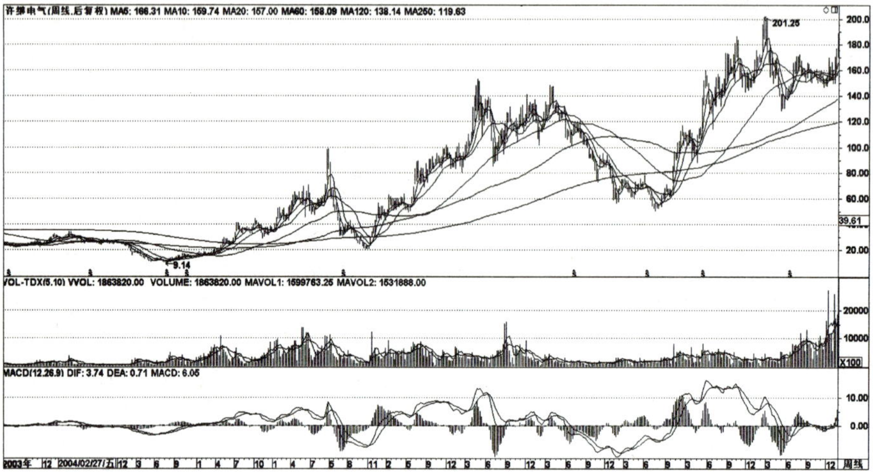

图 6—7　许继电气 2004—2014 年周线复权图

新能源产业方面的森源电气（图 6—8）、上海普天（600680）、中核科技（000777）等。

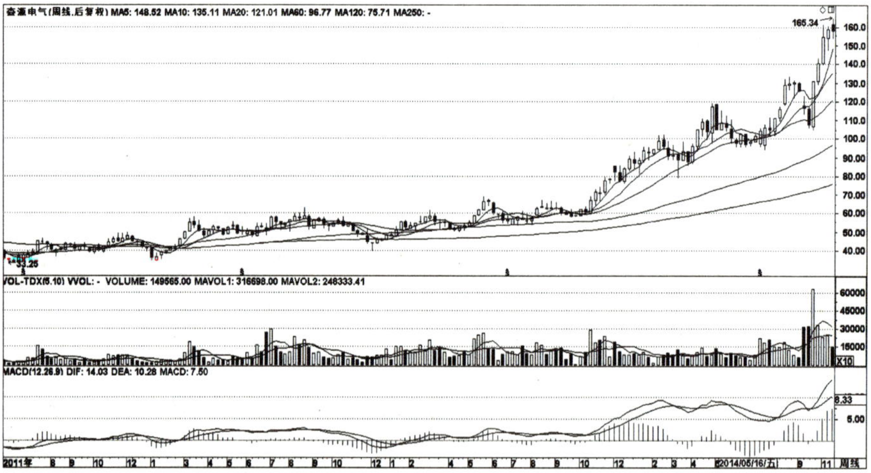

图 6—8　森源电气 2011—2014 年周线复权图

新材料产业方面的厦门钨业（图 6—9）、南大光电（300346）、包钢稀土（600111）等。

新能源汽车产业方面的欣旺达（图 6—10），比亚迪（002594）等。

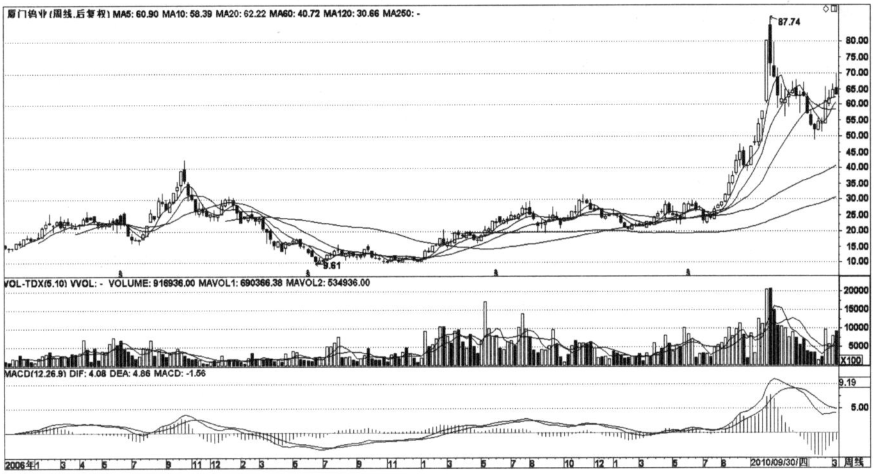

图 6—9　厦门钨业 2006—2010 年周线复权图

图 6—10　欣旺达 2012—2014 周线复权图

除了产业振兴政策之外，国家还会出台一些地区振兴政策，如加快沿海、沿江开发、振兴东北等老工业基地、加快中西部地区发展、建设海南旅游岛等，引发业界戏称的"炒地图"行情。炒地图行情要突出核心诱发因素，即以国家已经明确或者最有可能成功取得国家支持的地方为重点、为中心，选择其间龙头股进行投资。再沿着此思路扩散到其他地域进行寻宝的概念炒作，有个效应递减规律，只适用于埋伏与短炒、快进快出、不宜恋战。如 2013 年自贸区概念行情的炒作，先是从"上海自贸区"开始爆发的，随着

“上海自贸区”概念股的连续暴涨，引发其他地方申报自贸区概念的想象，于是围绕“自贸区”概念炒地图就开始疯狂，天津、重庆、广东、厦门等地的相关概念股跟风时而异动。2014 年初，国资改革概念也从上海开始炒作，随着各地国有企业改革方案的出台，广东、北京、天津、湖南、重庆、山东、海南、广西等的地方国资改革概念相继表现抢眼。不过 2014 年地域炒作最为引人注目的因为国家推进京津冀一体化而引发的京津冀板块炒作，其龙头廊坊发展（图 6—11）在短短的两个月中股价从最低的 4.55 元涨到 13.88 元，宝硕股份（600155）也从 2013 年年中最低的 2.71 元炒到 2014 年 3 月的 10.19 元。值得指出的是，炒地图行情一般是游资主导，他们大多炒一把就走，不会久留，普通散户没有把握尽可能不要去追涨。

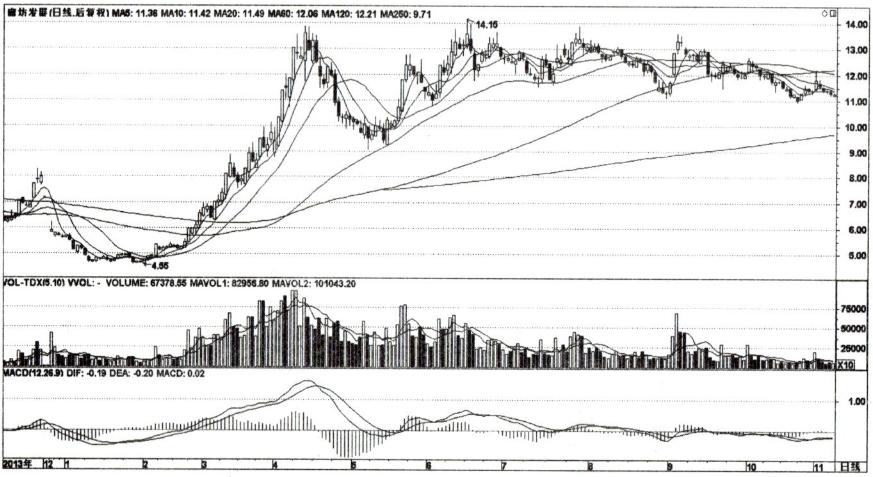

图 6—11　廊坊发展 2014 年日线复权图

第五类是对上市公司发展的微观规范政策调整。这既包括对企业内部技术规范，如对制药企业新板 GMP 标准（即《药品生产质量管理规范（2010 年修订）》的推行，使中国药企与世界卫生组织药品生产的 GMP 标准一致，加快了行业整合与国内药企国际化进程，也对所有医药企业的 GMP 改造形成压力，若不按时改造并申请认证过关，企业就有停产的危机。这就是 2014 年初很多药企公告其药品生产线获得新版 GMP 认证即引发涨停的重要原因。也有一些企业则因为没有通过新版 GMP 认证，被迫宣布停产等待，如紫光古汉（000590）、华神集团（000790）等。还包括国家政策对产品市场的限制引发消费不足或者替代品市场的兴起。如国家推行禁烟政策，使得电子烟这个替代新品市场逐步发展，相关股票迎来新的发展空间。其中亿纬理能（图 6—12）就是因为电子烟市场的扩大，成为 2013 年企业板的牛股之一。上海绿新（002565）也因为进入电子烟市场在 2013 年上涨了近一年。与此不同的，国家出台反"四风"，禁止公务接待活动中上高档酒，引发前些年的大牛股贵州茅台（600519）、山西汾酒（图 6—13）、张裕 A（000869）在 2013 年的大幅下跌。

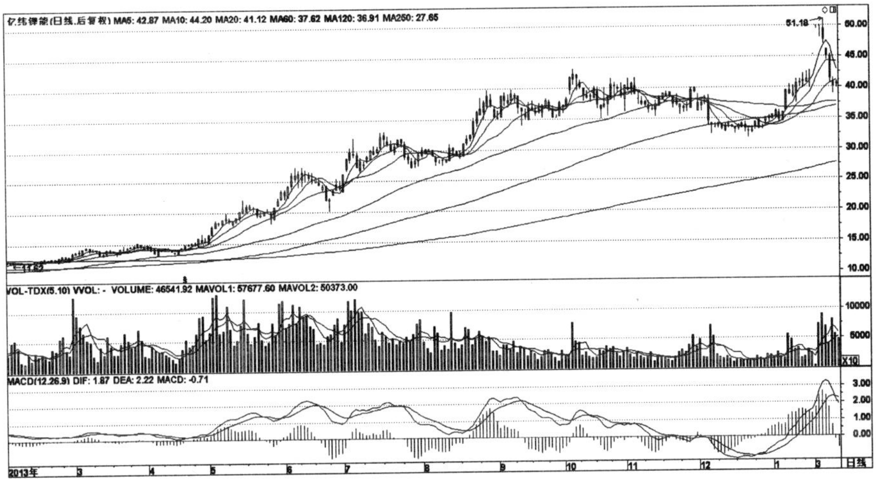

图 6—12　亿纬理能 2013 年日线复权图

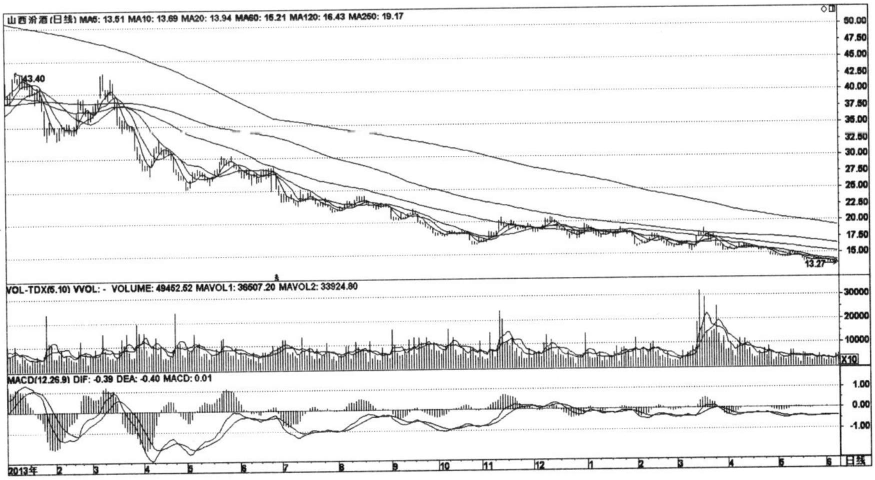

图 6—13　山西汾酒 2013—2014 年日线图

二是政策对股市的影响力长不长？这是发现政策红利能否进行操作的关键。有些政策对股市的影响是长期的，起初可能大家认识不清楚，久而久之，市场自然会体现出政策的威力来。如2005年开始进行的股权分置改革通过给流通股股东支付对价的方式让非流通股股东获得了流通权。起初大家把它当利好炒作，因为有3年宽限期，无故可以多得了一部分股票，何乐而不为呢？但当大家把股价、股指都炒高以后，就发现真正得好处的全是廉价的大小非股东，而且面临的就是他们疯狂、坚决的减持、退出大潮，由此导致股市长达数年的熊市。还如股指期货与融资融卷等股市衍生产品的推出，让机构大户与散户之间的交易环境更加不一样，能做股指期货和融资融券的理论上大盘上涨下跌都可以挣钱，而大多数散户则只有大盘上涨做多才能挣钱一条路。因此，有了股指期货，机构大户就不像散户那样在乎股市涨跌了。有些政策对股市影响是有期限的，如一些行业与地区的产业与发展振兴政策，在政策期内相关板块与概念可能会反复炒作，过了政策期，其板块效应也就不复存在。同样的情况还包括财政、货币政策，它随着国际国内经济形势的变化、国家政策的调整而对股市的影响也不断变化，投资者必须紧跟政策的风向标而不要做反了。还有些政策仅仅只对大盘与个股产生临时的短暂影响，不会改变其中长期趋势。比如有研究发现，证券交易印花税的调整，政策出台后的第一个交易日会显著改变股指走势，其税率提高，导致指数收益下降，税率下调，带来指数收益提高。但从超过30天或更长的时间来看，影响并不明显，股指在没有其他因素的影响下仍会回到原来的运行轨道，也就是说，单纯的印花税政策调控不会改变市场的基本运行趋势。类似情况还有一些享受高新技术政策的上市公司所得税率的调整，股票分红政策中的红利税政策的调整等。明白了政策影响的时效后，就可以在平时操作中遇到政策变化不冲动、不盲目、不随意跟风酿成大错。

三是政策创新的首位度高不高？这是决定政策红利能否值得深度挖掘参与的重点。中国股市向来有炒“新”、炒“第一次”、“第一家”的习惯。寻找政策红利也要记牢这个特点，必须特别抓住挖掘股市政策创新第一次出现的机会，积极参与那些从未做过或者与众不同的市场改革，这里面很可能有超额利润和暴利机会。如中小板、创业板第一批上市的股票都得到了爆炒。从个股看更为典型。如股改第一股三一重工（图6—14），2005年6月完成股改，尔后股价从最低的5元多一路涨到最高的70多元。第一只股改权证宝钢认购权证2005年8月挂牌，其上蹿下跳把中国证券市场的投机之风演绎得淋漓尽致。由上可见，在证券市场，普通投资者一定要支持创新、参与创新、在创新中寻找投资机会。

图6—14　三一重工2005—2007年周线图

四是朦胧期久不久？这是决定政策红利炒作时间长短的重要因素。股市里的很多炒作都是在朦胧状态下进行的，一旦相关资讯尘埃落实，炒作也就失去了意义。最典型的就是沪自贸区板块。2013年3月底，中央领导在上海考察时明确表示支持上海在浦东建设自由贸易试验区，以外高桥（600648）、华贸物流（603128）、上港集团（600018）为代表的相关概念股就开始温和放量，到2013年8月22日国务院正式批准在浦东设立自由贸易试验区，8月23日行情开始进入拉升阶段，到2013年9月29日自贸区管委会正式挂牌运作，其间短短一个月，相关概念股涨幅都是数以倍计，沪自贸区板块指数也从8月22日收盘的2158.51点涨到9月25日最高的3428.12点。但当自贸区9月29日正式挂牌运作以后，该板块则一路阴跌，半年多均没有回头，到2014年4月底跌到3000点以下，如图6—15所示。

与此相类似的还有农村土地流转改革概念（993038），因为传闻党的十八届三中全会很可能会在农村土地改革即流转方面出台突破性的改革政策而在会前（2013年9月10日）遭到爆炒，短短一个多月其龙头股辉隆股份（图6—16）、海南橡胶（601118）、北大荒（600598）涨幅均超过100%。然

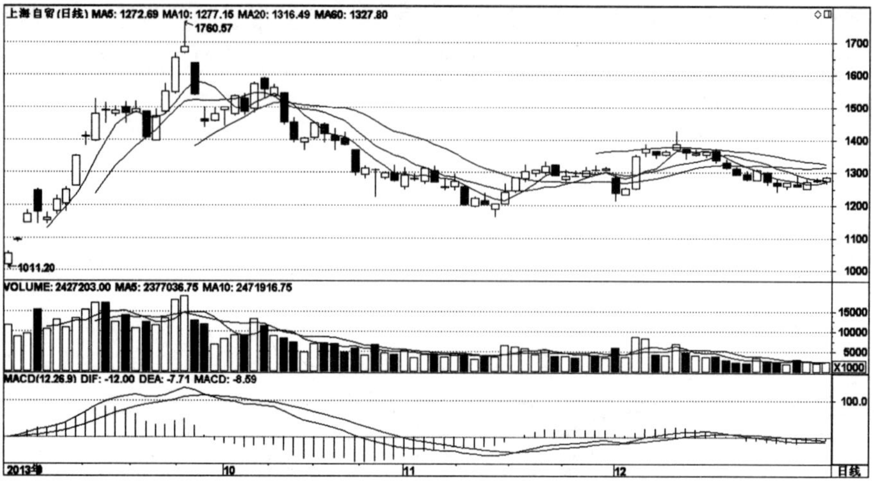

图 6—15　沪自贸区板块 2013 年指数图

而到 2013 年 11 月十八届三中全会正式召开，改革决定正式出台，相关土地改革政策明朗以后，该板块就开始不断回调了。显然，对政策红利的挖掘一定要抢在朦胧期，抢在政策措施尚未完全出台，正式落实、落地以前，一旦各项政策措施落实，炒作也就画上了休止符。

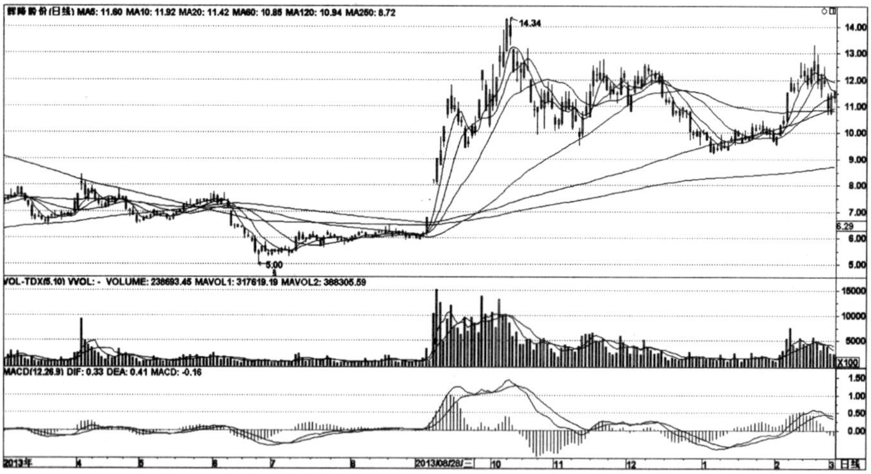

图 6—16　辉隆股份 2013 年日线图

二、财报是本故事书，从年报、中报、季报中挖富矿

美国股神巴菲特在回答"如何才能成为一名伟大的投资者"这一问题时，他的答案简单而直接，那就是"阅读年报"。在他看来，一个伟大的投资者必须能够坐下来认真阅读研究成百上千的上市公司年报，从中挖掘出市场上能用一半价值的价格购买到股票的公司，这也就是高明投资者选择股票的最大诀窍。

在我们国家，因为法律制度不完善，经济体制转型不到位，上市公司的财务报告可以说天使与魔鬼的混合体，好公司固然不少，但通过装扮的魔鬼公司更多，稍有不慎，投资者就会踩中地雷，掉进不良上市公司的财报陷阱，使自己的财富灰飞烟灭。很多散户炒股从不看季报、中报、年报，不会利用股市的软件 F10 功能进行分析研究，使自己投资买股毫无确定性、把握性可言，这样的投资人迟早会被股市所消灭。

当然，散户很多人没有学过经济、更不懂会计核算方法，我们不可能像专家、行家那样能够一眼看出问题，但我们可以学会一些简单的技巧，至少不要被上市公司表面的数据甚至造假的数据所蒙蔽。这里给大家介绍几种简单分析财报的技巧。

（一）甄别财务指标辨猫腻

无论是年报、中报还是季报，我们散户要关注的无非是下面三张表。

(1) 看利润表，了解上市公司赚了多少钱？靠什么赚的钱？赚钱的效率高不高？比上一年是变好了还是变差了？这里有三个指标要关注：一是每股收益。二是净资产收益率；三是净利润同比增长率。一般而言，这几个指标是越大越好。指标越大，说明上市公司挣钱越多，资产的挣钱能力越强，公司效益越来越好。但对基本每股收益也就是说对净利润的来源要进行深入分析，追踪来源。一般财报有一个括号（扣除后）栏，千万别小看这个括号栏里的数据，恰恰是这个括号栏里的数据或许才是上市公司比较真实的经营数据，甚至都不一定是完全真实的数据。因为利润表采用的记账原则是权责发生制，也就是企业按收入的权利和支出的义务是否属于当期来确认收入、费用的入账时间，是

理论上的应收应付账目，而不管款项是否真正在本期发生，收回到位。换句话说，利润是按理论上的买卖来记账的。这就为上市公司调节利润提供了空间。因为它不管最终收入是否到位。所以，很多上市公司的利润表中包含了短期投资收益、股权转让收益、营业外收入与支出、债务重组、资产重组等非经常性损益以及合并财务报表范围外的投资收益等。由此，做利润方法的猫腻的就多了，为了粉饰财报，上市公司可在地方政府或者大股东的帮助下，增加各种补贴、补助，赠予资产，高买产品低卖原材料做“活雷锋”输送利益，延长折旧年限减少折旧成本支出增大效益等。最要注意其中的关联交易，上市公司与大股东之间的业务买卖占比越大，问题可能就越多，业绩也就越不可靠。这就是很多公司表面每股收益大而股价不涨的原因，因为这种收益不是真正实在的经营收益。例如广东明珠（600382）2014 年上半年中报公布的每股收益达到 2.37 元，比上年同期增长 640％，可股价只有 13 元左右，原因在于这个收益包含了下属子公司一次性的土地出让补偿金 10.8 亿元，扣除后每股收益只有 0.22 元，比上年同期还下降 4.35％。

净资产收益率（ROE）是衡量一家上市公司挣钱能力最核心的指标。有些企业表面上利润多，而一旦摊薄到所有股东权益，也就是用净资产去除，就会发现资产盈利能力并不强。不同企业通过这一指标就可以进行盈利能力与水平的比较了。如 2013 年沪深 2516 家上市公司中，ROE 超过 20％的只有 155 家，占比 6.16％；超过 10％的共有 663 家，占比 26.35％，低于 5％的共有 1222 家，占比 48.57％，为负的还有 480 家，占比达 19.08％。这就意味着两市有超过一半的上市公司的盈利能力不及这两年比较火热的余额宝呢。有人将市盈率与净产资收益率之比当作市赚率（即市赚率＝PE/ROE）当市赚率＜1 时，股价为低估，当市赚率≥1 时，股价估值偏向高估或合理。因此，这一指标在价值投资者的眼中很重要。至于净利润增长率反映了企业的成长性，连续 3 年增长可能容易，连续 5 年增长的上市公司就不多了，只有那些能保持净利润连年增长的上市公司才值得长期投资。

(2) 看资产负债表，了解上市公司生意质量好不好？承担风险能力强不强？资产结构优不优？巴菲特曾经说：“我比大多数人更关注公司的资产负债表”。因为从中即可以看出公司的资产实力又能发现其经营问题。这里有三个主要指标值得重视，一是资产负债率，即总负债与总资产之比。资产负债率＝（负债总额÷资产总额）×100％。虽然市场经济要善于利用债务杠杆来壮大发展，但债务杠杆过大，企业风险也就越大。理论上说，企业资产负债率的适宜水平是40%—60%。2012年A股上市公司的整体资产负债率为45.85%，2013年为44.43%。不同行业稍有差别，70%一般为企业资产负债率的"警戒线"，2013年A股有近300家公司资产负债率超过了"警戒线"。如果指标大于100%，表示企业已经资不抵债。这里值得注意的是，有些公司总资产中无形资产估值过高，事实上其资产负债率达到90%以上时就处于破产边缘，除非有确定性的重组信息支持，散户原则上不要去投资资产负债率过高的企业。资产负债率超高，股东权益（即净资产＝总资产－总负债）就越少，一旦企业实施破产清算，股东所得将可能一无所有。二是应收账款、预收账款、其他应收款和应付账款的数量。如果企业预收账款的（相当于预收货款）数额越多越大，应收账款的数额越少越小，就说明企业的产品与服务很受市场消费者欢迎，大家先把钱打来预订，企业经营肯定不错。如贵州茅台前些年的预收账款都数以十亿计，而应收账款多数时候都很少，2013年末不到100万。反之，倘若一家企业应收账款和其他应收款数量多、数值大，就说明企业的产品与服务竞争力不强，或者关联交易占比大，一旦这些款项收不回来，企业经营就会出现问题。如机械工程行业的龙头企业三一重工（600031）近几年就因为应收账款居高不下而备受质疑。2013年公司营业收入373亿多，年末应收账款就有187亿多，还有其他应收款17亿多，两者合计超过200亿。到2014年三季末，营业收入267亿多一点，应收账款加其他应收款则增加到252亿。一旦账款回收出现问题，企业风险就可能加大。三是存货数量。存货是企业在生产经营过程中尚未使用的各种原材料、燃料、包装物、低值易耗品以及尚未销售的产成品、半成品、在产品等各种资产的总称。一般意义上理解，由于市场价格瞬息万变，存货数量越大，企业面临的经营风险也就越大，占用的资金也就越多。但具体还要分析，看存货是不是企业主动而为，存货的市场价格是不是处于上涨途中，若是，则存货多不是坏事，是好事。如前面说的贵州茅台存货价值每年都有上百亿，一些房地产公司过去捂楼盘惜售，存货随着房价的上涨而不断升值，但一旦房价处于下跌途中，则存货多就减值损失大；还有一些以大宗商品（尤其是中药材、金属材料）为主要材料的生产企业，当原材料价格不断上涨时，企业囤积多的原材料就可以不断升值，而一旦原材料下跌其原材料的减值损失也就大。如国家发改委几次查处囤积中药材（如三七、党参）涨价，上市公司康美药业（600518）都被舆论暗指参与炒作，股价也因此大幅波动。当然，存货最怕的就是产成品数量大，企业产品销售不畅。因此，对大多数竞争性上市公司，存货多不是好事，只能说明企业产品“滞销”严重，去库存与存货跌价准备上升的双重压力都大。如房地产龙头企业万科（000002）到2014年一季度末，公司存货数量已高达3405亿多，一旦房地产业真正走熊，其面临的去库存和减值压力可想而知。

分析资产负债表，不仅要看绝对值，更要看相对指标，上升与下降都要找到理由，进而发现企业经营变化的蛛丝马迹。

（3）看现金流量表，了解上市公司的财务状况好不好？经营业绩实不实？成长性能不能持续？一般而言，一个正常经营的企业，不仅要创造利润，更要在现金收益上有所体现。相对于利润表的权责发生制计算，现金流量表则是以收付实现制为基础的，即必须有实实在在的货币流进流出。现金流量表包含了经营现金流、投资现金流、筹资现金流三个方面，内容复杂。普通散户只需重点关注三个方面指标：一是经营活动的现金流净额最好是正数，而且数值越大越好。它说明企业产品不仅卖出去收回了成本，还赚了大钱，表明上市公司产品或服务销售顺畅、资金周转快、市场形势好，处于良性发展阶段。反之，则是公司的生产经营可能存在问题。如云南白药（000538）、贵州茅台（600519）这类好公司，其经营活动现金流数额不仅为正而且数值很大。二是比较每股税后利润与每股经营现金流量的差距。一般而言，正常情况应该是企业赢利多，经营现金流量也越多，两者是相辅相成的，如果上市公司赢利与经营现金流出现背离，很有可能存在操作利润或关联交易，导致“增收不增利、增利难见钱”。换句话说，赢利与现金流都高的公司、同步增长的公司，其赢利的含金量才高，发展运营才好。上市公司手中现金流充足，也有利于扩大产能和外延式并购扩张，成长基石更稳固。如果赢利与现金流出现反向变化，则意味着企业内部造血功能出现了问题，偿债与支付能力随时都可能出现危机，企业如果长期在这种环境下运行必会出现麻烦。如科恒股份（图6－17），2012年3月上市招股说明书中披露2011年度公司每股收益达5元，而每股经营现金流只有0.16元，两者差距巨大，说明业绩很有问题。到上市后公布首份2012年度中报，每股收益只有1.11元，大幅下降，且每股经营现金流为负2.05元，说明公司上市前业绩有突击做假之嫌，此时高高在上的股价肯定虚高，不值得投资者买入。后来其走势说明认真研究不买入是对的。

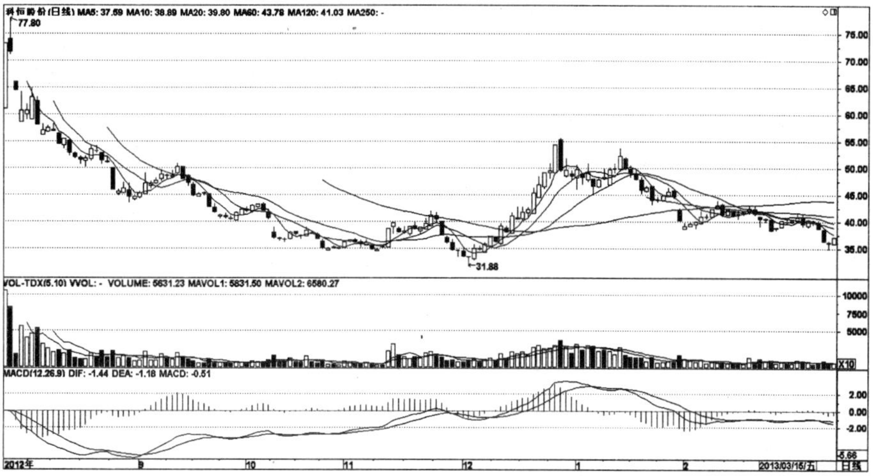

图 6—17　科恒股份 2012—2013 日线图

三是高度关注筹资活动中的现金流量异常变化。由于企业投资活动产生的现金流量比较一目了然，难于做局，很多上市公司的母公司、关联公司占用上市公司资金大多体现在筹资活动中，尤其是通过商业票据、资金拆借、变相担保等方式进行，一旦出现问题，受损失的就是上市公司。如从博汇纸业（600966）的现金流量表中可发现，该公司 2013 年末筹资活动的现金流入流出是 2012 年末期的 5 到 6 倍，其全年流进流出的资金均在 180 亿左右，显然这里面是不正常的。后经管理层查实，该企业内部控制出现问题，134 亿资金体外循环，控股股东与关联公司无偿占用上市公司的资金数额巨大，给企业经营带来风险。

（二）分析经营变化看趋势

上市公司的经营活动决定上市公司的业绩，决定着投资者的买卖行为。普通散户分析上市公司经营变化，主要看下述几个方面。

一是公司主导产品、主营业务是什么？在行业的地位如何？市场发展变化趋势如何？分布怎样？一般而言，上市公司的主导产品与主营业务要尽可能相对集中，也就是人们常说的要专注于某个产品，做大、做强、做精，即使不很集中也要在一条产业链上，不然主营业务分散，哪方面都不突出，其最大的问题就是无法在行业竞争中争取主导地位。大家可以通过 F10 寻找到很多，其间的一些行业细分龙头特别值得散户投资者关注。而有些企业在经营过程中倾向于产品分散，主导产品种类比较多，主营业务不集中，如著名企业青岛海尔（600690），主营业务分散在电冰箱（29.29%）、空调（20.73%）、洗衣机（16.39%）等多个方面，造成近几年股价二级市场表现也不尽如人意。主导产品明确以后，就要了解该产品在国内外市场的占有率、排位。如彩电中的四川长虹（600839）、空调中的格力电器（000651）、白酒中的贵州茅台（600519）、红酒中的张裕（000869）、啤酒中的青岛啤酒（600600）、牛奶中伊利股份（600887）、榨菜大王涪陵榨菜（002507）、酱油明星海天味业（603288）、肉食制品中的双汇发展（000895）、机器人产业中的机器人（300024）等许多在同类产品中市场占有率排第一的上市公司都得到过投资者的追捧与爆炒。而一旦它们的市场占有率下滑，让位给新的公司，其股价必然下来，别的公司会取代它。广大散户平时只注意日常生活中的著名品牌，没注意其他行业，这就需要分析上市公司的报表和说明，从中发现可投资的对象。比如笔者在 2012 年 12 月发现新上市的奥瑞金（图 6—18）在功能饮料罐市场占有率国内第一，而且客户都是红牛、加多宝、旺旺、汇源等大户，就在 20 元左右买了一部分股票试一试，不想随后该股票在大市不好的 2013 年、2014 年初复权最高涨到 49 元以上。

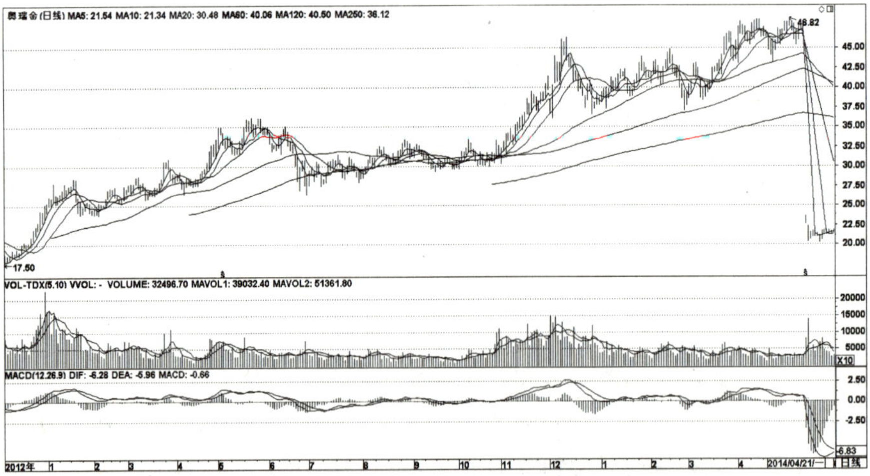

图 6—18　奥瑞金 2012—2014 年日线图

二是上市公司主导产品的毛利率高不高，变化趋势如何？巴菲特的投资哲学之一就是选择行业中的高毛利率者，并将毛利率作为选择股票的重要准则之一。毛利率指毛利与销售收入的比例，毛利率越多，企业的赢利能力就越强，效益也就越好。一般而言，毛利率低于10%的公司没有投资价值，因为现在的资金成本都比较高，毛利率低于10%，净利率就更少了。毛利率介于10%—30%之间的可以关注其提升情况，可作为投机标的。只有毛利率超过30%以上的公司才有投资价值。毛利率超过50%的则属于暴利行业了，是散户投资者选择股票必须重点关注的对象，如果公司股票的市盈率还较低，尤其是做长线投资的好对象。从行业来看，近些年上市公司毛利率高（超过50%）的暴利行业主要集中在互联网信息服务、人工景点、白酒、移动通讯增值服务、酒店、餐饮、高速公路、葡萄酒、其他交运设备、生物制药和软件开发服务等领域。通过分析发现，这些行业都是与老百姓吃穿住行用学玩健康等密切相关的领域。因为它们市场空间潜力大，更新换代快、消费刚性，使这些领域的毛利率能够比较长时间得以保持。如沪深上市公司近几年位居毛利率排名前列的企业，2013 年主导产品的毛利率是：久其软件（002279）达 99.18%、广联达（002410）达 98.15%、舒泰神（300204）有 97.12%、重庆路桥（600106）有 95.43%、三六五网（300295）有 94.71%、贵州茅台有 94.58%、冠昊生物（300283）有 92.40%、锦江股份（600754）为 93.14%、朗玛信息（300288）为 89.21%、顺网科技（300113）为 89.12%。这些股票大多被市场疯狂追逐炒作过。对毛利率的关注不仅要看单个企业，还要进行行业比较，如果发现某一公司的主导产品与其他同类上市的产品毛利率差异很大，特别是过高、过低的时候，投资都要谨慎。如同样是生产味精，梅花生物（600873）的毛利率 2013 年有 18.97%，而莲花味精（600186）只有 2.34%，两家公司 2012 年的毛利率也同样有这么大的差距，说明莲花味精的经营存在问题，股价也不理想。还比如同样生产肝素钠原料药，同样通过了美国、欧盟等国际质量认证，我们发现千红制药（002550）的毛利率 2013 年为 19.96%，2012 年为 22.65%，而海普瑞（002399）同类产品 2013 年的毛利率为 25.58%，2012 年为 38.39%，显然海普瑞公司的肝素产品毛利率有偏高之嫌，业绩也就没有千红制药稳靠，股价肯定也会出现问题。同样道理，如果一家上市公司毛利率不断提升，说明该行业与企业的景气度上升，可以列为关注投资对象。

三是上市公司主营业务、主导产品变化情况。这就是产业转型、产品升级换代带来的机会。一些传统行业的上市公司尤其值得关注。这里主要包括：

（1）产业转型。从原来传统行业彻底转到新兴行业，很多重组股就是这一类型。如ST生化（图6—19），从最初的宜春工程机械厂的机械加工产业，借壳转型到生物制药业，主营业务和主导产品变为血液制品，使得其股价能够从一度跌到不足2元上涨到20多元。

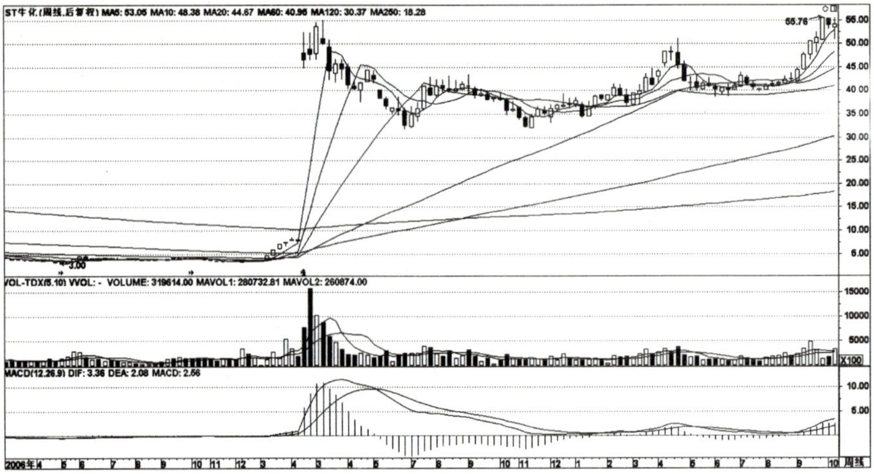

图6—19　ST生化2006—2014年周线复权图

（2）产品转型。加大新产品的开发力度，如生产电池的企业从生产普通铅酸电池转向锂电池，新能源电池，代表有南都电源（图6—20）。

（3）营销形式转型。如近几年比较流行的电子商务，让传统商业的经营模式发生了革命性变化。这也是传统老牌名店王府井（600859）等尽管业绩、质地不错，但股价仍与三六五网（300295）、上海钢联（300226）差距很大的根本原因。由此，以友阿股份（图6—21）为代表的一些传统商贸企业，通过腾讯微信等打造购物线上平台，实现商场与顾客的零距离对接，开启中国零售业O2O业务，引发了零售百货行业业务向互联网靠拢的新业态。

（4）完善产业链条，扩大产品上下游。这对一些处于产业链条中间的加工企业尤其值得关注，如果一家金属冶炼加工企业向上游拓展控股原材料企业，增加矿产资源，向下拓展进行深加工，直接面对消费市场，其经营毛利

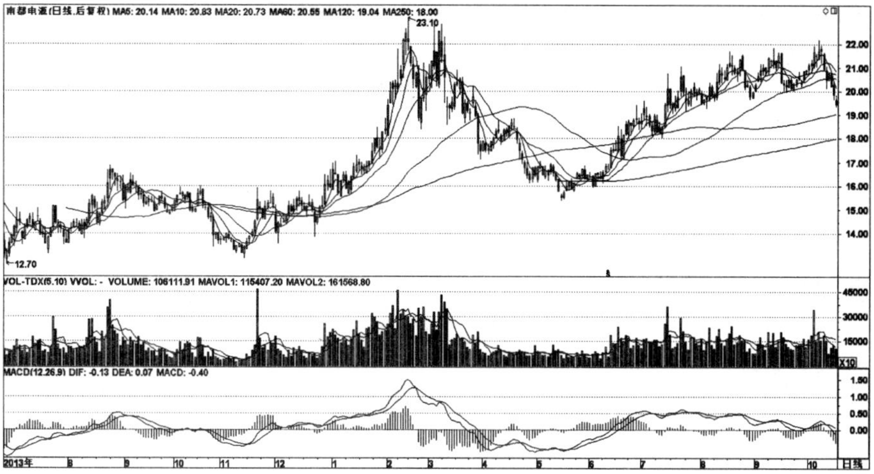

图 6—20　南都电源 2013—2014 年日线复权图

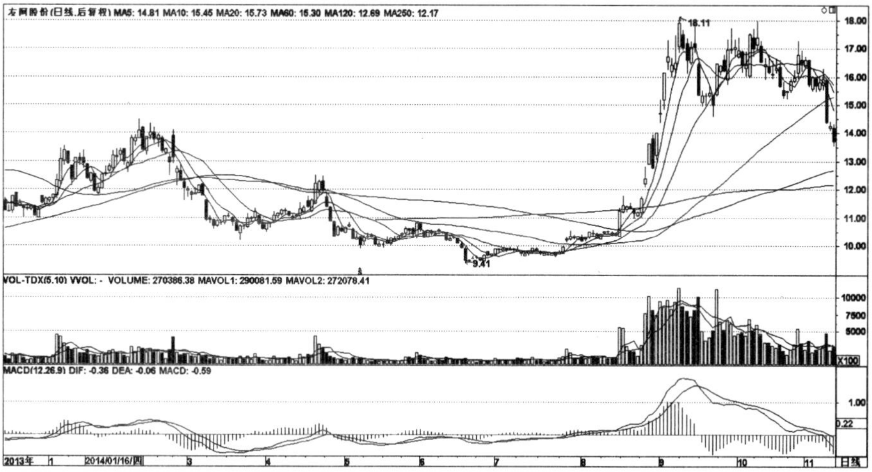

图 6—21　友阿股份 2014 年日线复权图

率肯定比普通的加工费强。如罗平锌电（图 6—22），通过兼并收购，成为国内锌冶炼行业唯一矿、电、冶炼三联产全链条企业。

再如乐视网（300104），由提供智能电视机、机顶盒等硬件设备，发展延伸到申请互联网电视牌照、付费电视、广告、应用分成乃至影视制作全产业链，其股价也表现强劲。因此，散户在关注企业购并重组收购投资事项时一定要从产业链条角度去观察分析，及时了解主营产品的变化。如 2014 年上半年大牛股成飞集成（图 6—23）就是因为重组把中航工业 158 亿军工资产

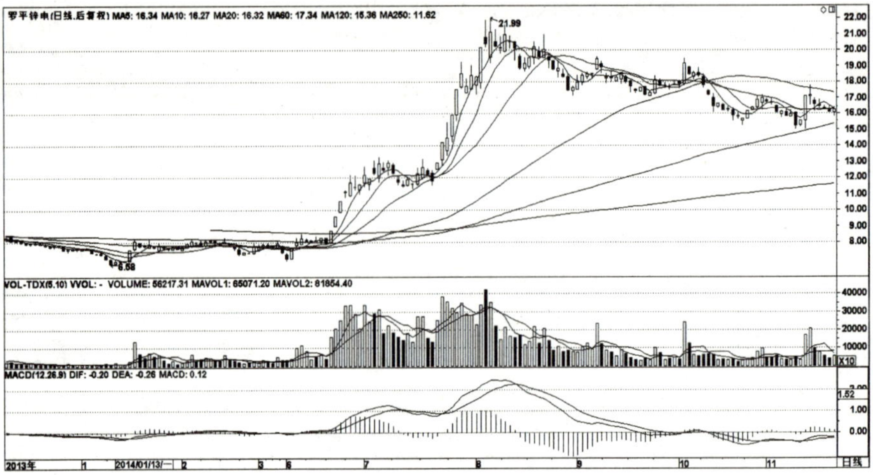

图 6—22　罗平锌电 2014 年日线复权图

注入，收购中航工业旗下的沈飞集团、成飞集团、洪都科技 100％的股权，使公司主导产品转型到先进战斗机及航空武器系统，而且是全产业链注入，由此带动了航天军工概念股票 2014 年度差不多一年的行情。

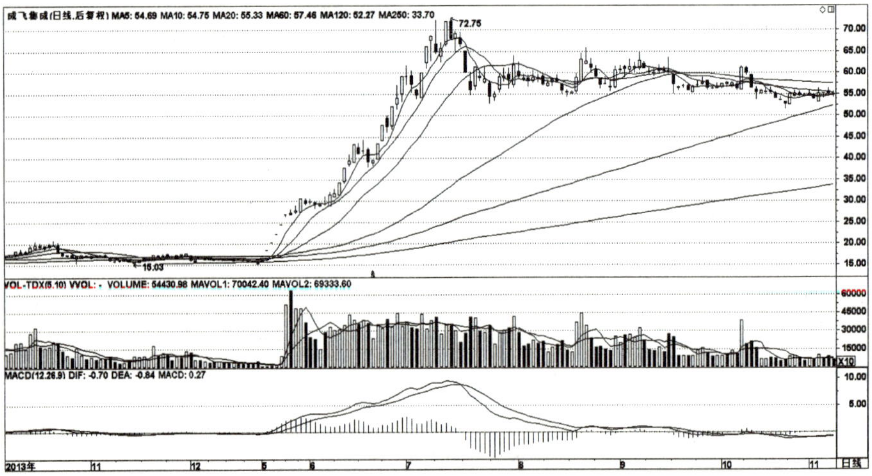

图 6—23　成飞集成 2013—2014 年日线复权图

（三）比较股东进出找庄家

散户炒股最大的愿望就是能跟对庄家，要跟庄就必须找庄家，发现庄家的踪迹，及时搭上庄家的快车。而阅读年报、中报、季报，有一个环节对散户选股有重要参考价值，那就是看股东进出，从中可了解庄家的动态。尤其是在股市低迷、个股股价处于底部、季报公布时滞比较短的时候，准确率更高。

首先是比较股东人数的增减，看庄家动向。一般而言，庄家炒作个股必然要收集筹码，这样股东人数就会慢慢由多变少，股价走势也会随着股东人数的减少而慢慢走高。一旦筹码收集到位，庄家就可能选择适当时机进行拉抬炒作，个股逐步演变成大牛股。当个股股价炒高以后，庄家为了兑现利润就必须派发筹码，那样股东人数又会慢慢由小变多，随着个股股东人数的不断增多，筹码从庄家转移到散户手中，股价也会逐级滑落下跌。因此，从上市公司股东人数的变化方向可以掌握庄家的动向：股东人数不断减少，说明有人在收集筹码；股东人数不断增加，说明有人在派发筹码。这样，观察那些股东人数连续减少的个股，抓住其间股价尚未大幅上涨的进行潜伏，很有可能搭上大牛股的顺风车。如科冕木业（图6—24），该公司股东人数从2012年6月30日公布中报开始逐季温和下降，从2012年3月31日的13660户一直减少到2014年3月31日的7716户，股价也从10元左右最高涨到50多元，两年翻了两番。

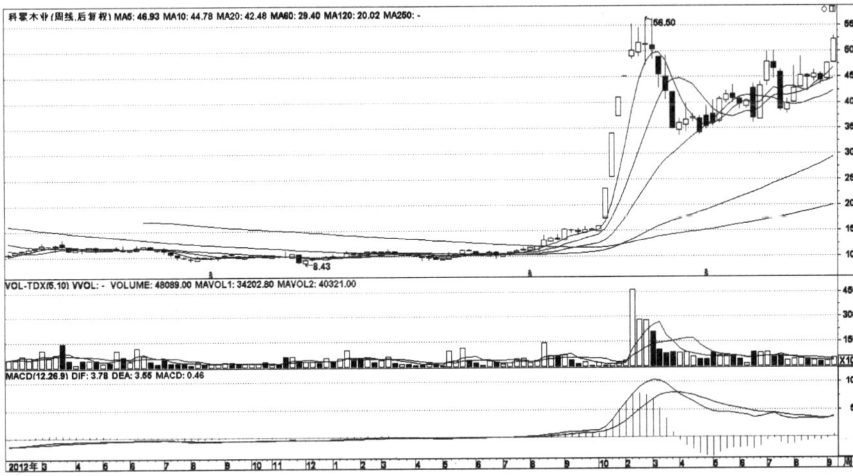

图6—24 科冕木业2012—2014年周线复权图

相类似的还有山水文化（600234）、锦龙股份（000712）、阳光电源

（300274）等许多大牛股。再如潞安环能（图 6—25），该公司股东户数从 2011 年 3 月 31 日的 36732 户开始，2011 年 6 月 30 日上升到 5 万多户，2012 年 6 月 30 日上升到 9 万多户，2013 年初上升到 10 万多户，2013 年 6 月底上升到 11 万多户，到 2014 年 3 月底接近 12 万户，可谓逐年大幅增加，其股价也从 2011 年 6 月 30 日的 33 元左右跌到 2014 年的 7 元多，熊了好几年。

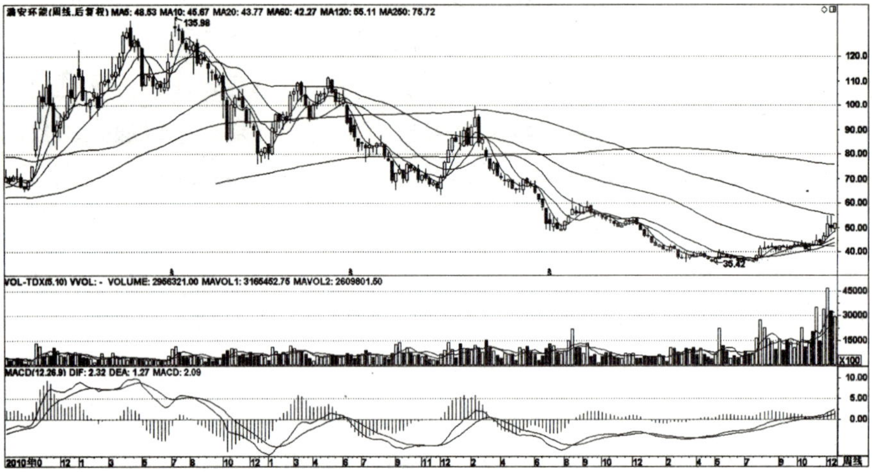

图 6—25　潞安环能 2010—2014 年周线复权图

相类似的还有盘江股份（600395）等大熊股。

其次观察人均持股数量的变化，看庄家的控盘情况。人均持股数量一般是流通股本与股东人数之比。显然，人均持股数量越大，股东人数就越小，控筹程度就越高，庄家的控盘能力也就越强。如果一只股票人均持股数量很高，股东人数很少，股价又不高，就很值得散户重视与关注。有研究发现，对中小盘股而言，人均持股在 4000 股以下一般属散户行情（袖珍股除外），人均持股 4000—10000 股的表明有庄进入，人均持股在 1 万股以上特别是几万股的表明有强庄入驻。折算成比例大致在于人均持股数在十万分之四以内多为散户行情，再上升到万分之一就表明有庄参与，人均持股在万分之一，尤其到万分之三以上就为强庄驻守。如卫宁软件（图 6—26）2013 年底股东人数只有 2450 户，人均持股 23325 股，该股从 2012 年 9 月底三季度公布的数据开始，人均持股从 2012 年 6 月底的不到 1 万股上升到 2 万股，股价也从当时不到 20 元，一路飙升到 2014 年的 130 多元。

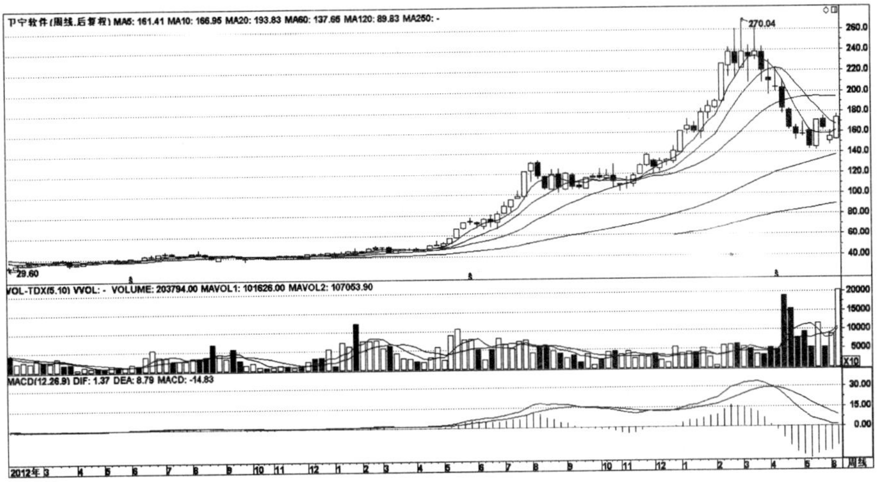

图 6—26 卫宁软件 2012—2013 周线复权图

而大家熟知的 A 股最伤心的股票中国石油（601857），自上市以来，股东人数多年数以十万计，一直位居股东人数最多的上市公司头把交椅，其人均持有流通股股数常年徘徊在 3000 股（全流通后扣除前十大流通股股东）左右，因此，一直是散户行情。这也是大多数大盘股难成庄股的主要表现。

再次看十大股东中有无基金、机构、券商、私募的进出情况。一只股票从没有基金、机构到有众多基金、机构进入，其间肯定有亮点或炒作点。因为这些机构比散户对个股有更深入的调研和比较，成为它们的投资标的，一定有其理由。如果个股属于基金、机构新进、增持的标的，其炒作的可能性大增，相反，如果个股被基金、机构减持、清仓抛弃，其股价肯定有一定的压力。由于基金的财报公布时间早于股票，普通散户要及时关注基金财报中的持股持仓变化。如中国平安（601318）、伊利股份（600887），格力电器（000651）、贵州茅台（600519）等均是多年许多基金的重仓股，2014 年一季度重仓持有伊利股份的基金多达 228 只。散户更要关注的新进入基金的情况，如长安汽车（图 6—27），2014 年一季末只有 47 只基金作为重仓股，到二季度末则迅速上升到 104 只，其股价在 3 个月内也上涨了 30%。

最后，看牛散的动向和集中度。在股市，除了基金、券商等机构大户之外，还有一批号称"牛散"的越级散户，他们神秘、资金雄厚、眼光独特，不少是资本市场的常青树。紧盯他们的动向和参与程度，特别是高度关注牛散户集中且涨幅不大的个股，往往有令人意想不到的收获。

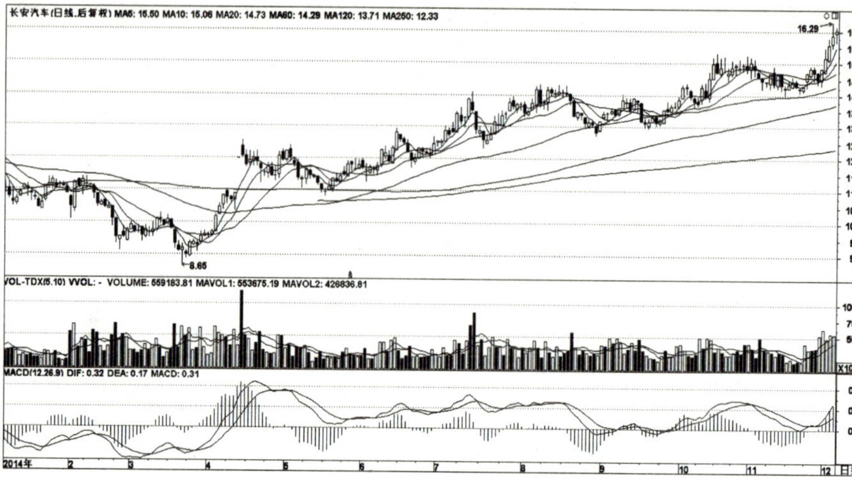

图 6—27　长安汽车 2014 年日线复权图

如大牛股世纪华通（图 6—28），从 2013 年初开始就有牛散入主，2013 年 3 月 31 日前十大流通股股东就有王敢、朱文雅、周奇平、冀晓斌四位牛散，2013 年 6 月 30 日中报他们都没出货，到 2013 年 9 月 30 日三季报，前十大流通股东牛散就占有 6 位，除了前面的 4 位又新进入黄复佑、陈福荣两位。到 2013 年 12 月 31 日年报数据，前十大流通股东中有 7 位是牛散，除了前六位，又新进了一位陈敏华。直到 2014 年 3 月 31 日的一季数据，七位牛散才全部走人，新进了一位蔡宏基的牛散。如果散户是有心人，在 2013 年 1 季报后开始关注，该公司有几乎长达半年在 6～8 元间徘徊，直到 2013 年 10 月 18 日起停牌。2014 年 1 月 22 日公司复牌转型网络游戏行业，股价一路涨到近 30 元，涨幅达 4 倍。

同样的情况也出现在科冕木业（002354）、上海钢联（300226）、长城影视（002071）、中青宝（300052）、宝硕股份（600155）、阳普医疗（300030）、奋达科技（002681）、新国都（300130）、云意电气（300304）等多家大牛股之中。根据这一思路，笔者在 2014 年 5 月初依据 2013 年度年报和 2014 年度一季报公布的股东名单，选择了有三位牛散（施玉庆、张成、王泽）参与的中京电子（图 6—29）进行试探建仓投资实验，结果该公司在短短的两个多月中，股价从 9 元多一路涨到 18 元，大大超过大盘涨幅。

因此，如果能在年报、中报、季报公司公布时发现有多名牛散新入驻而又没怎么涨的股票，散户不如跟着他们走，说不定比自己选股效益要好得

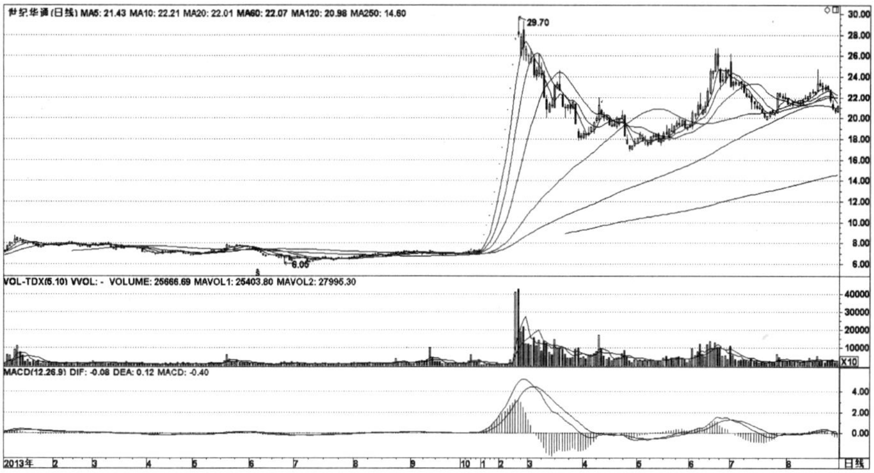

图 6—28　世纪华通 2013—2014 年日线图

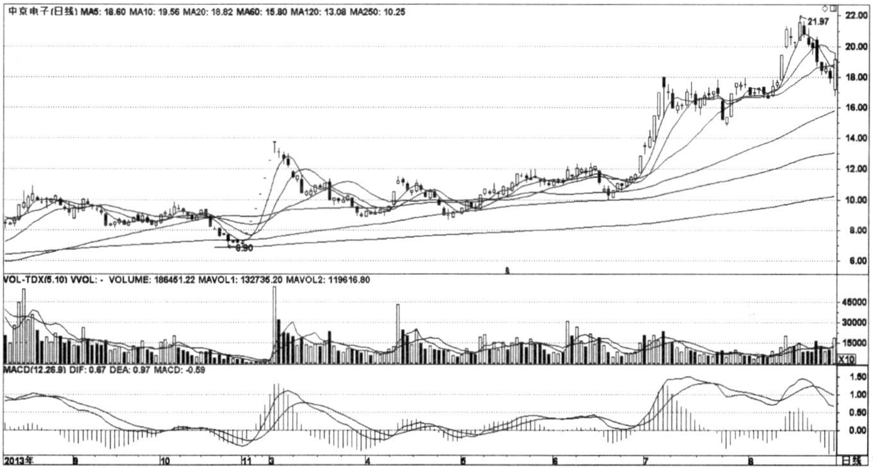

图 6—29　中京电子 2014 年日线图

多。而且大智慧软件的股东名单已经把大多数牛散标记出来，更有利于散户选股。

当然，财报里面还有其他许多有价值的信息值得挖掘。如从回顾与展望中了解企业发展大势，市场状况，下一步工作重点，特别要关注其间涉及企业兼并重组的只言片语，说不定就是提前埋伏的机会。还有可以从 F10 的资本运作中发现一些上市公司股权投资的情况，创投概念股、新股上市影子股行情就是这样找出来的。

三、公开信息有玄机，从各类临时公告、报道里面觅真金

除了财报，上市公司有关收购与出售资产，取得与转让股权、对外投资和担保、委托理财与货款、重大合同及诉讼和仲裁、业绩预盈与预亏、股权激励、增发股票与债券、股票交易异常波动和传闻澄清等涉及上市公司经营、治理以及有可能影响二级市场股价波动等事项，都需要及时发布临时公告进行信息披露。很多散户对这些临时公告漠不关心，不知道恰恰是在这些公开的信息里面，隐藏着许许多多有价值的东西。这里给大家提供三条关注的思路。

一是成交回报里面有秘密。按照交易所的规定，有价格涨跌幅限制的股票，日收盘价格涨跌幅偏离值达到±7%的各前三只股票，日价格振幅达到15%的前三只股票、日换手率达到20%的前三只股票，都会由证券交易所公布当日买入、卖出金额最大的五家会员营业部的名称及买卖金额。同时，当股票连续三个交易日内收盘价格涨跌幅值累计达到±20%的（ST股票累计达到±15%），连续三个交易日内日均换手率与前五个交易日的日均换手率的比值达到30倍，且该股票连续三个交易日累计换手率达到20%的，属异常波动。交易所也要分别公布异常波动期间累计买入、卖出金额最大五家会员营业部的名称及其买卖金额。

分析成交回报，主要目的是抓热点，跟庄家，看机构、游资在关注什么股票，这里分三种情况。

第一种情况：买入的前几位全是机构，如果股价处于低位，可长期关注；如果卖出的前几位全是机构，股价处于高位，应及时了结离场。低位买入全是机构，说明机构投资者看好，不惜拉高建仓，散户可以及时关注搭顺风车。如天齐锂业（图6—30），2014年2月11日连续三个交易日累计成交回报显示，买入前五位有四家机构，排名第一的机构席位买入资金近1个亿，随后该股不断上涨，一直涨到四月底停牌重组，跟风买入的都赚了钱。

相反，九阳股份（图6—31），2014年1月14日的成交回报显示，前五名卖出席位全是机构专用，而买入席位没有一家机构，说明机构资金对后市不看好，利用涨停拉高出货，果不其然，该股票从2月份开始一路走低。

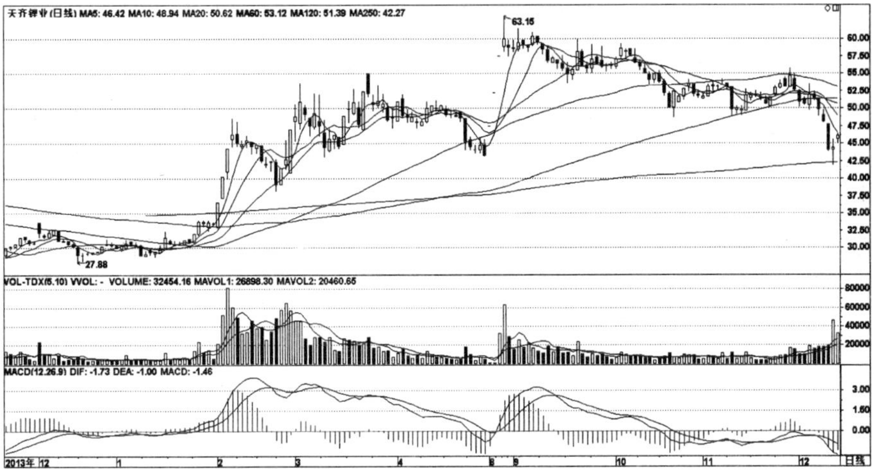

图 6—30　天齐锂业 2014 年日线图

图 6—31　九阳股份 2014 年日线图

第二种情况：买卖前几位全是营业部，这就要看席位中活跃的多不多，特别是敢死队席位多不多，上市公司本地券商席位多不多，同一证券公司不同营业部集中多不多。如果在买入席位中，大量出现敢死队入驻的营业部，上市公司所在地营业部，同一券商不同营业部，该股票值得短线参与。如 2014 年牛股万向钱潮（图 6—32），从 2014 年 1 月 24 日起多次上榜，其买卖席位大多是营业部，深入观察可以发现，游资敢死队经常出入的中信证券深圳福华一路证券营业部，中国银河证券宁波翠柏路证券营业部、中信证券杭州延安路证券营业部，中国银河证券绍兴证券营业部等多次上榜，说明游资一直在其间兴风作浪，如果胆大的散户及时跟进，收获不少。同样的情况也出现在泰山石油（图 6—33）上。该公司 2014 年 2、3 月间财通证券温岭东辉北路证券营业部、中信证券上海世纪大道证券营业部、光大证券杭州庆春路证券营业部等一大批知名游资营业部频繁上榜，而且多次出现苏州、宁波等地几个不同券商证券营业部同时上榜，敢于跟风的投资者都有收获。

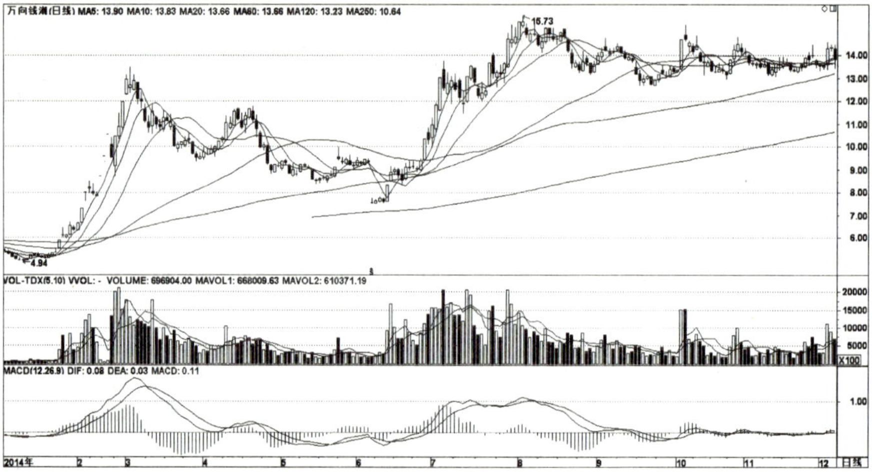

图 6—32　万向钱潮 2014 年日线图

图 6—33　泰山石油 2014 年日线图

第三种情况：买入卖出前几位的成交非常集中，占比很大，说明庄家的控盘能力比较强。特别对于低位成交买入集中的股票值得长线关注。如唐山港（图 6—34）2014 年 3 月 24 日的成交回报显示，在当日总成交金额 1.5 亿多中，买入前五位就占了 1.1 亿，超过 70%，该股随后在短短 20 天内又涨了 50%。

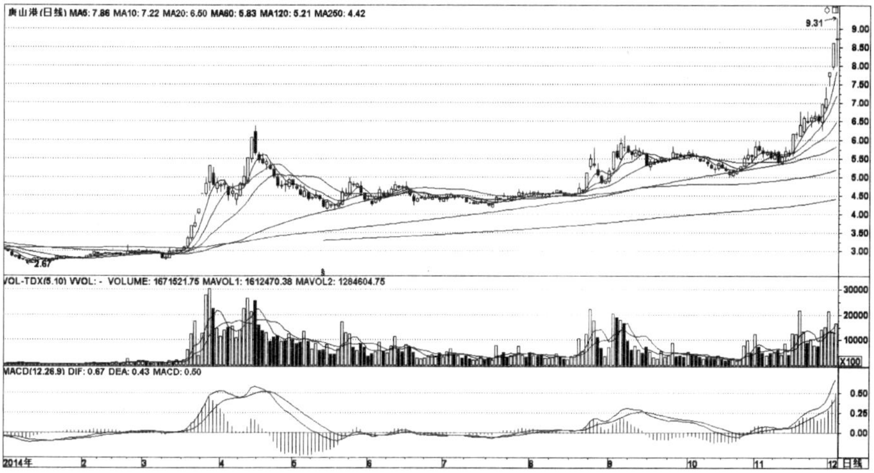

图 6—34　唐山港 2014 年日线图

二是机构调研方向有深意。在股市中，机构、庄家是行情的主导力量，是牛股的挖掘者。一般而言，机构资金买卖股票，选择投资标的有一套严密的程序，其中到上市公司调研是一个重要环节。而恰恰只有这一环节的信息会被上市公司公开出来，即通过上市公司的投资关系活动主要内容介绍公告于众。数据统计显示，以机构调研发生后一周为考察期，在同一细分行业中，被调研上市公司股价上涨的概率是 78%，而未被调研的上市公司只有 31%，被调研公司股价整体表现明显强于未被调研者。散户投资者要想跟随专业的步伐，摆脱随意投资的窘境，就要重视上市公司公布的投资者关系活动情况，既要关注参与是些什么机构，又要仔细研读会议交流的主要内容，还要从中体会出机构的动向，可以从下述几个方面入手。

第一，要关注机构调研频次、密度高的公司。机构调研有两种情况，一种是主动上门调研，另一种是被邀请到公司调研。后一种情况是上市公司"有所求"，集中的机构也可能比较多，这样的调研，上市公司为主，形象宣传，为特定目的（如增发再融资甚至大股东减持）服务，很多情况下是例行公事性质。而对第一种情况，上门调研的机构不一定多，单独行动反而能搞到独家素材，调研过程会把上市公司所处的行业地位、未来经营战略、新业务、新增长点以及公司经营状况弄清楚，厉害的甚至可以把上市公司“隐藏”的利好、利空信息挖掘到位。这样的调研才真正有价值。同样，有的上市公司只有集中一次调研就再也无人问津，而有的上市公司虽然每次来的机构不多，但总是隔三差五有人上门，这就说明前一类公司调研事实上是形式上的，后一类才可能真正有价值。事实上，有研究发现，以中长期为考察期，调研频次前十名的股票上涨概率超过 83%，且调研频次越高，涨幅越大。如近几年机构到比亚迪公司（002594）的调研次数有 200 多次，堪称两市之最，其股价也是牛气冲天。还如正海磁材（图 6—35）在 2013 年 10 月、11 月期间多次披露有机构来上市公司调研，2014 年 6 月、7 月又有多批次机构上门调研，财报显示一些参与调研的机构陆续进入前十大流通股股东行业，公司股价 2014 年稳步走牛。

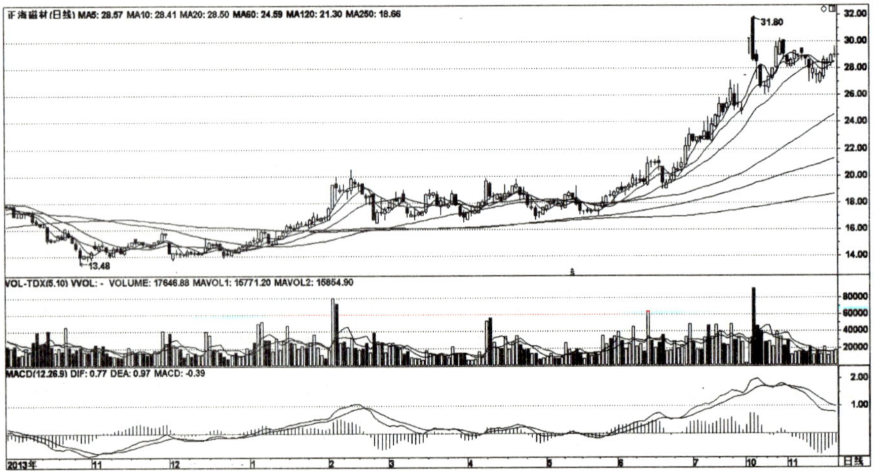

图 6—35　正海磁材 2013—2014 年日线图

第二，要锁定明星机构和私募等大鳄调研的公司。现在的股市中机构众多，每天从上市公司公告出来的投资者关系活动记录也不少，散户不可能一一关注分析，这就要求大家去关注市场中的一些明星机构、私募，如过去王亚伟任总经理的华夏基金，后来的泽熙投资、星石投资、尚雅投资、展博投资、信合东方、千合资本等。因为他们过去的业绩骄人、市场影响力、号召力很大，多数公司在被他们调研后，股价往往会有几天大涨，很适合短线操作。如泽熙投资 2013 年 11 月初出现在美亚柏科（300188）、蓝盾股份（300297）的调研记录中，结果，美亚柏科在 2013 年 11 月 13—18 日的 4 个交易日中，股价连拉了 4 个涨停板，蓝盾股份也在 11 月 13—19 日的 5 个交易日中连拉了 5 个涨停板。事后年报公布发现，泽熙投资并未进入两家上市公司的前十大流通股东之中，但其短线影响力确实不容忽视。

第三，要重视首次有机构调研的公司。有些上市公司长期没有机构关注，股东也是以个人为主。突然某一天，有机构主动前来调研，股价也走出了颓势，这可能是股价和业绩成长的拐点，值得高度重视。如顺荣股份（图 6—36）上市后大部分时间没有机构关注，2013 年 11 月 26 日突然迎来机构调研，公司股价随后走出一轮大牛市行情。财报显示，2013 年三季报还鲜有机构进入十大流通股东之中，到 2013 年年报十大流通股东就有六家基金。

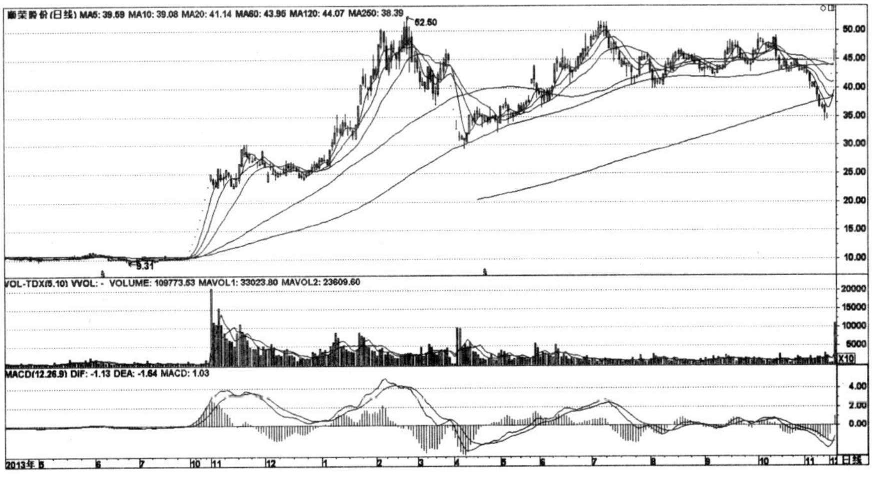

图 6—36　顺荣股份 2013—2014 年日线图

第四，要留意机构抱团调研、集中调研的板块。机构调研表面上看似杂乱无章，各自为战，但实际上都是围绕股市的热点、投资方向在进行。如 2013 年创业板大牛市，从年初开始，创业板公司就一直是公募基金、私募大老调研的重点。还如近几年文化传媒、环保、智能穿戴、LED 概念、特斯拉概念，锂电池概念、航天军工概念等热门板块反复炒作，机构调研也是反复挖掘，乐此不疲。散户投资者可以参照机构调研的热门板块，选择尚未炒作、处于价格低位的个股进行埋伏，等待讲故事、轮炒机会的到来。

三是澄清公告和重要事项公告，表述有门道。传闻在资本市场中是永恒的话题，也是股票市场中最易影响股价的信息。因为传闻是“未被证实的非官方信息”，一旦对股价产生影响出现异动，上市公司就必须进行澄清和说明。散户对这些澄清和说明必须瞪大眼睛，特别要对其中的表述仔细体味，说不定研究透了可以挖得宝藏，也可能避免风险灾难。

其一，核心内容要反复琢磨。既要考虑现实性又要分析可能性，还要分析成本收益风险。例如一度在证券市场闹得沸沸扬扬的昌九生化（600228）重组借壳事件就很典型。大约在 2012 年 12 月中旬开始，赣州稀土拟借壳昌九生化的传闻就开始在上市公司股吧论坛流传，昌九生化股价也在 2012 年 12 月 19—27 日 7 个交易日内从 12.45 元涨到 16.61 元，涨幅达 33.4%。12 月 28 日昌九生化的间接控制人赣州工投发布了“1228 公告”，公告全文照发了赣州市国资委对赣州工投请示明确是否赣州稀土资产注入昌九生化问题的答复，“鉴于组建国家级南方稀土大型企业集团方向、途径、方式等尚未确立，稀土产业整合工作尚未到位，市属国有稀土企业的产业结构、资产质量等方面还不具备整合上市的条件，因此，没有将市属国有稀土资源、资产注入昌九生化的考虑”。就是这么一个公告，有人看到了结论，没有稀土资源、资产注入的考虑，有人则发挥想象，认为没有考虑是前面条件不成熟，前面条件成熟了，也有可能注入，这样从长期看希望还在，加上昌九生化与赣州稀土的婆婆都是赣州市国资委，这种可能性又增加几分。于是，在想象与传闻的推动下，该公司的股价 2013 年 5 月被推高到超过 40 元。由于公司是融资融券标的，在赣州稀土明确借壳威华股份（002240）后遭遇断崖式连续跌停，一些融资的中小散户倾家荡产、教训深刻。这里关键是一些散户按自己的逻辑在判断，没有思考一家壳公司股价被炒高以后借壳成本高企，借壳企业动因减弱，同样资产能增发的股份减少这一现实。因此，散户对此类借壳游戏，一定要从市值与价位角度去考虑，高价与高市值的公司不去赌重组。现在很多上市公司的澄清公告都比较详细了，但对核心内容既不肯定也不否定，这就需要散户高度关注，很可能就是正在商讨的事情。

其二，关节时点要结合盘面把握。股市重组题材非常丰富，有实质内容的重组更可能提供超额利润。那么如何提前埋伏，恰到好处追寻到重组题材的机会就是很多散户投资者梦寐以求的事情。这里介绍一个重要方法，就是关注那些暂停、终止、取消重大收购重组行为的公司。一些公司因筹划重大事项对公司股票进行临时停牌，停牌期间一些公司与收购重组标的对方达成一致协议，重大收购重组事项得以实施，股票复牌交易。而有些公司因为种种原因无法达成一致，公司又不想无限期停牌下去，于是暂停谈判或者暂时取消与对方的合作，股票复牌。复牌一般会发出公告，说明终止、取消的原因，并会明确自公司股票交易复牌公告之日起未来 3 个月内不再筹划重大资产重组、收购、发行股份等事宜。一般情况下，由于重组失败，股票复牌难逃下跌的命运。然而，很多重大机会恰恰就在复牌后的这 3 个月时间内，有些重组愿望强烈的公司很可能利用这 3 个月的时间寻找到新并购标的，重组之路在 3 个月期满后随时可能开启。散户投资者只需关注该股票成交量和股价的变化，如果重组失败股价不跌反涨，量能温和放大，很可能是先知先觉在低位吸筹等待下一次机会爆发。如申科股份（图 6－37），公司因为筹组重大事项，于 2013 年 9 月 26 日下午 1：00 起临时停牌，到 2013 年 10 月 16 日宣布终止收购游戏类资产股票复牌，并承诺 3 个月内不再筹划重大资产重组、收购、发行股份等事宜。公司复牌当时因重组失败，股价跌停，后来一直在 7 到 8 元的狭小空间窄幅运行。细心的投资者可以发现，该股复牌 2 个月后，股价开始缓慢上行，成交温和放大，公司股吧上也有 3 个月后重组的传闻。果不其然，3 个月期满一个多星期后的 2014 年 1 月 24 日公司公告重大事项，正在与海润影视就重大资产重组事宜进行磋商，股票从 1 月 27 日开始临时停牌，直到 2014 年 6 月 23 日公告重大资产重组方案复牌，股价连续超过 10 个涨停，一口气最高涨到 28 元以上。从上次停牌重组失败到重新开展重组这 3 个月期间哪怕以最高价买入的投资者，都赚大了。类似的情况还出现在银河动力（000519）江南江箭等多只股票当中。

其三，相对确定性机会不要错过。股市是个充满不确定性的地方，没有任何绝对安全的投资标的可言，一般有的都是相对确定性机会。对上市公司很多公告的解读也是如此。散户投资者要从大的方面去分析把握，不要把机会当风险，把风险当机会。如长城影视（图 6－38）的前身江苏宏宝，在重组借壳过程中就遇到了麻烦，2013 年 11 月 22 日，中国证监会通知公司因参与重组的有关方面涉嫌违法被稽查立案，公司重组申请被暂停审核，股价当日跌停。面对这种情况，许多投资者选择逃跑，而有些精明投资者则看到了

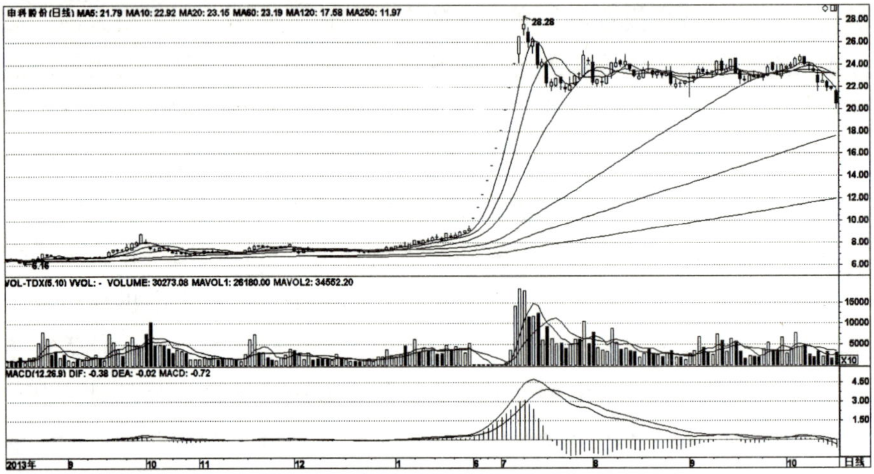

图 6—37　申科股份 2013—2014 年日线图

机会。果然，该股随后连拉两个跌停，稍为反弹后又下跌一大段才开始盘整，股价从公布借壳方案后的最高价近 31 元一路跌到 13 元多。事实上，暂停审核并非否决，一个月后的 12 月 30 日，公司公告中国证监会恢复审核，公司股价尔后一路涨升，创了 33.70 元的新高。相类似的情况，出现在不少公司的重组公告中，许多公司终止筹划重大事项并不等于不重组，很多人因此错过了大的机会，如中京电子（002579）、翠微股份（603123）等。

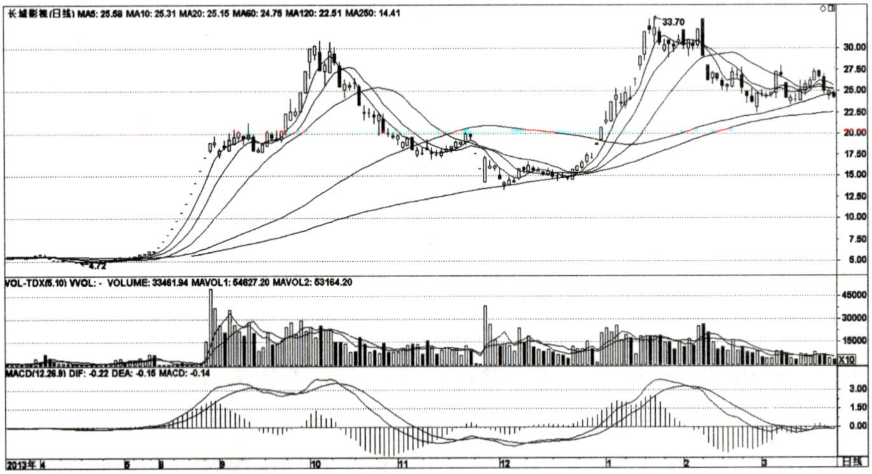

图 6—38　长城影视 2013—2014 年日线图

四、利好利空可转换，从逆向思维中抓机遇

股市有句名言，没有只涨不跌的股市，也没有只跌不涨的股市，利好出尽是利空，利空出尽是利好。对很多高手而言，下跌就是机会，利空就是机遇。

一是尽可能回避"黑天鹅"，又要及时抓住"黑天鹅"。17 世纪之前的欧洲人总认为凡天鹅都是白色的，但随后在澳大利亚发现了一只黑天鹅，彻底颠覆了人们心中的天鹅本色。后来一些学者把这一现象引入经济、社会理论的研究当中，把那些非常难以预测，且不寻常的又可能导致重大连锁负面反应甚至出现颠覆性结果的事件叫做"黑天鹅"事件。

金融领域特别是证券市场是容易突发"黑天鹅"事件的地方，而一旦碰上，好的结局也是多年的努力化为乌有、前功尽失、损失惨重；坏的情况可能倾家荡产、一切归零。有研究者计算，中国的 A 股市场，自 2008 年三聚氰胺事件以来，"黑天鹅"鲸吞的市值估算有近万亿之多，远远超过股市 2001—2011 年累计 10 年分红的数量。

"黑天鹅"虽然属小概率事件，在上市公司中的占比约在 2%－4%之间，而一旦发生，对财富的摧毁却很惊人。如 2012 年 11 月湘酒鬼（000799）的塑化剂风波，使上市公司中白酒股 4 天内蒸发掉 447 亿市值。更为典型的是重庆啤酒（图 6－39）发生的"疫苗失败案"，股价下跌超过 70%，吞噬市值 289 亿元。

还有 2011 年 3 月双汇发展（000895）发生的"瘦肉精"事件，卷走财富 170 亿元。当然市值损失的冠军非股市圈钱大王"中国平安"（601318）莫属，它在 2008 年 1 月推出的 1600 亿元融资门事件，导致股价大跌，市值损失超过 2000 亿元。还有药品里面的毒胶囊、康芝药业（300086）主导产品尼美舒利儿童用药不良反应等，市值损失都不少。

"黑天鹅"发生有其规律，首先在行业分布上主要集中于食品饮料业、生物医药业、有色冶炼业、金融服务业、农业等领域；其次在诱发因素上出现最多的是产品质量安全问题、环境污染与意外事件、公司治理失控、技术创新失败、外部舆论质疑等。再次在爆发点上一般与媒体舆论相关，与检测

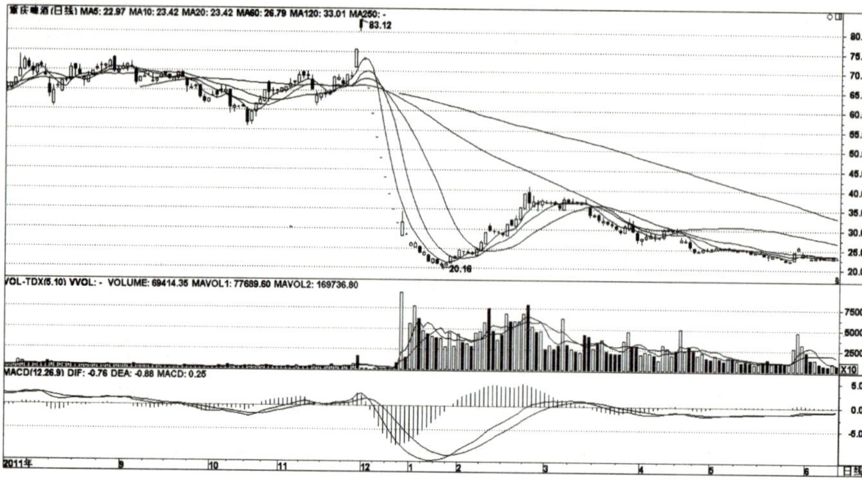

图 6—39　重庆啤酒 2011—2012 年日线图

主管部门的公告相关，与偶发事件相关、与经营业绩相关。这就要求投资者在选择股票的时候，要高度关注上市公司对质量、安全、环保、经营等问题的重视程度，及时关注相关产业质量标准的变化及相关企业媒体负面舆论的动向，不去押注世界级难题技术攻关的成功率，密切关注敏感时点如 3·15 消费者权益保护日前期的舆论指向，及时做好安全防范。如购买了食品饮料行业股票的，要特别关注上市公司产品差评与负面报道，对医药行业股票创新的难度与时间要有足够的心理准备，必须先有理论突破，才会有技术突破，如乙肝疫苗、癌症特效药等的研究开发都不是容易的事。还有对金融行业的企业一定要关注内控机制与风险产品的规模，不然一旦出事就是毁灭性的，如美国雷曼兄弟公司与英国巴林银行的破产倒闭都在转瞬之间。农业类公司要特别关注自然灾害与气候的影响，如獐子岛（002069）、蓝田股份、绿大地、草原兴发等让不少投资者损失巨大。

当然，由于“黑天鹅”事件常常会造成倾覆之下没有完卵，股价下跌的过程中会泥沙俱下，一些好的公司也会受到牵连遭殃，比如酒鬼酒查出塑化剂让所有白酒包括茅台、五粮液在内都跟着受到了牵连，这就给散户投资者提供了低价投资优质白马股的机会。典型的例子是 2008 年三聚氰胺事件让所有国产奶业都受到影响，一些著名品牌也遭受重创，其中伊利股份（图 6—40）的股价从 30 多元一路跌到历史最低的 6.45 元，迎来了难得的投资机会。伊利股份的股价后来恢复元气一路上涨，到 2013 年最高复权上涨到超过 104 元。

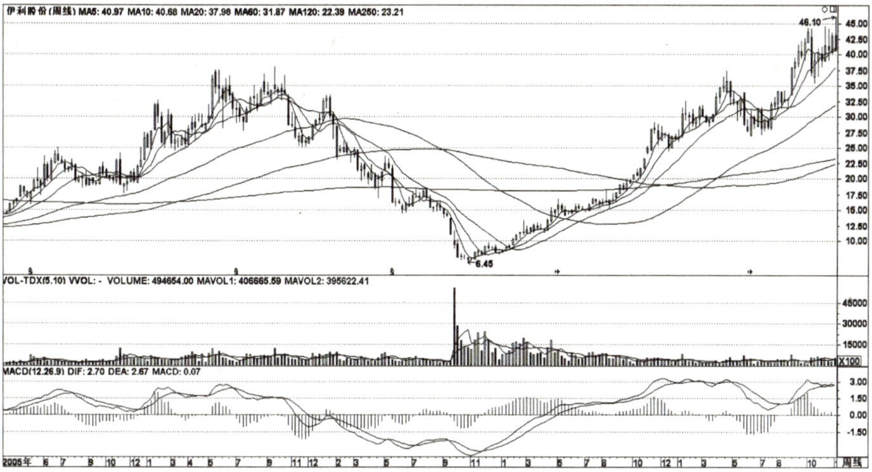

图 6—40　伊利股份 2005—2011 年周线图

二是辩证看待利好与利空，运用好利好与利空。股市是个充满变数的地方，股市最大的变数就在于碰到突发性利好与利空。如果不是事先已经建仓，散户投资者千万不要一遇到利好就盲目买入，遇到利空就冲动卖出，要根据实际情况分析后再做决定。主要股票把握好以下四点：

第一是时间点。即信息发布时行情处在什么阶段。如果在牛市，利好有助于主力拉升，只要不是放巨量，都是好事，利空往往也是逢低买进的机会。熊市则不同，利好很可能会成为主力诱多接盘的工具，散户切忌追高买进；如果是利空，则会变成主力打压的工具。因此，熊市利好利空都有放大效应，散户应该敬而远之。

第二是股价点。即信息发布时股票价格处在的位置。如果个股已经炒高了，特别是股价处于历史高位，这时候发布利好很可能转化为"利好出尽是利空"，要当心主力借机出货。发布利空则防止洗盘，甚至洗盘变出货。如果个股在低位甚至是历史大底的位置，这个时候出现利空，当心成为主力最后打压的工具，利空变利好，投资者可以密切关注盘面尤其是成交量的变化，一旦低位放量，很有可能是个股打底的机会，此时买入反而风险不大。当然股价底部出现利好，则表现为主力可能有所动作，股价会被拉抬脱离低位。总之，高位当防利好成出货题材，低位当心利空出尽是利好。

第三是分量点。即信息对上市公司的影响比重大不大。有些利好利空表面上看起来很大，但实际上对企业的影响有限，因为相关领域、子公司、产品、行业在公司主营业务、利润构成中占比重不高，即使全部损失或者利好翻倍，对上市公司业绩影响有限。那样，就不要在乎利好利空发布时对上市公司股价的短期影响，股价最终会按照原有走势运行。如2010年7月紫金矿业（601899）发生的“环保门”事件，由于污染项目未影响资源，最多影响3%的金产量、10%的铜产量，股价当月探底就回升了。

第四是意外点。分析信息是预期内还是预期之外，如果利好利空都在预期之内，信息公布也就是兑现预期。一般而言，预期的利好兑现就是利空，预期的利空兑现会成利好。如果信息出来是出乎意料、突发的，或者说出来的信息与预期的不一样，其效果影响力就大一些。即意外利好利空会比预期的利好利空对价格影响大，一般都是同向影响。而实际发布的信息与预期的信息出现差异，对股价的影响就是相反方向，即发布的利好比预期的小，会被市场当作利空，股价会下跌，实际发布的利空比预期的利空小，会被市场当作利好，股价会不跌反涨，如果实际发布的信息与预期的方向一致，幅度更大，则利好不够敏感，利空更为敏感，投资者要及时出局。例如，2013年四季度股市开始炒作高送转题材，同大股份（图6—41）因为股本小、公积金高，未分配利润多被市场挖掘为年报可能高送的龙头代表，一度从20元左右炒高到47元多。在12月1日股价最高炒到47.49元的当晚，公司发布年报不具备筹划高送转的可能信息，大大出乎市场预期之外，股价次日开盘即跌停，到2014年4月一路下跌到24元左右，几乎跌去了前期的全部涨幅。不过2013年没有高送转的利空到2014年又变成高送转可能性更大的利好，该公司股价2014年下半年大涨创历史新高。

三是正确对待消息与传闻，不被假信息所误导。股市中每天都有大量消息与传闻流传，一些机构与股评人士还按时收集与发布各种内参、私募传闻、敢死队信息，股吧里更是充斥形形色色的真假传言与爆料。一些散户甚至大户都靠“博消息”买卖股票，还有一些投资者则用未经证实的市场传闻来为自己的买卖行为打气、壮胆，许多人为此付出了惨重代价，因此优秀的投资者应该重视消息，而不迷信消息。

其一，从盘面表现判断消（信）息的真实性、可能性和实用性。散户投资者得到一个消息或传闻，首先要弄清真假，现在交易所有一个投资者关系互动平台，大家可以到上面去给上市公司提问查询，或者直接打电话给董秘或投资者热线了解情况。但很多情况，上市公司可能打太极，回答模棱两

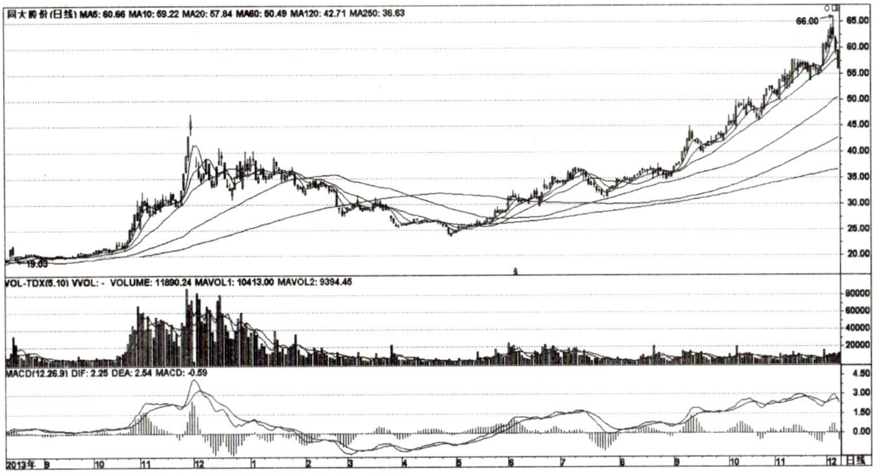

图 6—41　同大股份 2013—2014 年日线图

可、表述似是而非。这个时候，就要结合股价走势盘面来分析，而且时间跨度越大，准确性越高。即如果传闻消息是真利好，股价或大盘应该稳步上扬，如果是真利空，股价或大盘应该会逐级下跌。这是因为，在我们这个不规范的市场里，总有一批"先知先觉"的人，也不排除有一些知晓内幕信息的人，他们会在信息公布之前先采取行动，进而引发股价的微妙变化。这也是为什么每逢重大政策出台前，股市总有异动的原因。如瑞泰科技（图 6—42），2013 年下半年开始有列入央企改革首批试点的传闻，但一直没有明确的消息，此股因为价格低廉、盘子很少是许多散户心仪的投资标的，但究竟该公司有没有希望成为央企改革的首批试点对象呢？从盘面看可以发现一些端倪，该股从 2013 年 6 月开始就呈现温和放量，缓慢涨升的态势，到 2013 年年底其周 K 线已呈明显的上升通道，月 K 线从 2013 年 11 月起到 2014 年前 7 个月都是阳线，显然盘面说明这个股票有后续题材。2014 年 7 月 15 日，国资委新闻发布会宣布公司实际控制人中国建筑材料集团有限公司为开展发展混合所有制经济试点企业，股价也从 2013 年 7 月的 4 元左右涨到 2014 年 7 月的 10 元以上，坚守里面的散户投资者获利幅度有 150%。

其二，从股权关系与大股东意向推测消息的可靠性。股市中影响个股股价最直接的信息主要是收购、兼并、重组和大股东的变更。随着监管力度的加强，内部信息的严格控制，很多东西可能无法从盘面上发现，而一旦消息正式公告，则很可能无法买进或者需要追高买进，那样风险也就比较大了。

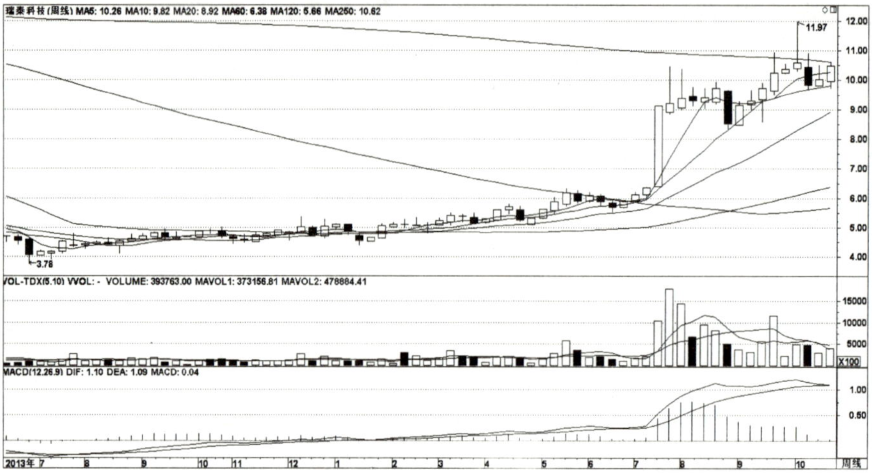

图 6—42　瑞泰科技 2013—2014 周线图

那么，现实而又正确的方法是关注上市公司的股权关系和大股东的动向，一旦有与之相关的传闻，就可以联系起来分析判断可靠性与可信度。如业内多年关注的“太极系”“三剑客”（太极集团（600129）、桐君阁（000591）、西南药业（图 6—43）重组事宜，公司多次将重组列入年度工作计划，且在公告中说明过，三家公司的股票也常常因为重组传闻上蹿下跳，如果是有心人，完全可以在低位埋伏，在高位出来做差价，收益也会不差。2014 年 8 月，西南药业率先公布资产置换重组收购奥瑞德转型蓝宝石产业方案，预计其他两家公司的重组也指日可待。如果散户投资者在西南药业停牌期间买入其他两家公司的股票，到西南药业复牌大涨后，它们的涨幅都在一倍以上。

如太极集团（图 6—44）走势图。

还比如大智慧（图 6—45）多次有湘财证券借壳的传闻，细心的投资者只要搞清楚了湘财证券与大智慧股东之间的关系就可以猜出个八九不离十。湘财证券原本是湖南长沙的本土券商，后因经营不善被浙江新湖集团收购，其下属两家控股子公司新湖控股有限公司与新湖中宝股份有限分别持股 71.15%和 3.44%，大智慧公司在上市之前就得到了新湖控股集团公司的投资关照，新湖中宝股份有限公司是其第二大股东，新湖中宝的董事长还是大智慧的非独立董事。这种关系说明，借壳谈判容易达成协议，而且是个双方互利互惠的买卖，只要政策允许，成功的可能性很大。当证监会放开证券公司借壳上市限制以后的 2014 年 8 月，大智慧就宣告了重组收购湘财证券的方案。

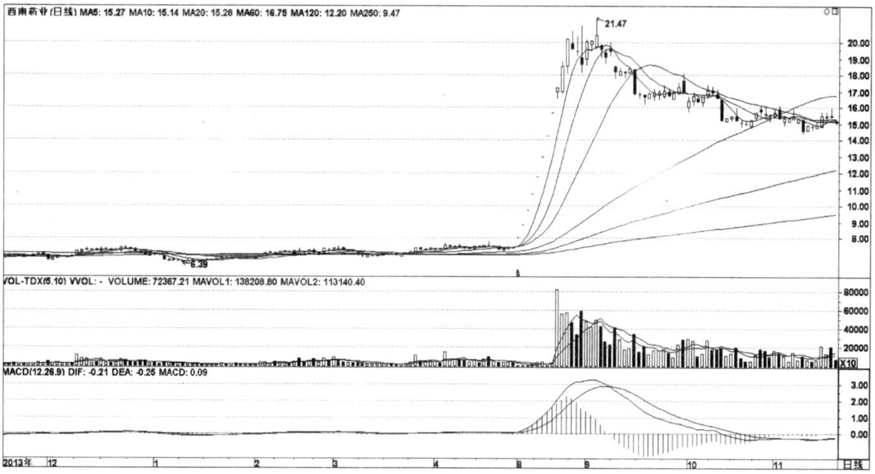

图 6—43　西南药业 2014 年日线图

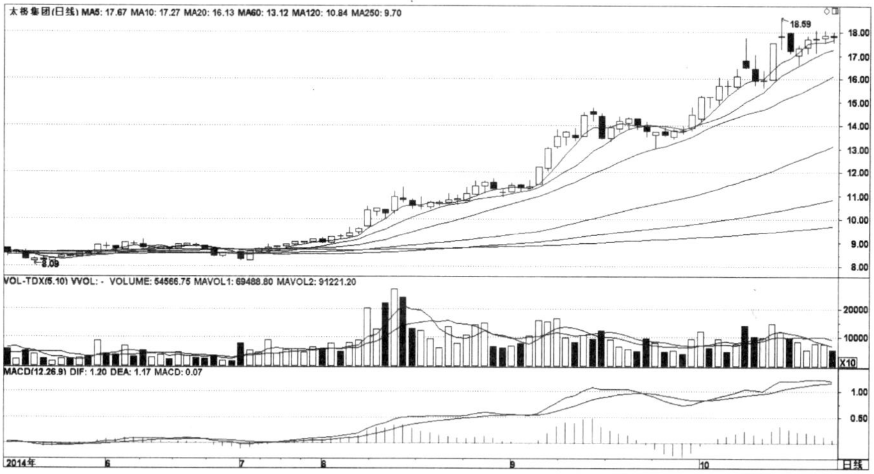

图 6—44　太极集团 2014 年 6—10 月日线图

其三，不被消息股评所左右，不靠消息跟风炒股。除了盘面看，逻辑推之外，广大散户从根本上说，不能靠消息股评来决定买卖操作。这是因为，①自从有了股市，有了互联网，资本市场的信息已经海量化，不说传闻、股评、分析研究报告之类，就是每天的上市公司公告，都非一般普通散户、业余投资者所能消化的了，其他的大量信息任何人都无法辨别真伪，一旦把虚假信息当炒股依据，损失是无人负责的。②股评、传闻的出来对原发作者来说都有其目的，有些可能是为自己的投资服务，有些可能是为主力投资服

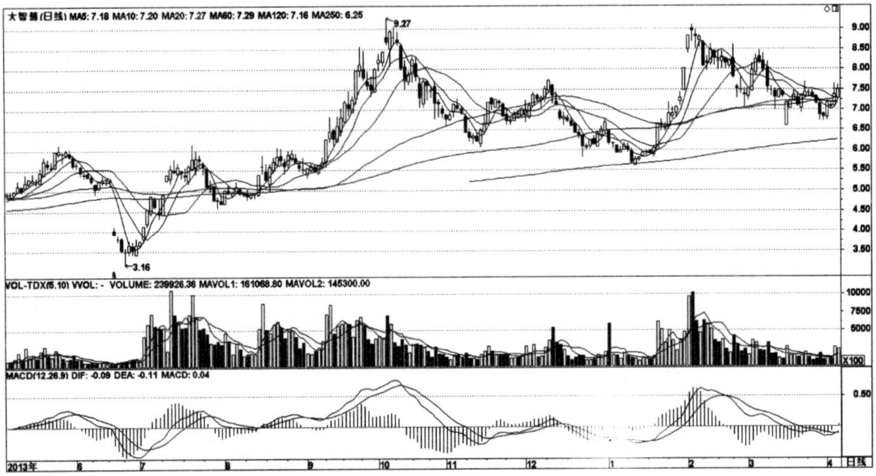

图 6—45　大智慧 2013—2014 年日线图

务，要知道，天下没有免费的午餐，如果真是别人不知道的大利好消息，人家干吗告诉你，不如自己一个人利用，偷偷发大财；同样，如果股评家能时时、事事，每个股票判断得准，他（她）不如去投资炒股票更有效益、更轻松赚钱，犯不着辛苦去做节目、写文章啊。在逐利场所，凡事应从利益的角度去思考一下，信不信得就容易解决了。③就算人家告诉你的消息、传闻是真实的，等到了一般普通散户这里已经传了很多层、传得很广了，信息的时效性与价值也会因为时滞而丧失了。当你把它当作宝贝而自鸣得意准备大干一场的时候，说不定你就是那个买单接最后一棒的人。

总之，做一位理性的投资者，一定要有自己的投资理念、选股方法、交易原则，不能听风是雨、人云亦云，跟着传闻消息走。

第七章　勤劳不一定能致富，学会休息，做轻松投资者

现在的股市，90%的投资者属于散户，不是专业投资者，也不是职业投资者，炒股仅仅是业余爱好，是副业。前面说过，股市的钱赚不完，机会总是有，关键在于投资者自己能否减少错误和大的失误，别赚了七、八次钱还抵不上一次亏的数。常识告诉人们，要减少犯错，最简单的办法就是减少操作，正如人们常说的，做得多，犯错的机会也多，不做事出错的机会也就少。在我们的股市里，广大投资者也面临着同样的问题，多做还是少做，大量的实践告诉我们，股市勤劳的人不一定能致富，更多的可能是给证券公司打工，作贡献。有的人一年甚至几年就只操作那么一、两次，收益率还在40%以上。有些人天天在买卖，一年下来可能还是亏损的。显然，我们在股市中生存，必须学会休息、学会等待，没有把握的时候不下手，大盘不好的时候不进场，抓住了机会耐心持有，不被庄家洗出来，减少操作频率，提高成功概率。以平常心对待投资，悠闲轻松炒股，不以涨喜，不以跌悲，赚了一次钱别太得意，说不定下次亏得还多，除非你销户退出，否则一切皆有可能。亏了也别太气馁，留得现金在，不怕没机会。炒股很大程度上炒的是心态、是人性，特别是人性与经济规律、社会发展走势的博弈。之所以股市赢家不多，关键在于大多数人难以克服贪婪与恐惧两大人性的弱点，无法前瞻看清经济、社会、技术未来发展与变革的大势。因此，散户炒股一定要放松心态，不做赌徒，全当娱乐，把股市当作自己人性免费的修炼场。这里面，要集中把握好以下三个关系。

一、处理好捂钱与捂股的关系，做到手中有股，心中无股

每逢国庆、春节等节假日前夕，各种投资媒体、许多股评人士都喜欢讨论一个话题就是捂钱还是捂股过节。尤其是假期比较长的时候，更会成为投资者也关心的实际操作问题。事实上，这原本就不是节假日才面临的问题，人在股市，每天都要面临着这个问题，钱与股，买与卖，做对了，牛市挣大钱，熊市不亏钱，做错了，牛市踏空，熊市套牢。然而，股市天天开，机会处处有，陷阱也时时在，没有一个人能永远踏准市场的节奏。这样，处理好捂钱与捂股的关系就显得十分重要。

一是确保主动，进退自如，不要天天满仓。在股市，手中有股，市场说了算，手中有钱，自己说了算。同时，股市从来不缺机会，就怕机会来了，钱套在没有机会的股票上。股市每天上下波动，涨跌不一，并不是所有的时段都上涨或下跌一种趋势，也没有只涨不跌的股市，或者只跌不涨的股票。这就要求我们在股市中随机应变，当大盘走牛，存在系统性机会时，就抓紧机会，重仓或满仓持有股票，享受牛市带来的福利。当大盘走熊时，就应该轻仓或者空仓休息，等待下一次机会来临。当遇到震荡市看不清方向时，最多半仓操作，有钱有股，大盘确定突破方向是上涨有股票赚钱，为下跌则有钱可以补仓。总的来说，除了大盘上涨时段，个股主升时段，以持股捂股为主之外，散户应该大部分时间以捂钱为主，这可能是许多散户都无法做到的，手中全是股票就只能听任市场折腾了。很多人不愿“空仓”，宁愿被套也要拿着股票放心。究其原因是散户大多只能做多挣钱，没有股票就等于没有赚钱的机会，天天满仓就是不想放弃股市任何赚钱的机会，在他们眼里“空仓”肯定比满仓的风险大，眼里只看机会，没有风险，其结果肯定是只赔不赚。实际上，在我们的 A 股市场，如果天天满仓，就算底部低位持有的，涨幅也不大，倘若是五、六千点之上满仓的，只能是亏损累累了。由此可见，在股市中善于“空仓”掌握主动是何等重要了。

二是耐心等待，学会休息，不要冲动操作。有人说，在股市，短线操作靠等待，长线布局靠忍耐。炒股最大的问题就出在没有耐心，过分冲动上面。看到好股票，不问价位、市场趋势就急忙想下手。知道是好股票，又扛

不住主力的洗盘打压和长期盘整折磨。常常是买进后就跌了，卖出后就涨了，似乎市场专门在与自己作对，其实根本的问题还在于没有耐心。有人说炒股也类似猎人狩猎，必须培养耐心，在猎物没有出现之前，一定耐心埋伏在猎物活动的地方，不能过早地暴露自己，更不能乱放、滥放空枪，必须耐心等待时机的来临。一旦猎物出现，就要综合判断猎物可能的运动线路，出击太早会惊吓猎物，出击太晚还可能被猎物所伤，只有耐心等待到自己能力所及的目标距离，果断出击，确保要么不出手，要出手就能抓到猎物，就会有收获。炒股其实也像猎手，必须明白哪些地方有猎物，即找准投资增值的标的，如果自己发现不了价值投资标的，宁可休息也不要乱放空枪，浪费子弹（资金）；即便发现了猎物（投资标的），假如出击没有把握，也就是股市大环境不行，也不要轻易出击（手），宁愿错过，也不做错。

在股市培养耐心，主要在三个方面：其一是耐心等待机会的来临，主要是买入机会的来临，不要冲动买早了、买高了，也就是巴菲特所说的好股票还要有个好价格。要像猎豹那样潜伏，机会是等来的。其二是耐心抱到目标价位，不能卖早了，喝了口汤，拔了一根毛就跑了。其三是耐心承受踏空之苦。这是最难做到的，如果你对市场无感觉，找不到确定性的投资机会，哪怕是反弹甚至牛市踏空了，也不要冲动，防止在冲动中盲目决策犯下大错，很多散户不怕套牢怕踏空，一旦手中没股，就心绪不宁，到处打听有没有好股票来满仓，这就是亏损的重要原因，股市错过的机会还可以再来呢。

为了说明耐心的重要性，我举三个自己操作的实例来说明。一个股票是中小板的千红制药（图7—1）。2011年2月18日上市当日，我分析发现这个股票的行业、成长性都比较好，盘子也不大，开盘价格38元左右也不太高，于是就在38元多的时候急不可待追高买入，后来几天该股最高到了42元多，也因为看好没有卖出，不想该股后来一路走熊，一直跌到2012年12月4日最低价16.9元后才开始反转走牛，到2014年9月复权价超过50元。这只股票让我等了差不多三年才解套，三年半才挣钱，如果当时有点儿耐心，等它上市平稳定位后再买，不说买到十几元，就是二十几元进场，两年翻一倍也是蛮不错的收益呢。

另外一个例子是我做过的一个主板股票西南证券（图7—2），该股是原长运股份被西南证券借壳重组的，当时因为自己看好证券行业，更看好重庆的发展，在公司公布借壳重组方案的2007年11月23日起，我就开始在涨停

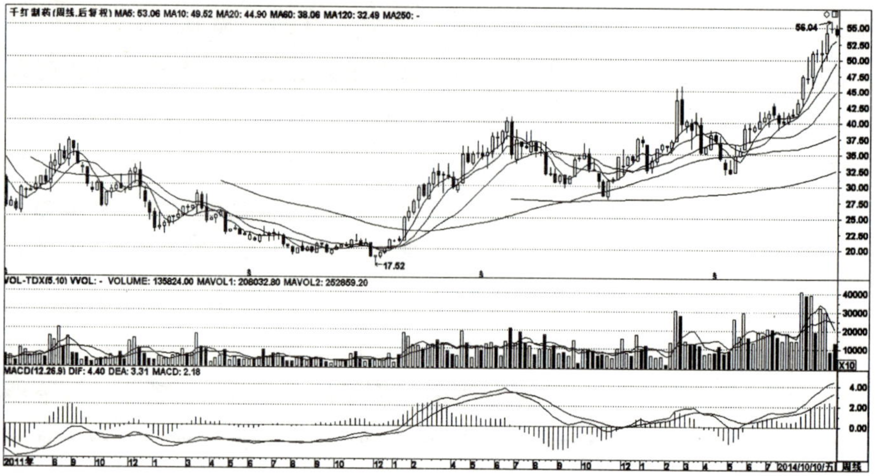

图 7—1 千红制药 2011—2014 年周线图

价追买该股，一路从 3 元左右追到 21.86 元，结果在 21.86 元最高价重仓买入，买入之后第二天开始，就一路振荡下行，一直跌到 2008 年 11 月最低的 4.5 元。因为过于相信自己的判断，尽管套牢很深，但我在 10 元左右开始，每下跌 5%就买了 500 股，一路买下去，也让我在 4.5 元买了 500 股，随后 2009 年股价大幅反转，该股一路涨到 22.66 元，比我当年追高买入的价还高，不仅解了套，还赚回了超过银行的利息。这次操作让我以后不敢再追高了，也让我明白了止损的意义，但同时还告诉我，只要判断准确耐心持有，适时补仓也可以有收成。

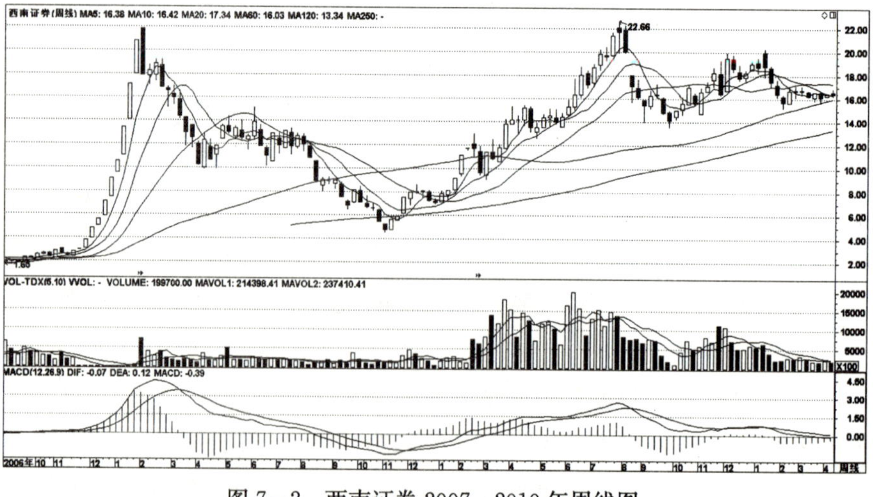

图 7—2 西南证券 2007—2010 年周线图

还有一例子是2014年上半年操作的吉恩镍业（图7—3）。该股是2014年年初发现的底部大幅放量的个股，自己1月底2月初在9元左右追高买入部分筹码，谁知买入后差不多一个月的时间内都让我在盈亏边缘煎熬，于是在3月份股价爬上10元后就出手抛掉了，还暗自庆幸跑得快，两个月后该股最高到了19元多，自己赚得仅仅只是零头，而且长期稳定在17元价位以上，后悔不已，这里关键还是没有耐心，发现了好股不敢坚持。

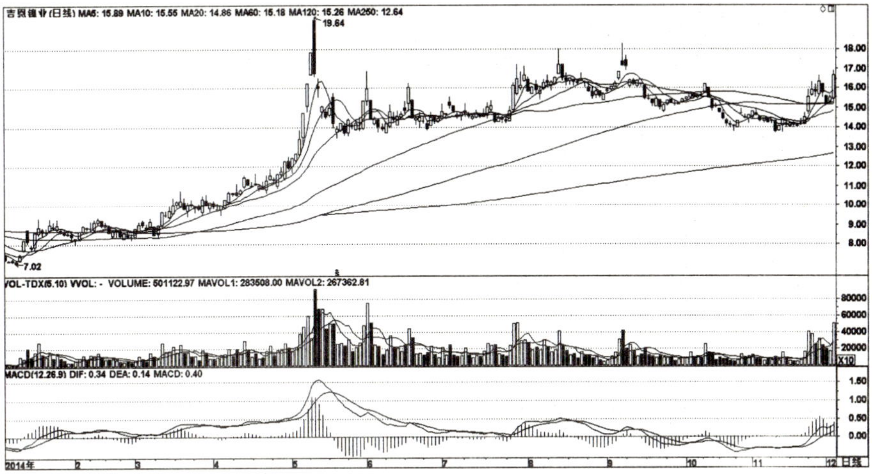

图7—3　吉恩镍业2014年日线图

三是减少操作，克服“浮躁”，不要频繁进出。记得《中国证券报》曾经刊登过一篇《农村二叔炒股记》的短文。里面的主人翁认为炒股和种庄稼差不多，都要遵循规律，不同时间段做不同的事。比如，庄稼在生长的时候，肯定等着；庄稼成熟了，就该收割了。如果今天刚播下种子，明天就急着挖出来，肯定没有收成，轮到该收割时，你却迟迟不动手，稻子就会烂在田里。同样，庄稼人一年中也有农闲的时候，此时，大伙就休息，走走亲戚，看看电视，打打麻将，调节一下生活节奏，也为下一个农忙养精蓄锐。另外，换股类似种庄稼换品种，如果总是换来换去，没有一个正常的生长周期，收成肯定成问题。种什么还要根据季节不同种不同的品种。如果总是种一个品种，也会出问题有的甚至可能会发病绝收。还有，种地也要看老天爷的脸色，风调雨顺，年成好就要争取多种多打收入，灾年就要减少投入尽可能减少损失。

把炒股比作为种庄稼，虽不是完全准确，但也不乏道理。我们炒股也要学习农民种庄稼，首先要不误农时，该买时买，该卖时卖；其次要注意季节变换，不同时期投资不同热点板块与品种；再次要忙闲有度，尊重规律，不能第一天买了第二天就想涨停赚大钱、浮躁，而应该做到该等的时候等，该闲的时候休息，不能春夏秋冬都在“田里”。最后要顺势而为，行情好的时候多做，行情不好的时候少做或者休息。很多散户牛市不挣钱，根本原因就是看别人的股票大幅上涨，自己手里的股票不动就想换，结果，卖出的股票涨了，买进的股票又不动了；还有的是刚卖出股票又买进股票，既然要买何必去卖呢？大多数人并不是手里的股票涨多了，而是没有定力，过于浮躁，想赚快钱，其结果不仅是给证券公司打工了，而且更容易出错，导致亏损。

四是遵守纪律，抗住诱惑，不去赌博买卖。股市充满陷阱与诱惑，很多散户由于研究不细、技术把握不准、自控能力不强，经常沦落为机构、庄家的盘中之物。股市的魅力在于它的诱惑太多，化腐朽为神奇的机会太多；丑小鸭转身为白天鹅的故事太多；一夜暴富的案例太多，以至于它就像古希腊传说中有着迷惑众生歌喉的美丽海妖，明知道里面充满风险，众人还是按捺不住操作的冲动，就像听到海妖歌声的水手一样难以自控，只要账户上有钱就非得把它变成股票心理才踏实。买进、卖出、再买进、再卖出，周而复始，每天重复着过去的错误，就是不肯认错回头。他们很多人不知道，在股市比的不是谁聪明，而是谁守纪律，即破位必卖，果断止损，不与股票谈恋爱。定了的盈亏点就要执行到位，防守好了，盈利才会变为复利。

在诸多造成散户不守纪律的诱惑中，有三个常犯的错误。首先是快速致富的幻想。股市中流传着很多一次暴富的神话，很多投资者就幻想着这样的机会能尽快落到自己身上，希望自己的本金就像一个不断生钱的机器，一看到 61、63 的涨跌幅排行榜中没有自己的股票，就想换股操作，这就是大多数散户牛市不赚钱的主要原因。看着别人手里的股票都是涨幅靠前的“快马”，自己手里的股票是窝着不动的“死马”“病马”“慢马”，就憋不住去换别的，谁知常常是自己一换股，原来的“死马”活了，“慢马”快了，而换进来快马的又成了“死马”“慢马”，似乎市场成心与自己作对。其结果，一轮行情下来，股票换了不少，利润赚得不多，还不如老老实实拿着当初的股票涨得多。之所以许多散户出现这个问题，根本原因就是太想快速致富了，太想提高本金利用率了，结果欲速反而不达。他们不知道，股市其实是个比耐力、比长远的地方，在这里挣一次钱甚至挣一次大钱不算什么，关键是在几个牛熊循环下来，你还能在股市生存，而且还能继续保持连续赢利。股神巴菲特的年化收益率也只有21%左右，但人家是连续50多年来计算的。事实上，我们的股市从开市以来，每年涨幅波动区间超过20%的机会比比皆是，你只需每年抓住一次就足够了，其他时间完全可以休息，不理不睬。20年下来，每年就算20%的收益率，本金就算一万块，现在也跻身于上层富裕社会了，但真正能做到的又有几人?

其次是自己股票会走独立行情的侥幸心理。在股市中，我们常常可以看到不少股民在股票上涨时拿不住，赚一点就跑了，很少有涨50%不跑的。但在股票下跌的时候，他们竟然无动于衷，这就成了散户亏钱的主要原因。赚得少，亏得多，赚钱时是一段一段的，赔钱时是从头赔到尾。之所以出现这种情况，就在于他们不想亏损卖出，希望每一次交易都赚钱，都成功。特别是大多数股民赚钱有利润时落袋为安下决心容易，一旦套住出现亏损则心存侥幸，认为自己的股票可能会走独立行情。不知道在大的趋势形成以后，几乎所有的股票最终都会顺从趋势。有的明知道趋势不对，却希望自己的股票能够反弹让自己解套乃至赚钱再跑。还有些就是下定决心准备等反弹时就卖出止损，但真有反弹时又觉得还可以多涨点，或者希望少亏点，结果常常是在犹豫徘徊中迎来了新的低点，止损与减少亏损的机会就这样丧失了。有人说，买进容易，买进缘于心中的冲动和盲从，缘于迫切想挣钱的幻想；卖出很难，难在我们有太多、太大的期待与幻想，在于还不愿面对事实心存侥幸的人性弱点。其实，股市如商场、战场，胜败盈亏都是正常的、平常事，任何人都不可能百战百胜，这里要的只是在本金安全的前提下，盈大于亏，不断有长久连续的获利。因此，在危及本金安全的时候，再好的、再多的诱惑也要三思，不能轻易出手，一旦发现不对头，或者决策买入为错误（包括错误的时间，错误的股票）就要及时止损不能犹豫。要把本金从初始投资概念变为不断提高的阶段投资概念，即第二次投入的本金是初始投入加上第一次投入所产生的盈利，只有这样你才会在不断滚雪球般的投资过程中确保连续获利。

第三，用博彩与赌徒的心态买股。很多散户在股市中输得很惨，一个重要的原因就是赌徒心态太重、赌博思维太浓。他们买股票不是经过认真研究分析，而很可能是听信他人，特别是熟人、证券公司工作的人、挣过大钱的人、上市公司内部或有联系的人所推荐，尤其是对收购、重组传闻更是宁可信其有，担心错过机会，与暴富失之交臂，即所谓“搏一搏，单车变摩托”。他们买的股票盈利了，甚至有可观的利润了，还舍不得走，最后坐电梯又回到原点，主要是预设的目标太高或者老变，涨了还想涨，到了原定的目标又把目标定得更高，担心万一走错了，失去了赚钱的机会。而一旦趋势发生改变又把先前的目标当目标，后悔当初没落袋为安，希望再回到那个位置就走，结果常常是机会不再来了。他们在股票被套住以后不是去止损，而是不断加码买进，想摊低成本，赌反弹解套翻本，一旦真反弹了、解套了，又想多赚点钱再走，结果是越套越深、越亏越多。他们面对真正的机会时，又犹豫不决，患得患失，“夜间想了千条路，早起还是老思路”，股票初涨时，不敢下决心果断买进，涨了上倍甚至几倍了又经不住大牛股的诱惑，在天上追进，即便是追对了，遇到一点振荡又不拿不住，结果变成砍了又追，追了又砍，理智、金钱就这样在追涨杀跌中消耗了。

五是平和心态、力求超脱，不要时刻看盘。散户买了股票以后，最大的问题就是放不下，时时刻刻盯着盘面分时走势，不断参与股吧分析讨论，心情经常随盘面走势变动而起伏，涨了怕跌，跌了怕套，常常弄得六神无主，在关键时刻做错方向，不仅没有赚到钱，还影响生活、身体。对于盯盘、看盘问题，网上早些年曾有一篇影响比较大的帖子，叫做《一个离职操盘手的忠告》，文章认为在股市中，庄家与散户是一对矛盾，除了企业业绩改善，股市赚钱主要在于低买高卖股票的价差，作为庄家对手的散户因为贪婪和恐惧的弱点常常被利用、放大，进而成为亏钱的主要群体。由于庄家深知你的贪婪与恐惧，他就让盘口别有洞天、风起云涌，他让K线图青面獠牙、天花乱坠，只要你睁开眼睛看，你就会患得患失、神魂颠倒，甚至惶惶不可终日……庄家就这样征服了你，他把这个交易市场当作戏院，将自己看成是卖座的大明星，而你心甘情愿做个忠实的观众，他就没天没日地尽情表演。文章认为，庄家最怕的、最担心的就是散户不看盘，买了股票以后耐心等待，不闻不问。当你不看他的时候，当他没有观众的时候，当他对牛弹琴的时候，他真的好怕！因为他的钱是贷款，他要付操盘手的工资，面对一个“不看、不闻、不问、不急”的人，面对一个“无知、无欲、无畏、无惧”的人，他的一切表演都是徒劳的，这就是庄家的死穴，这样的股民就是庄家永远不可能战胜的散户。帖子认为，主力最怕的就是散户“不看盘”“散户不发表意见”，得不到任何信息的主力操作起来就是闭门造车、无从下手！所以，文章建议散户买了股票之后不要老盯着分时与K线走势，不要老去自己股票股吧发表意见，学会“沉默是金”，这样才有可能战胜庄家主力。

这个热贴说的可能不一定全面、准确，现实市场中主力、庄家有其自身优势，散户无法比，但在心理层面上，确实存在主力、庄家影响散户行为的问题。散户在跟庄的同时如何不被庄家牵着走，就是一个关键的问题。重点是散户不要时时看盘，保持平常心，即所谓手中有股、心中无股。由于现在的主力、庄家坐盘，画K线更为隐蔽，更有艺术和欺骗性，如果我们天天盯着，其一，分时走势瞬息万变，容易被小波动的变化影响对大格局、大势趋的判断。其二，主力、庄家做盘的针对性、有效性，成功率就可能更高，人性的弱点决定了散户在看盘的时候情绪很容易被盘面波动所影响，很难保证不被主力、庄家的一个一个陷阱所俘获，从而做出有利于庄家、主力的行为。其三，时刻看盘，更容易搞坏心态，影响定力，最终影响买卖决策，让冲动买卖、赌博式买卖、患得患失、犹豫不决等问题不断涌现。其四，时刻看盘，还影响散户的正常工作，打乱自己的工作生活节奏，造成一切围绕股票转，让原本投资中的小浪花影响我们的大生活。因此，散户最好的方式是认真研究投资股票，发现好的投资标的，买入后就耐心等待设定目标的到来，并根据大势的变化进行调整，平时尽可能不去看盘或少看盘，免受短期波动所扰，更不会被短期波动影响投资行为和生活心境。

二、处理好投资与投机的关系，买股着眼于投资，卖股不妨投机

在证券市场，人们谈论最多的一个话题是投资还是投机。国内很多学者与官员，总认为二级市场投机者太多，投资者太少，总希望把大家的行为引导到投资上，以至于看到股市大涨、个股大涨就紧张，就希望打压下来，进而在管理监管层面就出现了一个怪现象，“怕涨不怕跌”。一旦股市转牛，各方就高度关注，生怕把股市做起来会带来大风险，而股市长期走熊，一路下跌，管理监管层反而睡得安稳，感觉踏实，似乎股民都亏损比全赚钱还好些，完全把问题事情弄颠倒了。

（一）在股市区分投资与投机原本就是一个伪命题

在证券市场区分投资与投机，最早来源于证券分析的需要。“现代证券分析之父”本杰明·格雷厄姆认为，投资是指根据详尽的分析，本金安全和满意回报有保证的操作。不符合这一标准的操作都是投机。在他看来，投资与投机的本质区别在于投资的安全性，这既包含本金的安全，又包括投资回报的稳定可靠性。由此还形成了股市投资“安全边际”的概念，安全边际就是证券的市场价格低于其内在价值的差额。有安全边际的股票就是其市场价格低于其内在价值，两者的差距越大，安全边际就越高，越值得投资。相反，一旦安全边际消失，市场价格高于股票的内在价值，就不值得投资，体现在操作行为上就是卖出。于是，安全边际就成了区分投资和投机业务的核心标准，也就是说，买进或持有有安全边际的股票就是投资，买进或持有没有安全边际的股票就是投机。更具体而言，投资是寻找发现和分享价值，投机是预判市场走势并采取相应行动，即看涨时做多，看跌时做空，通过预判走势下注价格变动；投资的策略是证券估值，即评估证券的内在价值与安全边际，并据此行动。投机的策略是预测市场的走向，并据此行动。落实到实际操作中，投资的行为是发现股票报价低于其公允价值时买入，高于其公允价值时卖出，而不管短期波动。即我们常说的“选股大于选时”。投机的行为是预测股市的未来走势是上升时，购买或持有股票，认为未来走势会下跌时，就出售或停止购买股票，即我们平常所说的“选时胜于选股”。投资所依据的是股票基本面分析，投机所凭借的则是市场趋势分析；投资一般是长期持有，投机则反映为频繁交易。最后，格雷厄姆还认为，因投资与价值联姻，总体上会有良好回报，而投机则是零和博弈，扣除交易成本后是负和游戏，多数人都会亏钱，长期的结果必然是投资者整体盈利，投机者整体亏损。而且任何人都不可能将价值投资与趋势投机结合在一起，捏合的结果只能走向投机。

然而，在实际操作中，我们实在无法将两者区别开来，也没有这个必要。

第一，从人们投资股市的目的来看，人们进入股市干什么？赚钱！在股市赚钱主要来源于分红与价差。一般而言，完全靠分红赚钱有稳定回报的公司少之又少，即使有也会因为大家争相买进而抬高股价，造成分红收益下降。唯有低买高卖的价差才是股市赚钱的主要来源。而要获得价差，所买的股票价格就必须上涨，股票价格上涨的力量又来自于市场的买方，即不断有人买进，人们买进一只股票，无论是投资还是投机，他在买入之前的预测与判断，肯定是趋势向上。从总体来看，市场趋势的力量，永远大于个股的安全边际的支撑，也就是说，当市场整体向下的时候，倾覆之下没有完卵，再好的股票也不可能独立向上，这样人们就无法预知好股票的安全边际到底会扩大到哪里，延续到什么时候。假如一只内在价值在100元的股票因为市场趋势不佳极端跌到10元，作为价值投资者是99元开始买进还是19元开始买进呢？显然，其买入时机完全取决于投资当事人的市场预测分析，当他认为趋势可能转好时就买进，认为下跌趋势仍将继续就等待。这里他究竟是个价值投资者还是趋势投机者呢？我只能说他是个想多赚点钱的投资人。因此，在这样的投资人看来，能涨的股票就是好股票，而没有必要区分这个股票有没有安全边际。如果一只股票安全边际大而老不涨，另外一只股票安全边际低而老涨，对股民而言，肯定是涨的股票有投资价值。

第二，从影响股价变动的因素来看，除了公司业绩、质地、成长性之外，还包括证券市场的供求关系、投资者的心理预期、宏观经济环境、行业产业状态、货币政策、国内外的政治、经济、社会环境等许多方面。再高明的投资者都不可能仅靠个股的基本面分析包打天下，而必须既“选股”又“选时”，既重视个股基本面又重视个股技术面，既有投资的理性分析又有做价差的相机抉择，不能也不会把投资与投机割裂开来。试想，如果因为个股基本面之外的货币因素、政策因素或其他因素导致整个二级市场股价高估，那么是不是所有自认为投资的机构、庄家、散户都要退出市场呢？显然不能也不会。

第三，从行业、企业变化运行的规律来看，个股的价值分析与公允估值是一个众说纷纭难以形成共识的事情。由于行业差异、产品差异、经营者差异、技术差异、市场差异、资产质量差异、员工素质差异，消费者评价差异，人们很难对一家上市公司进行准确的估值；如果加上市场的变化、技术的进步、行业的创新变革、消费者偏好的改变，估值就会变得更为困难。因此，就是所谓的价值投资也是建立在不确定、预测估算基础之上的，仅仅只是近似、大致、大概率基础上的测算，在这个意义上说，也有投机的成分存在。

第四，从持股的时间来看，时间长短不能当作区分投资与投机的标准。恰恰相反，很多散户持股时间最长的股票是套牢最深的，亏损最严重的。有的股票高位买下时，或许当时公司正是发展如是中天的时候，是绩优股，估值也不高。后来因为市场变化，基本面发生变化和其他偶然因素，造成股份估值发生雪崩，价值投资反而成了伤痛，如果又舍不得及时止损出局，只能是越陷越深。比如 2007 年 11 月在高位买进中石油（601857）的投资者，抱到现在有 7 年时间，但一直亏损累累；还有在 1997 年高位买进四川长虹（图 7—4）的投资者，持有快 20 年，不仅没有挣钱，还越跌越深。这里面可能有很多投资人都是深受价值投资观念所害。

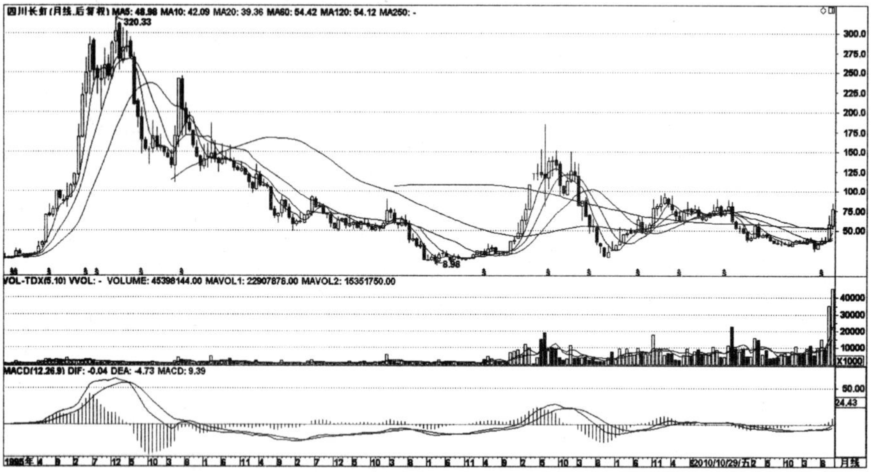

图 7—4　四川长虹 1995—2010 年月线复权图

第五，从广大股民的实际操作来看，绝大部分人都不可能像机构投资者那样有专门的分析师团队，也不通晓经济学理论，更不会进行估值分析，但我们不能因此就认为这个市场都是投机者，没有投资者。事实上，投资的原动力就是有预期收益，也就是预测行业、产业、企业、未来趋势变好。股市也一样，只有大家预期未来有行情，大家就可能增加投资，真涨了，与预期一致，实现收益，投资成功。相反，股市没涨甚至下跌了，与预期收益相反、亏损了，投资失败。它跟做实业原则上没有本质区别。

从上面分析可见，把股民区分为投资者与投机者本身就是不科学的伪命题，人们进入股市，投资收益高就投资，投机赚钱快就投机，该投资时候投资、该投机的时候投机，没有一成不变的固定模式，这才是真正的市场规律和市场趋势，也才是真正的证券市场。

（二）证券市场的魅力恰恰在于不断创造合法的投机机会

西方有位证券大师曾经感叹，在股市里，永远只有投机，没有投资。这话虽然有些偏激，但也道出了证券市场真实的一面。

其一，没有适度的投机交易就没有投资价值。假如我们的证券市场股票好坏、价格与价值关系都是透明的、一清二楚的，没有风险和不确定性，大家都知道买什么股票挣钱，都去买卖同一种股票，可以想象，这个市场就会索然无味，甚至缺乏效率，要么就买不到，要么就卖不出。没有意外，没有惊喜，也就毫无生气，没有吸引力。事实上，自从有了股票二级市场，测不准就是它的特征、性格，无论是大势还是个股，有人预测下一个交易日会涨，有预测可能跌，两种力量平衡的地方就是交易价格，实际走势与判断一致就赚钱，判断不一致就可能亏损。这种竞猜游戏加上题材、并购重组、消息刺激、高送转分配预期等，如果判断准确、踏准节奏、资金周转快，一年翻倍甚至几十倍都不是神话。这就会让二级市场的参与者乐此不疲，永保市场的活力，也让崇尚价值投资的人士可以顺利买卖而不必担心无法交易。

其二，投机并非赌博，而是投资者的理性预期。人们非议投机，很大程度上是把投机等同于赌博，这完全是误解。由此我想起改革开放以前的“投机倒把”，那时干这个活儿的人就是把产品从价格低的地方返卖到价格高的地方，一旦价差缩小、或者低于运费，这种流动就会停止。因此，投机倒把的前提是市场调研与分析，核心是必须存在价差，关键是必须先知先觉，发现得越早，行动得越快，赚的钱也就越多。股市的情况也是如此，由于在上市公司与投资者之间，不同投资者之间存在着信息不对称，那些通过分析研究发现有价值信息的投资者就有可能在别人没认识到之前挖掘发现出潜力股。一旦大家陆续发现预测分析以后，股价也变化一大段时间了，这样首先发现的先知先觉者就发财赚钱了。显然，它与赌博完全不同，赌博是纯粹建立在概率论基础上的博输赢，而且一旦赌输将血本无归。股市投机则是建立在系统的有效经济分析基础之上，有些甚至有大概率成功的把握。尤其重要的是，优秀的投机者有纪律，一旦发现判断出错，会立即出清止损，有的甚至在计划购入行动之前，就设定了止损线，从而最大限度地保障自己本金安全，绝不会像赌徒那样加码买进输红了眼，最终导致倾家荡产。

其三，投机是股市交易的基本策略。所谓投机，最通俗的表述就是“炒买炒卖”，因此，“炒股票”、“炒外汇”、“炒期货”都是典型的投机市场。投机也就成为这些市场最基本的交易策略。就股市而言，由于影响股价变化的因素众多，股价的短期波动频繁，尤其是其价格变动大多数时候与企业本身的经营变化无关。例如二级市场每天都有很多股票价格涨跌停板，但企业经营绝大部分可以说毫无变化，即使有变化也不可能有那么大的变化。一些在美国等境外上市的企业更能说明问题，那边在交易的时候，这边企业员工大多在休息，不可能在睡梦中企业出现了导致股价大幅波动的变化。大多数股价的变化完全在企业之外，是交易行为本身引发的，是买卖双方力量对比发生变化导致的，是参与各方根据自己预测交易行为的结果，也就是投机使然。

股市投机，第一大好处是活跃了市场交易，提高了市场流动性。因为有投机机会，参与的人就多，交投也就非常活跃，市场效率也就高。在“马太效应”与“赚钱效应”的推动下，市场规模也会越来越大，成交量也会越来越高。第二大好处是促进市场信息流动，增强了价格发现功能。一只股票价格突然出现异动，就会引发投资者的关注和研究，一些被淹没的没有引起注意的核心信息就会被挖掘出来，与信息相对应的股票估值也会发生改变，进而使那些低估值有题材、符合未来发展趋势的上市公司股价得到充分挖掘。第三大好处是分散了投资风险、减缓了价格波动。人们常常把投机与放大风险相提并论，实际上，股市的投机参与者众多，有人进有人出，比单边走势分散了风险。同时，当股价上涨过头，看空的投机者就会卖出头寸或者融券沽空，股价自然回落，一旦股价下跌过多，看多的投机者就会进场买进股票或者融资做多，价格波动的幅度影响减缓。显然，过度投机只是证券市场的偶然现象，大多情况下的适度投机是股票市场健康运行的基石。

其四，证券市场越发展，投机功能就越强大。认真研究资本市场，大家会发现一个有趣的现象，那就是人们一边在批评投机，一边在不断开拓新的投机工具，做大投机市场。证券市场的发展壮大更是与投机工具的运用拓展紧密相关。

首先是丰富投机品种。初始市场只有股票交易，随着股票市场的不断壮大，一大批股权类衍生产品被开发出来，如股指期货、股票期权、权证、

ETF、ETF权证、ETF期权等。这些产品以证券市场的股票、股价指数为基础，具有同现货产品不同的风险收益特性，投资者可以使用这些产品进行风险对冲和资产配置、理财组合，进而形成新的套利机制，也就是投机机制。通过衍生产品交易的逐利带活壮大了证券市场的交易规模和活跃程度。

其次是完善了投机工具。投机交易的基础是对未来的判断与预测，一个优秀的投资者在开展投机交易活动时，他要对可能的风险进行预估，并能够提前进行锁定，还会受到自有资金与证券的约束，即使有很大的把握，在没有衍生产品和相关工具时，也只能眼看着大好机会的流逝。而有了融资融券工具，看多看空就有了更大的操作空间。有了股指期货，就可以在股票与股指期货之间进行套期保值交易，即如果你买进了大量股票又担心股价下跌的话，你可以通过股指期货卖出做空对冲风险，如果你卖空了股票又担心大市上涨踏空的话，你可以在股指期货上做多进行风险对冲。有了ETF指数基金，人们可以免除了选股之苦，在六神无主，不知道买卖什么股票好的时候，你就可以通过买卖热点板块的指数基金，来分享大市变化带来的收益。更为重要的是，融资融券、股指期货，股票期权、权证、ETF等工具的推出，彻底改变了过去只有单边做多才能挣钱的问题，只要你判断准确，你无论买卖都有赚钱的机会。

再次是提升了投机的效率。证券衍生产品有不少在制度设计上实行的是杠杆交易，这就为广大投机客提供了以小搏大的机会。例如现在的沪深300股指期货指数合约的乘数是每点300元，交易保证金为合约价值的10%，假定沪深300指数现在为2500点，那么交易一手需要的保证金就是2500×300×10%＝75000元，如果购买者运气好，在2500点买入（卖出）做多（空）后第三天到涨跌停板或者第三天涨跌达到10%时平仓，那么他就用75000元保证金挣到了75000元利润（不考虑交易成本）。假如这个人运气更好，在2500点买入（卖出）时指数刚好比上一日大跌（涨）到底（顶）部，尾市指数翻红（绿）大涨（跌），第二天继续前一天尾市的走势，投资者在第二天的获利幅度达到20%时平仓，那就意味着在短短的两个交易日时间内用75000元赚了15万元。这仅仅只是按1手合约来计算，而且只算周转一次。显然，股指期货的放大杠杆效应让投机效率成倍提升。融资融券同样也能让投资者的本金放大，用最小的钱发挥更大效应。权证的T+0交易（股市二级市场在有股指期货以后也应该实行T+0交易）更能将交易推至天量水平。

（三）蓝筹绩优股大都缺乏长期的投资价值

说到股市投资，人们首先想到的就是蓝筹股、绩优股，特别是大盘蓝筹股。很多散户入市多年不赚钱或赚钱很少就是受舆论与价值投资理论的影响买大盘蓝筹太多、太久。如果股市中的蓝筹绩优股很多都缺乏长期投资价值，那其他股票的价值投资根本就无从谈起。笔者曾在《证券市场红周刊》发文谈论过这一话题，并认为，对广大散户而言，大盘蓝筹宛如明星名媛，看起来很美但只可远观，真娶回家买到手可能会是无尽的烦恼。

第一，绩优蓝筹股成长性差，变好难，变差容易，并没有估值优势。市场人士推荐绩优蓝筹，主要理由是业绩好、市盈率低。很多散户容易被这个理由所忽悠，结果买进以后就是不涨还不明就里。他们不知道，现在许多绩优蓝筹都是成熟到极致甚至正在走向夕阳的行业与企业。因为上市前业绩好，上市后股价初始定位高，要想继续支撑高股价，企业就必须继续保持业绩高增长，事实上这对大多数成熟企业都是一个大难事。A股市场许多绩优蓝筹股缺乏吸引力的主要原因在于此。大家看看一批批高速公路上市公司、传统商业上市公司，其上市初期业绩非常靓丽，然而几年下来，继续大幅提升的有几家？很早以前，我就提醒过同事对这类绩优股敬而远之。还有在沪港通开通后很多人憧憬银行股的行情，不知道我们的银行特别是大银行的业绩都是靠政策偏饭、垄断经营形成的，市场经济越成熟它们压力越大。商业公司更为简单，电商对传统商业的冲击是致命的，就像新华书店县以下的能存活的没有几家。散户千万不要被绩优股的市盈率低所迷惑。要明白，市盈率除了与公司业绩相关以外，还与行业、流通盘、总市值相关。传统行业、老企业、股本盘子大的企业市盈率低，新兴行业、高新企业、盘子小的公司市盈率高是正常现象，单纯看市盈率的高低来进行所谓的价值投资无异于缘木求鱼。更何况，国家经济转型、转方式、调结构、集中于传统行业的大盘蓝筹将首当其冲，其成长性必然会因为市场与市值双重制约而出现问题，业绩变脸快、变脸大也就不是很意外的事情。

第二，绩优蓝筹股题材缺乏，既不是好的投资标的，也没有大的投机价值。投资绩优蓝筹，除非买在股价的历史低位，而且不出现业绩变脸，这样的前提条件对散户来说，根本无法控制。那么，可否用来投机呢？回答也是否定的！因为股市是个讲故事的地方，A股更是一个靠价差赚钱的市场，从来没听说过哪位二级市场的投资者靠分红获得巨额投资回报的。绩优蓝筹特别是大盘蓝筹，因为盘子大重组难没有故事，处于传统行业多转型慢没有惊喜，本身体量大包袱重业绩变脸也比较容易，就是想并购重组也因为股价高、成本高难以吸引好的标的。很多此类公司是回报不高，圈钱不少。再融资的大户是他们，发债的主体是他们，发行优先股最积极的是他们，更可怕的是市场大小非减持压力最大的还是他们。因此，除非大牛市登场，一般不要碰他们。

第三，绩优蓝筹股要么盘子大、要么股价高，不仅活跃度低机会少，而且选股难、操作成功不容易。散户一般资金量不大，想要在绩优蓝筹标的中选择投资对象不是一件容易的事。因为在绩优蓝筹中，真正优质有价值的龙头股票的股价早已高高在上，如贵州茅台、云南白药、青岛啤酒、格力电器、天士力等。恐高的散户那点儿小钱根本买不了几股，就是下狠心买到了还不知道是不是高估的价格，倘若碰到像中国石油、中国铝业、四川长虹那样坑人的绩优股就很难翻身了。而喜欢低价的散户愿意投入的低价蓝筹又集中在银行、钢铁、煤炭、有色、电力、航空等传统周期性行业，除非遇到经济景气周期的上升阶段有趋势性机会之外，大多数时候只是脉冲性行情，很难踩准节奏，只要做错，套住的不是一两天、一两个月，而是一两年甚至好多年。2007年大牛市高点买进传统低价绩优蓝筹的股民至今大多还在山顶上站着岗呢。此外，现在证券市场的资金并不充裕，新股发行压力还非常大，对大盘子、大市值的股票大部分资金不敢随意去炒作，一旦被其缠住，进也不是退也不行，就像工农中建几大银行股，一年中大部分时间每天都在几分钱甚至一、两分钱之间慢慢磨蹭，几乎难得有一两回大的机会。

（四）无论投资还是投机，只有赚钱才是好买卖

在市场经济环境中，人们很难找到100%保本又挣大钱的投资机会，除非你把钱存在银行里吸利息，可还说不准通货膨胀、货币贬值让你得不偿失。因此，在股市里要想完全区分投资与投机是很困难的，正常人都会在两者之间不停相机抉择，追求自己投入收益最大化。打一个形象的比喻，假设有一座大山，用一个巨大的字母“A”来表示，那么投机就是在山顶的左边，在上山阶段买入，即顺着趋势走，顺势而为。投资就是在山顶的右边，在下

山阶段买入，离山顶越远买入的力度越大，越跌越买，即所谓跌得越久、跌得越深，估值优势越大。投机最大的特征是顺势而为，发现对趋势的判断错误就及时改正；投资最大的特征是越跌越买，在某种意义上是拒不认错并且在错误基础上加码，当然前提是投资人确认投资标的也就是买的股票值得投资。这种越跌越买的投资方式在不成熟的A股市场一点儿也不比投机的风险小，甚至还有赌博的感觉。假如投资人赖以分析的年报、中报、季报和上市公司的核心信息都是造假、做假、虚假的话，整个投资系统就会全部坍塌了。因此，我们散户不要去管投资还是投机，只要能赚钱就行。

一要能够明大势。散户炒股、本金不多，经不起折腾，要想让资金发挥最大作用，第一条就是要看清楚再做。这里要看清楚的主要是股市大环境，大环境不好，大多数个股很难特立独行，大环境好，大部分个股都会跟上趋势。因此，如果判断是牛市来临就放心大胆做多买股票；如果是熊市就严守纪律空仓休息，不要自以为是，更不要想象自己是超人，能够抓到熊市牛股，散户很多少人吃亏就吃在自以为是上；如果是平衡震荡市，就半仓操作，进可攻、退可守，发现趋势改变立即采取相应对策不犹豫。当然我们股市实际不可能这么简单，牛市还存在指数型牛市，结构性牛市，不同市场特色有不同的策略。如碰到2007年那样的指数型牛市，买绩优蓝筹为首选，如果碰到的是2013—2014年这样的结构性牛市，买创业板、中小板、小盘股、次新股是重点。还有大趋势中可能有小反复，牛市有回荡整理、熊市有途中反弹，在大趋势没有改变前，对这些小波浪，要么不做，要做也要小仓位快进快出，一旦出错，立即认赔出局。这样，散户在股市中的策略也就非常简单：何时买股？大市好的时候，有赚钱效应的时候，也就是大多数人、大多数股票买了都赢利的时候。其他时候就耐心等待，个股也是如此，即便是具有价值安全边际的股票也不要马上买，要在股价走出底部关键点，大势向好才买。盈利的股票走势出现逆转不能再增加赢利时要卖。买进的股票出现亏损并跌破关键的技术位要卖。如何防？把本金的安全放在第一位，把上一轮赢利计入下一次投入的本金，原则上不让本金亏损，最大允许值也在10%范围以内，宁愿错过，不要做错，特别不能犯大错误，这样本金不断累计，复利自然增长。

二要主动跟热点。马克思在《资本论》第一卷分析资本的原始积累时引用过一段名言，“一有适当的利润，资本就会非常胆壮起来。只要有10%的利润，它就会到处被人使用；有20%，就会活泼起来；有50%，就会引起积极的冒险；有100%，就会使人不顾一切法律；有300%，就会使人不怕犯罪，甚至不怕绞首的危险”。引入到股市中，就是有资金关照的地方才会有行情，成交量的放大是关注的前提。具体策略上就要追逐热点，特别是大资金、私募资金聚集的地方、板块、个股。股市、股票上涨必须靠资金推动，资金扎堆的地方，也是容易出黑马、赚大钱的地方。有些散户可能喜欢找冷门。我想，就是这样你也要尽可能投资热门板块的冷门股，那样相对机会要大些。热点轮动是牛市和大反弹行情的显著特点。例如2013年以来的创业板，2014年开始的中小板，踩准结构性牛市行情节奏的都赚得盆满钵满。近几年热点板块更是层出不穷，2013年的影视动漫、网络游戏、柔性电子、谷歌眼镜，2014年的航天军工、全息手机、在线教育、3D技术、新能源汽车等板块不断接力表现，只要你买对了收益不亚于一般的牛市。牛股更是奔腾不息，长牛、疯牛接踵而至，只要抓住其中任何一只股票，收益都会非常可观。

三要善于找故事。投机大师索罗斯认为，股市是一个讲经济故事的地方。有了故事就有了事件驱动的机会，就会有行情、出热点、产牛股。这里面政策是故事来源，如当年的股权分量改革，近几年的上海自贸区、新能源汽车、央企改革、沪港通等。产业、企业转型是故事话题，如传统商业转型做电商，医药行业参股民营医院，国企混合所有制改革等。并购重组更是主要故事策源地，2014年8、9月间，沪、深两地有两百多家公司停牌进行重组，总市值20亿以下的小盘上市公司成为许多投资者追逐故事的热点领域。中国经济处在一个转型的时代，转型就是故事的多发期，也是难以取代的炒作主线。

四要不忘赶潮流。在股市中要挖掘新概念、营造新热点，投资者一定要围绕生产方式的新变革、生活方式的新潮流去寻找。即沿着新能源、新技术、新材料、新产业、新的消费热点等新字做文章，只有不断创新才能改变上市公司的利润结构和市场结构，才能提升发展空间，才能获得超额利润，才能吸引投资。近几年股市热点概念如机器人、环保、物联网、智慧城市、智能家居、智能穿戴、网络游戏、电子商务、苹果手机、养老产业、二胎产业等无不与之相关。而跌幅较大又基本集中在钢铁、建材、房地产等传统产业领域。引领生产方式变革与生活方式潮流的都是股市值得挖掘的投资领域。

三、处理好炒股与生活的关系，炒股是为了改善生活，炒股不能代替生活

我们广大散户投资买股票，大多属业余爱好，娱乐的也是业余生活，不能因为炒股而打乱个人或家庭的工作、生活节奏，更不能因为炒股让全家的生活大起大落，特别是不能让全家的情绪都被股市的涨跌起伏所牵引。

（一）利用“三闲”，让炒股不再有压力

对于如何处理好炒股与我们时常工作生活的关系，原中国证监会主席尚福林先生在一次演讲中有个形象的表述，那就是普通百姓炒股需要“闲钱、闲时间、闲心”，一个“闲”字，生动地诠释了散户炒股与生活的关系。

首先，炒股只能用闲钱，不能将全部家当都押上，一定要悠着点儿。随着国家经济的发展，人民收入水平的提高，居民手中财富的积累也越来越多。据中国人民银行公布的数据，到2013年末，我国居民储蓄存款余额已经达到447602亿元。按照年末居民存款余额与常住人口计算，2013年底，城乡居民人均存款余额居全国第一位的北京达到112292.42元，紧追其后的是上海、浙江、天津、广东等地，而列全国最末位置的西藏城乡居民人均储蓄存款也达到15911.07元，紧挨其处在后面的是贵州、云南、广西、安徽。人们手中的钱多了，就有一个如何处置的问题，也就是理财的问题。这就需要在保生活、保值与增值之间进行选择配置；要在保资金安全、流动性与承担风险之间进行选择；要在存银行、买债券、投保险、买基金、做股票、买房子或者投资开店办实业等方面进行选择与分配。股市作为其中风险收益相称的一种理财投资，由于其存在风险性，要求一般普通大众不能把全部家产都投进去，而必须根据自己的风险承受能力进行投资。

大家在选择投资股票作为理财手段的时候，必须明白，有些钱是不能投入股市的，如我们用于家庭日常生活开销的钱，用于孩子上学和其他培训的钱，用于基本医疗保健的钱，用于应付可能出现突发事件的钱等。因为股市虽然流动性好、变现容易，但它并不是包赚不赔的投资、而且常常是亏易盈

难的投资，一旦把这些保家庭基本开支的钱投进去，万一套住了、亏损了，尤其是股票被长期停牌了，全家人就会急得团团转，造成不必要的麻烦。只有用的是上述必要开支之外的闲钱，量入为出，留足后路，投资股市才可以处惊不变，经得起风浪，受得住暂时甚至短期的套牢和亏损，也就不会因为股市的动荡变化影响工作、生活、身体、心情，才可能保持平常心，不至于赚了高兴不得了，套了烦躁不得了，亏了气得不得了一家人都把注意力集中在股市里、股票上。

与利用闲钱炒股相适应，散户投资者最好不要借钱炒股，更不能承诺回报借亲戚朋友的钱来炒股，那样会因为还款的压力，借款人的期待、借款人临时催还钱而打乱整个操作计划。不借钱炒股还包括不要贷款炒股，除非大势明朗、很有把握，一般也不要经常去做融资融券的业务，银行贷款、融资融券，体现在账户上是以日来计息的，一旦做错，无论是交易日还是节假日，借款利息在不断累积，越到后面，借款期越长，股票投资的成本也就越高，解套的压力也就越大，一旦形成恶性循环，给家庭与个人造成的财产和精神损失也就越大。此外，更不能赌博地把房子、车子抵押去借钱炒股，原本炒股是想挣更多的钱提高生活品质，你现在把房子、车子抵押了，一旦失手，那对家庭，个人的生活都是灾难性的甚至毁灭性的，与其这样还不如不入市，过着平常生活呢。总之，不能把炒股当作自己的唯一营生，更不能把一切都赌到股市里。在入市之前，增加投入之前，一定要牢记“股市有风险，入市需谨慎”，而且随着年龄的增长，风险承受能力的下降，更要注意安全性，只能把部分闲钱去投资，即便全部血本无归，也不会影响你的生活，那样，遇到任何风险、状况，都不会影响心情、生活。

其次，炒股主要用闲时，不能分分秒秒都盯在股票上，一定要保持距离远一点儿。我们股市连续竞价交易时间是上午 9：30—11：30，下午 1：00—3：00。对大多数散户来说，上午的交易时间都在上班时间内，只有中午有段时间是个人自由支配的休息时间。当然现在互联网发达，手机交易比较方便，买卖只在瞬息之间，一般机关、企事业单位也不会管得那么严格，但如你分分秒秒都要盯盘看盘就可能违纪违规了，在许多单位上班时间炒股是问题，抓住了还要批评甚至处理，以致于弄得有些投资者炒股也像做贼一样偷偷摸摸，既影响形象，又可能因为担惊受怕影响身心健康。最好的办法就是利用空闲时间来关注一下股市投资，不要时时刻刻都把注意力放在这个上面。

用闲时炒股，要注意做的次数不在多而在准。要么不做，要做就力争有九成以上的把握，就是暂时短期被套了，也能在下一轮行情中解套赚钱，一年就做那么一、两次，每次力求有百分之一、二十的利润就可以了。还要注意做的股票数量不在多而在精。伤敌十指不如断其一指，买很多只股票，容易牵扯时间与精力去关注，不如集中资金买一、两只有把握的股票，做成功了就整个效益出来了。还有就是尽可能做熟悉的股票，不要去做不熟悉的股票，熟悉的股票对股性有了解，买卖点容易把握，就不需花费那么多时间去关注了，炒股也轻松很多。

再次，炒股尽可能以闲心来看待，不要太在乎太执着，对盈亏得失一定要看得淡一点儿。股票市场常常风云变幻，涨跌受很多因素影响，至今没有任何人能把它看清研究透，更没有百发是中的买卖技巧与办法。因此，进入股市必须要有一个好心态，只有心态成熟的投资人才可能在这个市场成为赢家与智者。

闲心炒股，就是把炒股当作一种生活消遣方式，类似平常大家打牌、下棋、唱歌等娱乐活动一样，不要有心理压力，不要过于把它放在心上，不在意一时涨跌，不去天天看行情，以平常心面对股市的潮起潮落。无论牛市还是熊市，日常生活该干啥就干啥，涨了把它当作彩票中了个末奖，下次继续，亏了权当交个学费，花钱买教训，下次从头再来。从容淡定，手中有股，心中无股，说不定还可以从中得到不少闲趣。比如挖掘到潜力股检验了自己的选股能力，判断对大势检验了自己的宏观判断力，跟对了庄家与主力检验出自己的押庄股的能力，猜中了重组股检验了自己抓黑马的能力，抓了一个涨停板检验了一次自己的技术分析能力，如此等等。把股票当玩票、当游戏，小赌怡情，赢了不过于兴奋，输了不过分计较，闲钱反正不影响生活，如果做到一定程度，把本金全部抽出来，完全用炒股的赢利去操作，更会放松心态，更会在股市中轻松自如，游刃有余。那样，我们的炒股就上了一重境界。

（二）借鉴生活，让炒股更加简单

股市，说复杂很复杂，历经这么多年，全世界这么多专家，谁都没有真正能够破解其中的奥秘；说简单很简单，只需买在低位卖在高位就成了，博士与文盲在个案成功比率上没有明显差别。因此，我们散户炒股，不要把它看成是多么复杂困难的事情。实际上，股市也像生活，说简单就简单，说很难也很难；它就是生活，其间很多方法、规律完全可以通过生活折射出来，也就是说，学习借鉴生活，可以让我们炒股更接近成功。

一是要有知足常乐的意境，不要在股市好高骛远。每个人进入股市，都是为了赚钱，而且希望快赚钱、赚大钱。但常识告诉我们，财不入急门，欲速则不达。因此，我们散户炒股，一定要有生活中那种知足常乐的境界。第一，不要目标定得太高。希望通过股市一夜暴富，或者通过股市改变人生，这样就会让自己在股市中压力太大，赢不起也输不起，只有顺其自然，跟着市场趋势走，跟着自己的直觉走，才能让自己在股市中游刃有余。可能结果反而不一般，在股市中找到了生活的大乐趣。第二，要有打持久战的思想。要知道在股市慢常常就是快，快反而慢，那种天天抓涨停，次次踏准节奏，不仅是不可能的空想，而且容易因为一次搞错，次次做错，很多投资者都知道，最好的股票是不涨停但又涨不停的股票，一天两天它不如别的股票，一月两月下来，别的股票可能都不如它。第三，要尽可能积小胜为大胜，不要毕其功为一役。散户本金不大，能买的股票品种与数量都不会多，这就要求投资者在股市操作中不要看不起挣小钱，行情不好的时候有个百分之一、二的利润比没有强，行情好的时候，多赚几次钱比赌在一支股票上强。有大钱赚当然好，没有大钱赚能赚点小钱也可。第四，提高成功率比做的次数更重要。说到积小胜为大胜，并不意味着频繁操作，而是要提高成功率。如果一年做一次有百分之百的成功把握，就做一次也是好的，如果能够以成功率为中心，一年哪怕只做几次也是正确的。只要成功率高，就离成功炒股目标不远了。第五，不要纠结失败，纠结错误，及时改进就是了。生活中人生不如意常有八九，股市中看错做错的事也可能经常发生，关键是怎么不让小错变大错，同样的错误不一犯再犯，这就是要注意止损，注意不断总结提高。

二是多从吃穿住行游玩乐等日常生活中找热点，不必什么股票都去做。散户炒股最大的难题是选股，选股的理论、套路很多，掌握不易。但生活中很多现象和规律把握容易，从中选股就比较简单。

先看吃喝消费，上市公司非常多，其效益走势也容易在市场上得到感知把握，哪种品牌的产品销售最好、价格最贵、口碑最好，只要去超市、商场走一走就知道了。当年巴菲特投资可口可乐、吉利剃须刀用的就是这种方法。我们A股这些年不断出现的牛股贵州茅台、洋河股份、张裕A、青岛啤酒、双汇发展、伊利股份、承德露露、涪陵榨菜、金字火腿、恒顺醋业、光明乳业、梅花生物、海天味业等都有过不错的投资机会。同样，也可以通过价格变化、消费市场的变化感知股票未来的走势。如原来非常火爆的餐饮巨头湘鄂情就是因为定位高端，随着公款消费的控制而逐渐萧条，只要有这个餐馆开连锁分店的地方，稍为去大堂餐厅感受一下就会知道其经营江河日下，如何操作也就一目了然，不至于非等到最后改为中科云网才会幡然醒悟。

再看穿住行消费。纺织服装上市公司不少，但真正成为过大牛股的并不多，为什么？就是因为消费群体定位太难，留住消费者更难，只有少数具有品牌知名度、认定度的公司才会走出像样行情。如喜欢休闲服装的年轻人以及经常给小孩买童装的母亲就会关注森马服饰（图7—5），其巴拉巴拉童装市场占有率位居行列第一。

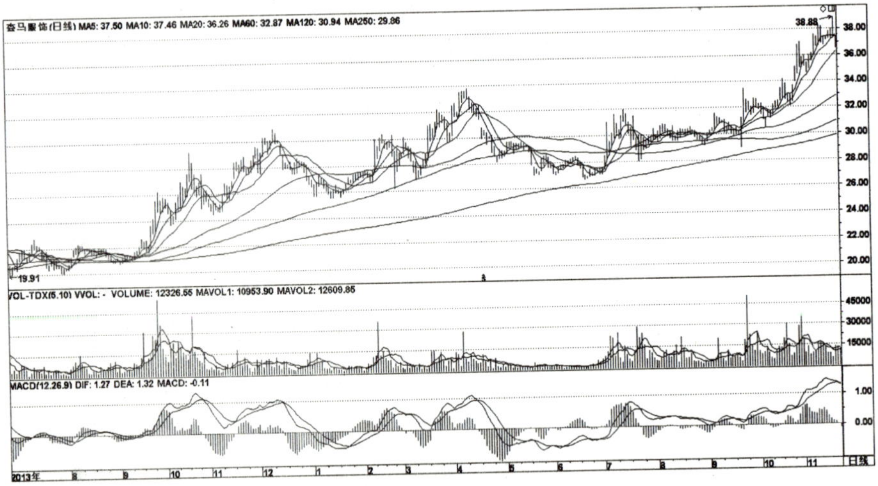

图7—5　森马服饰2013—2014年日线图

关注床上用品的就会知道罗莱家纺（000293）和梦洁家纺（002391），还有内衣名牌浪莎股份（600137），西服品牌杉杉股份（600884）等，但这一块公司因为竞争激烈、消费者偏好变化快而成为长久牛股的并不多。住的方面也容易把握，过去房子紧张时，房地产公司如雨后春笋、趋之若鹜，闭着眼睛买一个大的房地产公司的股票都能赚钱。但一旦房地产过剩，房子难卖，这些公司的股票也就不行了。行的方面投资也好把握，看客流量、交通流量就知道了。

再看玩乐等方面。随着我国居民生活水平的提高，这一领域的公司将会是我们散户投资者值得关注的重点。尤其是其间的新玩意，大家都扎堆参与的玩意更是大牛股的温床。这些年来，从电视机、电脑到手机3G、4G、5G、从腾讯QQ到微信到余额宝，从电子游戏到网络游戏，到影视动漫，从机器人到彩票无不充满着投资机会。单是一个苹果手机就让美国股市的绝大多数传统上市公司黯然失色，2013年A股市场的牛股中青宝（300052）、掌趣科技（300315）也是这方面的代表，还有旅游方面的中青旅（600138）、众信旅游（002707）、中国国旅（601888）等都展示过很好的投资机会。

三是善用生活常识分析股票的发展趋势，不被媒体沉沌的噪音所忽悠。几千只股票对广大散户而言，完全就像刘姥姥进了大观园，不知选什么好。有些股票明明业绩很好，市场走势却不行，很多投资者也无法理解。其实，我们根本不需要那些高深的理论，仅仅从生活常识的角度去思考就能看出门道、发现端倪。

首先，要高度重视新生事物对传统生活的颠覆。喜新厌旧是人类的天性，尤其现代年轻人对新事物、新产品、新生活方式的追求模仿跟随能力极强，由此会带来股市上市公司经营的变化。如数字时代的来临让传统影像产品的世界老大柯达公司2012年走向破产保护，提醒人们传统胶片行业已经走向没落，这类公司不转型就没有出路。由此，我们就可以联想到乐凯胶片（图7—6）公司股价为什么会从2011年的最高价18.96元跌到2012年底最低的4.95元。

同样，电商对传统商业的冲击，我们从身边的同事，小区传达室每天不断增加的快递数量就可以知道，淘宝、天猫、唯品会对老字号百货大楼，当当、卓越亚马逊对新华书店等实体书店，京东、苏宁易购对家电专买商场的冲击影响是多么大，仅2013年所谓“光棍节”——“双十一”一天阿里巴巴集团网上销售额就超过350亿，2014年更达到571亿元。如果加上其他的公司网络销售平台，这种嘉年华式的盛宴绝对不亚于传统商业春节销售的热度。通过这些分析，我们就能够理解了这些年商业类上市公司业绩不错，股价不高、不涨的原因了。看看那些绩优商业连锁公司如大商股份（600694）、

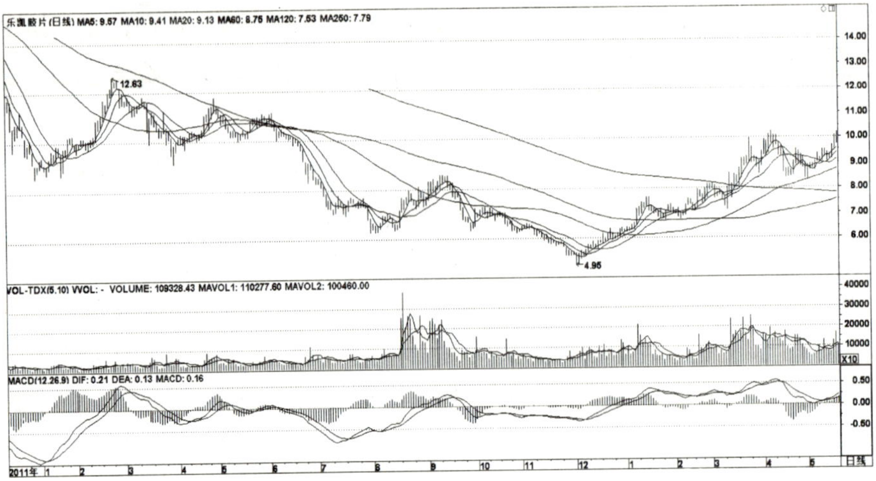

图 7—6　乐凯胶片 2011—2013 日线图

王府井（600859）、重庆百货（600729）、广百股份（002187）、百联股份（600827）等 2010 年以来的股价走势就会明白网购冲击的不仅仅只是商业公司的业务，更是它们的估值与股价。从另一个角度，也是传统商业公司涉足电商业务能带来股价波动的根本原因。

其次，要观察人类自身的变化对生活品质追求所带来的机遇。人类对高品质生活的追求一直是带动生产力发展、开发新兴产业的根本动因。当代人对健康的追求、对美的追求、对生活环境的追求、对个性发展的追求，让不少行业进入快速发展阶段，如医药健康产业，尽管沪指在 2007 年 10 月创了 6124.04 的高点以后至今仍在低位徘徊，但当年在高位买了医药股的投资者大多有过解套赚大钱的机会，如天士力（600535）、云南白药（000538）、长春高新（000661）、华东医药（图 7—7）等，与此相类似的还有环保产业、养老产业等股票。

再次，要从自身行为的趋向去看待股市的变化。股市中很多风险变化其实可以通过自身生活行为去感知。比如食品安全，人们宁可错杀也不冒险的心理，使得“黑天鹅”事件的杀伤力非常大。这就要求我们在投资食品饮料、医药等与人们生活安全紧密相关的股票时，必须高度警惕质量安全信息。社会上有反映，3·15 晚会前舆论有关注，就应该宁愿先出来看看，也不要去赌博万一踩中地雷的后果。同样，食品饮料类还有个消费偏好变化，也就是我们可以时常发现，喝酒的人可能这段时间喜欢这个品牌，过一段时

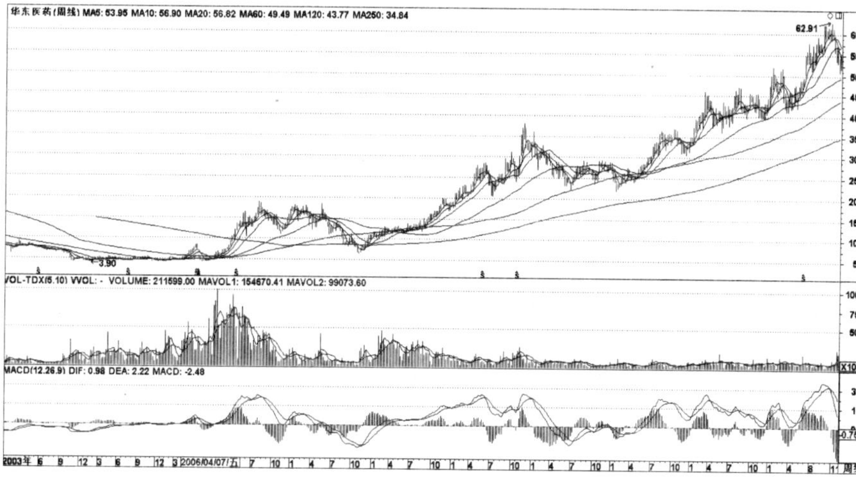

图 7—7 华东医药 2006—2014 年周线图

间又换喝了别的品牌了，一旦这种消费偏好发生大规模改变，上市公司业绩发生变化是迟早的事。作为投资者就是要走在市场前面做出抉择，进入大家感兴趣的公司，放弃大家淘汰掉的公司股票，不要对这类公司进行长期投资。此外，对那些依靠大量广告投入来刺激销售的公司，一旦发现广告量明显减少甚至销声匿迹了，就是告诉你，公司后续支撑出现了问题，继续投入也就没有价值了。

最后，要善于从经济人和经济规律的角度去分析上市公司。好几年前，我的一个同事跟我交流高速公路上市公司业绩这么好，现金流这么足，为什么股价老是没有劲儿？我从经济人行为与经济规律两个角度给他举例进行了分析，我举的例子是现代投资（图 7—8），该公司上市之初业绩非常不错，可股价大多数时候原地不动，从 1999—2006 年。我们翻看 F10 就知道，该公司的控股股东是湖南省高速公路建设开发总公司，实际上过去就是省交通运输厅的下属高速公路管理局管理的国有企业，是专门为湖南省加快高速公路建设而打造的一个运营平台。这样，我们从经济人角度来看，公司事实上是省政府的一个高速公路发展平台，董事会成员主要还由交通厅提名，对大股东而言，它就是一个资本运作载体，主要目标是融资多修路，路修好了，叫上市公司来收购退出，非常简单。但大家注意，收购评估时肯定估值不能低于实际投资额，投资效益是个理论模型，数据也是大股东交通厅提供，其结果很可能是把所有建成的高速公路都会慢慢装进来，随着高速公路收购，新建的增多，企业总资产会越来越大，效益会越来越难以同步增长，毕竟最好的路段、最有效益的路段仅仅是最初京珠高速两段路，其他路段效益与投资比很可能存疑。显然，大股东关注的主要是扩张建路而非效益。另一方面，从经济规律角度分析，高速公路建得越多，车辆行走选择余地也就越大，原有路段的分流就越明显，业绩保障就越有压力。而且，高速公路项目效益最好一般体现在通车投入运营的初期，越到后面维护、大修的成本就越高，效益也就越差。因此，我们可以发现，高速公路修得越多，上市公司运行越久，业绩的压力反而越大，其反映在股价上肯定就是缺乏成长性，跌易涨难了。这也是我们对大型国企和家族控股企业，尤其是传统行业国有企业、家族利益存在冲突企业上市公司股票投资保持谨慎的重要原因。

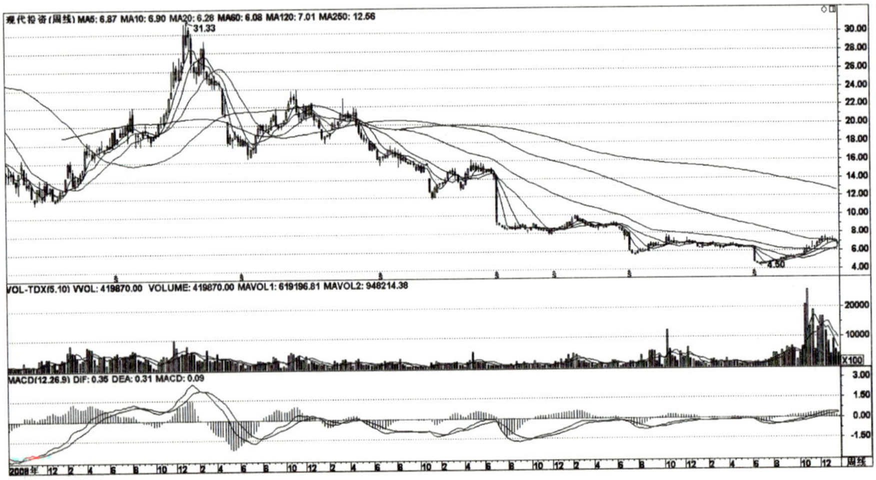

图 7—8 现代投资 2009—2014 年周线图

（三）轻松炒股，让生活更美好

行文至此，散户投资者应该明白了，炒股，说难不难，说易不易，关键在于我们的悟性，我们的心态、我们的总结提高能力、我们的纠错水平、我们克服人性弱点的自控力。如果大家能保持平常心、摒弃浮躁心、舍弃盲从心、有份随喜心。胜不骄败不馁，视炒股为业余爱好、休闲生活，成功就会相随而行。

如果你在股市里赚钱了，甚至不断持续赚钱，我建议你先逐步退一部分利润出来，投资国债、保险、不动产、实业等更为稳健的行业，或者把每次赚来的利润部分或全部提取来，用于改善家庭和个人生活，通过炒股，让每个投资者家庭生活更好。

如果你长期在股市都是亏的，甚至牛熊轮回，你都没有享受到赚钱的快乐，那只能说你的手气太差，技艺太差，很可能不适应这行，建议你选择回头是岸，退出股市寻找其他新的投资门道，让生活不再因为炒股而纠结而受到影响。如果实在不服气，不服输，那就请你仔细再读本书，看看你的问题出在哪里，想好了、看准了再来也不晚。

总之，炒股是为了改善生活，如果结果影响生活，那就不如改变自己的选择，寻找新的生活乐趣。

后　　记

这是一本很早就想写的书，也是一本犹豫很久也没有下笔写的书。这是一本散户写的书，也是一本写给散户看的书。

从1984年7月北京天桥股份有限公司和上海飞乐音响有限公司向社会公开发行股票，到1990年12月上海、深圳两个证券交易所开张营业，再到现在沪深两市公开上市交易的股票扩容到3000多只。在证券市场飞速发展的30年中，做贡献最大、忍受煎熬最多、感受酸甜苦辣最深，莫过于每天战斗在股市的广大散户。可以说，没有散户的参与，就没有中国证券市场的繁荣活跃，更没有国企的壮大和民企的造富神话。

然而，中国证券市场这么多年来一直是熊长牛短，散户也基本上处于亏多赢少的状态。他们当中许多人始终走不出"买进→套牢→解套→买进→套牢"这样一个原地踏步的怪圈。买什么、什么时候买完全凭感觉；为什么买这只股票而不是别的股票，什么时候卖也不知道，常常是看他人，随大流。他们有时像"韭菜"，割了一茬又一茬；他们有时像"僵尸"，把套牢的股票扔在那里，几年不闻不问；他们有时像"斗士"，追涨杀跌，乐此不被；他们有时像"游客"，坐着股价"过山车"还浑然不觉……他们虽然人多，但始终不能表现力量，他们更多的时候像待宰杀的"羔羊"，被机构、庄家、上市公司甚至管理层忽悠着、折磨着。他们最可敬，无论盈亏，始终无怨无悔，一天又一天，一年接一年，辛勤耕耘，养活庄家、机构、中介，养肥上市公司、交易所、营业部，赌涨的希望不灭，发财的梦想不弃。他们最可怜，给点儿阳光就灿烂，报喜不报忧，亏了说没亏，平了说赚了，赚了一次就炫耀不停，他们宁可生活中省吃俭用，也对股市"绞肉机"充满激情，输得再多也是"打落牙齿和血吞"怨自己没本事。

面对这些可敬又可怜的散户，大学与研究生均主修经济学的我，总期待能为他们做点儿什么，给他们出点儿主意，于是就想专门为散户写本书。然而有关股市的书可谓汗牛充栋、又多又滥，不是普及常识的知识书籍，就是搬抄西方难懂的技术理论；不是毫无借鉴的坐庄“圣经”，就是不能参考的机构实战手册……真正能让普通大众投资者，也就是散户看得懂、学得会、用得上的操作指南可谓少之又少。

然而，要真正写出一本对广大散户操作有具体指导作用的书何其难也，因为你必须站在散户的角度去思考，用散户的方式去运作，还要写出的东西让不同文化层次、不同专业的大众投资者一看就懂、一学就能用。这也是我很早就想写却一直没动笔写的原因。我1993年10月就开户成了沪、深两个交易所的股民，入市的时候，深交所开户的股民还不到1万人，从这个意义上说我也算一个资深老资格的散户，20年的股市摸爬滚打，从最初的几千块钱入市，虽然挣钱不多，没有成为千万、亿万富翁，但不管股市如何涨跌，都能坦然适用，而且基本能做到“手中有股，心中无股”，不以涨喜，不以跌悲，投入股市的钱累计收益肯定超过银行定存许多倍。因此，我回过头来总结，应该不像那些股评分析师们的纸上谈兵。

股市的最大魅力就在于测不准，谁也不能在股市称专家、师傅。我曾经常给朋友开玩笑，如果我能够把股市大的机会都看懂，在官本位的中国社会，就是请我去做省长、部长，我都不会去，更不会为养家糊口还委屈于一个小公务员、看人家眼色。但测不准并非没有规律可循，也不是没有套路可找，至少可以通过掌握某些规律，把握市场趋势，做到顺势而为，不让自己错过那些大的机会，更不让自己出现大的失误，这就是写作本书的目的。

俗话说，知己知彼，百战不殆；授人以鱼，不如授人以渔。本书通过分析股市的特性，散户的弱点，为大家在股市扬长避短提供了思路。同时，运用一百多个现实的案例，帮助大家在风云变幻的证券市场学会选时、选股、看盘和分析信息，为提升实战成功率寻找规律、提供方法。

坦率地说，在中国股市，赚一次钱很容易，能总是保持持续不断赚钱真不容易。不过，只要大家把本书所提示的理念、思维、方法、规律真正学会了，能用了，在股市赚钱还真不是难事，希望本书能圆读者朋友的发财梦、成功梦。本书的写作参考了不少的资料，特别是《东方财富网》与《证券市场周刊·红周刊》，在此表示感谢。把我潦草的手稿打印成文字主要是刘伟和刘璐、谢建文等同志，地震出版社证券图书事业部的薛主任和本书的责任编辑也为书籍出版付出了艰辛的劳动，在此一并致谢。太阳每天都是新的，证券市场每天都有新故事、新动向，欢迎各位读者就有关问题与我一起探讨，我的联系邮箱是 niefanghong@126. com，本书的错误与不当之处也请读者及时批评指正。

聂方红

2014 年冬